全球浙商研究丛书
GLOBAL ZHEJIANG ENTREPRENEUR STUDIES

中国家族企业的社会角色

——过去、现在和未来

The Social Role of Chinese Family Business:
Past, Present and Future

陈　凌　李新春　储小平◎著

ZHEJIANG UNIVERSITY PRESS
浙江大学出版社

图书在版编目（CIP）数据

中国家族企业的社会角色：过去、现在和未来 / 陈
凌著. —杭州：浙江大学出版社，2011.10（2012.5 重印）
（全球浙商研究丛书）
ISBN 978-7-308-09184-8

Ⅰ.①中… Ⅱ.①陈… Ⅲ.①家族—私营企业—社会
角色—研究—中国　Ⅳ.①F279.245

中国版本图书馆 CIP 数据核字（2011）第 205147 号

中国家族企业的社会角色——过去、现在和未来

陈　凌　李新春　储小平　著

丛书策划	樊晓燕　陈丽霞	
责任编辑	樊晓燕（fxy@zju.edu.cn）	
封面设计	续设计	
出版发行	浙江大学出版社	
	（杭州市天目山路 148 号　邮政编码 310007）	
	（网址：http://www.zjupress.com）	
排　　版	杭州中大图文设计有限公司	
印　　刷	杭州日报报业集团盛元印务有限公司	
开　　本	710mm×1000mm　1/16	
印　　张	14.25	
字　　数	241 千	
版 印 次	2011 年 10 月第 1 版　2012 年 5 月第 2 次印刷	
书　　号	ISBN 978-7-308-09184-8	
定　　价	32.00 元	

总的说来，一个社会的寿命越长，它的结构必定越复杂。社会总是在变化，甚至可能在某个部门彻底变化，但它顽强地保持着它的主要构造和主要选择，几乎可以说，社会以不变应万变。为此，如果想要了解社会，就必须同时了解它的过去、现在和未来，社会是长时段中稳定和偏差交替积累的结果。

　　（布罗代尔：《形形色色的交换》，北京三联书店，1993年版，第528页）

　　对于祖先的重视和对于子嗣的关注，是传统中国一个极为重要的观念，甚至成为中国思想在价值判断上的一个来源，一个传统的中国人看见自己的祖先、自己、自己的子孙的血脉在流动，就有生命之流永恒不息之感，他一想到自己就是生命之流中的一环，他就不再是孤独的，而是有家的，他会觉得自己的生命在扩展，生命的意义在扩展，扩展成为整个宇宙。而墓葬、宗庙、祠堂、祭祀，就是肯定并强化这种生命意义的庄严场合，这使得中国人把生物复制式的延续和文化传承式的延续合二为一，只有民族的血脉和文化的血脉的一致，才能作为"认同"的基础，换句话说，只有在这一链条中生存，才算是中国人。

　　（葛兆光：《七世纪前中国的知识、思想与信仰世界（中国思想史第一卷）》，复旦大学出版社1998年版，第95页）

总序一

改革开放 30 多年来,中国的民营企业取得了长足进步,已成为推动国民经济发展和社会进步的重要力量。随着市场化进程的不断深入,民营经济对整个国民经济的贡献将会逐步增强。党的十五大,特别是十六大以来,中央提出了一系列促进非公有制经济发展的方针政策,民营经济发展的外部环境日益改善。宪法修正案对保护私有财产法律制度的完善,"非公经济 36 条"和"新 36 条"的相继出台,为民营经济的发展提供了更加可靠的制度保障,也为民营经济的明天注入了更多的信心。

由于地理位置、气候条件、资源禀赋、人文历史环境等因素的影响,不同地区的民营经济在发展过程中通常都表现出一些鲜明的"区域特色",它们也因此被人们习惯性地冠以区域商帮的标记。晋商、徽商、鲁商、粤商、沪商、宁波帮,这些至今仍为人们熟悉的明清时期和民国初年的代表性商帮,无不具有典型的时代特征和区域特色。改革开放以来,浙商作为一支来自民间的草根力量迅速崛起,在全国各个省份乃至世界各地我们都可以看到浙商勤劳的身影。最近几年来这些浙江籍企业家所创办的企业不断发展壮大,福布斯中国富豪榜上的强大浙商军团,无不向世人昭示了这样一个基本事实:浙商已当之无愧地成为改革开放以来中国最出色的商帮之一。对于这样一个极富活力的商人群体,我们没有理由不去关注。

近年来不少研究者先后从"温州模式"、"台州模式"等侧面对浙商这一主题作过一些有益的探索,可是相较浙商对全国和对全球经济、社会的影响力,这些工作依然尚显薄弱。浙江资源禀赋并不丰裕,国家投资殊为稀少,外商投资相对不多,其经济发展缺乏自然资源的支撑和外部力量的推动,何以能够在短短 30 年的时间里跃居中国经济最强省? 客观评价浙商在过去发展中取得的各项业绩,系统归纳和总结浙商的成功经验和失败教训,无论对指导浙商未来的发展,还是对促进后发地区民营经济的提升,都将具有十分重要的意义。在国家"促进区域协调互动发展"的政策导向下,这项工作的价值无疑将得到更大的体现。

当前,发达国家居高不下的失业率、脆弱的金融系统、主权债务压力,以及主要国际货币兑换汇率的大幅波动,导致世界经济环境依旧比较低迷。同时,面对不断上升的通货膨胀压力和日益加大的经济结构调整难度,国内宏观经济政策仍然偏紧。面对内外部环境的双重压力,民营经济的发展正面临着严峻的考验。可以说,单靠人民币低汇率来扩大产品销路的时代已经接近尾声。如何尽快提高企业的自主创新能力,靠技术进步、提高劳动生产率来打开国际市场,已成为摆在以传统制造见长的浙商面前的一道难题。在此背景下,深入了解浙商,系统总结和分析浙商在发展过程中面临的各种机遇和挑战,指导它们适时创新原有的商业模式,勇于拓展新兴的业务领域,不断培育全新的竞争优势,无疑对促进浙江区域经济,乃至整个国民经济的持续健康发展,都将是大有裨益的。

随着全球化的不断推进,不同国家和地区之间的经济联系将变得日益紧密,由此带来的不确定性风险将会逐步加大。未来,浙商融入全球经济的广度和深度将会进一步提升,在这个过程中,许多崭新的课题将会不断涌现,紧密追踪,甚至提前预判可能出现的新机遇和新挑战,及时指导浙商趋利避害、长善救失,显然是学术界义不容辞的责任和使命。

从学术研究或理论发展的角度看,对浙商这样一支富有创业精神的商业力量开展系统的跟踪研究,无论对现有理论的检验和提升,还是对新兴理论的构建与发展,都是非常有意义的。浙江大学管理学院作为一所深深扎根于浙江这块创业沃土的全国著名商学院,长期以来跟浙商有着密切的联系与合作,对浙商有着全面的了解和把握,由他们组织力量来对浙商进行全面的解剖无疑是最为合适和最具优势的。此外,浙江大学管理学院一直以创新和创业为办学特色,在多个相关领域取得了丰硕的成果积累,这与整个"创新、创业"的大环境、大趋势也是匹配的。相信在其组织和协调下,学者们一定能够围绕"浙商"这一主题做出更多更好的学术成果,相信这些成果的出版和发行对指导浙商乃至更大范围内的民营经济的发展,以及对推动现代商帮和民营经济研究,都将起到积极的推动作用。让我们共同期待!

2011 年 10 月 1 日

总序二

从古至今，浙江商人都是中国经济社会发展中较为活跃的一股力量。改革开放以来，随着浙江民营经济的异军突起，浙江商人再次活跃于海内外商界，并日渐成为各地经济社会发展中最具活力的商帮之一，形成了"有浙商就有市场"的独特现象。

经济全球化进程的不断深入和国内经济发展方式转变以及产业结构优化升级为浙商的未来发展提供了更加广阔的舞台和空间，但与此同时，也对新时代浙商肩负的历史使命和社会责任有着更多更高的期许和要求。在不确定性日益增强的新一轮全球化浪潮中，浙商如何自我超越，继续勇立潮头，再续辉煌，如何做大做强品牌，成功实现自我延续与更新，已成为浙商的首要课题。在实现自我发展的过程中，如何更好地扮演起"先富者"的角色，发挥示范作用，真正带动落后或欠发达地区共同富裕起来，应是浙商不断追求和勇担的时代责任。充分发挥企业和企业家在文化传承与创新中的重要载体作用，在国际合作与交流中宣扬中国当代企业家精神，传播区域和民族文化，传承和弘扬中华文明，也是浙商肩负的提振文化软实力的另一重要使命。

近年来，随着浙江商人在国内外影响力的不断提升，商帮这个沉寂已久的话题再次成为各类媒体关注的热点，"浙江模式"、"浙江经验"、"浙江现象"，在被各类媒体争相报道的同时，也日渐成为学术界的热门研究议题，许多浙商的成败经历更是逐渐成为国内外知名商学院的经典教学案例。组织一批专业力量对浙商做出全面且系统的解读，在更好地指导浙商发展的同时，为更大范围内民营经济的发展提供参考和借鉴，进而发展出可以影响主流经济和管理理论演变趋势的新理论、新方法，具有十分重要的现实意义。

浙江大学管理学院是国内一流的商学院，长期深深扎根于浙江这片创业沃土，同许多浙商保持着长期的合作，对浙商有着非常深入的了解，先后围绕公司治理、创新创业、产业集群等主题对浙商开展过大量有意义的研究工作，取得了十分丰富的研究成果。无论从已取得的科研成果、锻造的科研能力看，还是从打造科研特色、赢得社会声誉的考虑，浙江大学管理学院都已具备对浙商开展系统研究的基础和实力。我深信并期待，在浙江大学管理学院科研团队的领导下，浙商研究取得重大突破，形成一大批具有国际影响力的学术成果，在为浙商的可持续发展提供全方位智力支持的同时，对国际主流经济和管理理论产生真正深远的影响。

浙江省人大常委会副主任、党组成员，浙江大学党委书记
金德水
2011 年 10 月

摘　要

　　本书是国内迄今为止第一本从历史比较的角度对中国家庭、家族和家族企业进行系统阐述的学术著作,主要试图回答三个方面的问题。第一,中国家庭制度的历史、现状与未来是如何的?本书对中国家庭的历史分析仅限于近现代,时间大致是从清末民初时期开始。中国的家庭制度从1949年以后,特别是在1978年以后,发生了巨大的变化。中国家庭历来是中国社会的细胞,家庭制度是中国政治经济制度的基础;在现代化进程中,对中国传统家庭家族制度的批评不绝于耳,到了21世纪的今天我们究竟应该如何看待传统家庭制度及其变迁呢?当前中国传统家庭观念受到极大的冲击和挑战,这是时代的进步呢还是社会危机的一种具体体现呢?影响未来家庭的地位和角色会有哪些因素?中国家庭制度的未来会是怎样的呢?第二,中国家族企业对国民经济的贡献是怎样的?家族企业的社会角色和地位如何变化?我们刚才已经提到改革开放以来家族企业在国民经济中日益重要的贡献和地位,但是究竟这种贡献有多大?这种贡献在以后会如何变化?未来中国家族企业的社会角色和地位会是怎样的?家族企业是人类历史上最早出现的企业形式,然而家族企业研究作为工商管理的一个重要分支却是起步很晚。无论是在发达国家或者发展中国家,以家族企业和公共上市企业为代表的私营部门都占据了国民经济的主要地位。中国私营企业在改革开放以来有着非常快速的发展,但是其规模和影响力与中国国有企业相比还有着相当大的差距,除了制造业以外,大量重要的国民经济部门根本就难以见到民营企业的身影;随着大型国有企业不断发展壮大,民营企业的进一步发展还会有多大的产业空间和政策空间?第三,家族企业的转型与发展的历史命运是如何的?其中有些什么历史经验与教训值得吸取?当前中国家族企业面临转型发展的现代挑战与过去有什么不同?未来中国家族企业转型发展的方向是怎样的？我们认为，由于种种原因，不同国家家族企业的现代转型发生在不同历史时期，有不同的发展脉络和转型进程，达到不同的程度。家族企业的现代转型也是和社会制度的转型相联系的。无论家族拥有公司股份的比例是多少，也无论家族成员是否直接参与企业经营，对于家族以外的利益相关者来说，这个企业就是产权明确，治理规范，经营有效和管理科学的现代家族企业，这时家族的名称作为商标或企业标识，给雇员和消费者带来的是一种额外的，经历时光考验的声誉和品质保障。

本书重点研究中国大陆家族企业的社会角色和地位，但是我们的分析视角并不局限于中国，我们把中国大陆家族企业看做是全球华人企业的一部分。我们所谓的华人企业包括中国大陆、中国香港、中国台湾和东南亚各国的华人企业，也包括世界其他国家和地区的华人企业。最后，我们发现，当下中国大陆家族企业现代转型，主要是基于以下四个方面的原因。一是增长的需要，二是传承的需要，三是国际化的需要，四是家族企业可持续发展的需要。我们希望本书能够帮助广大读者更好地了解当前中国大陆家族企业的生存发展状况，帮助社会各界，包括民营企业自身更好地思考成长发展之路。

ABSTRACT

This is the first book on Chinese family business from a comparative historical perspective. How should we treat tradition family system and its evolution? Is that a progress or a crisis of society when family system faces challenges? What factors affect the future family status and roles? And what's the future of Chinese family system. Secondly, we want to inquiry the contribution on national economy from Chinese family business. Actually family business is the earliest enterprise in the human history. However the research on family business is quite young. In both developed and developing country, private business, especially family business takes a great proportion in the economy. In China, private business achieves very fast growth, but at the same time, there is rarely private business in some important sectors of national economy except manufacture industry. So, with the development of social economy, what is the role of Chinese family business? The third question is what's the historical destination of Chinese family business? What are the historical experience and the transition direction? We believe that the transition of family business is correlated with the transition in institutional transition. No matter how many shares family controls and whether the family keep the management right or not, if the business is well property right protected, efficiency managed and formally governed then family business will provide extra reputation and security of quality.

This book focuses on the social status and roles of Chinese family business in Mainland China, but we would like not to limit our analysis within this area. We consider Chinese family business in Mainland China as a part of global Chinese family business. From this point of view, we discuss the Chinese family business in Mainland, Hong Kong, Taiwan China, Southeast Asia, and other countries and areas. Finally we find that four demands lead to the modern transition of Chinese family business, which are: demand for growth, demand for succession, demand for globalization and demand for sustainable development. We hope this book can help readers have a better understanding about Chinese family business in Mainland China and explore a path for growth and development.

目录
CONTENTS

目录

浙商研究

中
国
家
族
企
业
的
社
会
角
色
：
过
去
·
现
在
和
未
来

The Social Role of Chinese Family Business: Past, Present and Future

CONTENTS

图目录

浙商研究

表目录

1

方框目录

浙商研究

第一章　引言
——我们为什么关注家族企业

改革开放以来,中国民营经济、民营企业从无到有、从小到大,作为最具活力的增长极,已经成为中国国民经济的主要基础和社会主义市场经济的重要组成部分,并为改革开放的顺利进行和国民经济的持续、稳定、健康发展,做出了巨大贡献,取得了令人瞩目的成就。中国的民营企业按其大致的来源可以分为三类,第一类是来自改革开放以后出现的个私企业逐渐发展壮大的本土型民营企业,它们也包括戴着"乡镇企业"红帽子的事实上的私营企业;第二类是由国有企业和大中型乡镇企业通过改制生成的衍生型民营企业;第三类是通过外资和中外合资在国内建立并逐渐发展的外来型民营企业。这三类民营企业起源不同,产业分布、组织结构和管理模式都有系统性的差异,我们在做研究的时候应该避免对它们相提并论而忽视差别。

中国大量的本土型民营企业是由企业主及其家族在改革开放前后创建并逐渐发展壮大起来的。这些企业为企业主其个人或家族所有并直接经营,有些准备逐步交给第二代。这些企业应该是属于家族企业范畴。虽然由于种种原因,只有部分企业愿意公开承认自己是家族企业,但是我们认为,对于民营企业的研究,必须考虑民营企业的家族所有和经营这一基本特征。由于计划经济时代不允许私营企业存在,新中国成立后对过去的工商企业采取了社会主义改造,历史上存在的家族企业都销声匿迹了,因此改革开放以后不断涌现的民营企业绝大多数是全新的,只有极少的企业可以追溯到 1978 年以前。对于这些企业的很多特点、性质和运行模式我们还缺乏了解,其中一个原因就是这些企业是家庭或家族经营,而全球的家族企业有一个共性,就是他们不愿意太多地被外人了解。由于长期对现代大型企业的宣传和报道,人们事实上也形成一种对家族企业的负面看法,家族企业成

1

了封闭、落后和低效率的代名词，大多数人都认为长期来看家族企业是没有希望的，它们只是企业成长的一个阶段，而且要尽快地摆脱家族经营这一阶段，只有股权分散、所有权与经营权分离的现代企业才有生命力。

应该欣喜地看到，上述对家族企业的简单否定的看法越来越多地受到了人们的质疑，更受到了国内外企业发展事实的否定，尤其是当官方对民营经济、民营企业的看法发生根本性改变时，在各地民营企业发展迅猛的情况下，家族企业研究已经成为国内社会科学领域的热门话题，从家族企业角度来研究本土型民营企业也成为重要的分析视角。本书作者是来自浙江大学和中山大学的教师和研究生。我们所处的浙江与广东是家族企业最为集中、成长发展最迅猛的两个省份，平时与这些家族企业的密切接触使得我们较早就关注家族企业。在最近 10 余年的时间里两个研究团队已经发表了不少有关家族企业管理模式、代际传承、治理结构和创业精神等专题的研究成果，大家都有一种进入了一个丰富的研究宝藏而目不暇接的兴奋和迷茫，同时也感觉到，如果缺乏对中国家庭制度的了解和研究，那么人们很难能够深入地了解当前家族企业所面临的许多问题和挑战；另一方面，如果缺乏对中国家庭制度的历史演进过程的理解和把握，那么人们很难能够客观全面地认识家族企业社会角色与地位的现状和未来。

基于这个想法，我们这个两校联合课题组在 2010 年共同完成了全国工商联委托的有关中国家族企业的现状调查和分析报告的同时，继续把研究视角放大到中国家庭制度及其历史，并在此基础上讨论中国家族企业社会角色和地位，讨论中国家族企业的历史、现状和未来。这只能说是一种尝试，成功与否还需要广大读者来评判。我们在研究过程中发现了相关领域的许多国内外优秀学术成果，对这些著作的研读使我们受益匪浅，同时也意识到人们（当然包括我们自己）对中国家庭制度和历史有着太多的无知和误解。这使得我们清醒地意识到，摆在大家面前的探索之路还很长。这是一个重要的学术领域，而且还是一个尚待认真开发的新领域。本书主要试图回答三个方面的问题，对于这三个问题，国内学术界并没有令人信服的回答，甚至并不受人重视。我们写本书的主要目的是通过思考向国内的同行提出这些问题，希望有更多的人来关心和思考这些问题。

第一，中国家庭制度的历史、现状与未来是如何的？

由于我们的学科背景所限，对这一问题的回答我们主要参考了国内外相邻社会科学的研究成果而不可能做出新的自己的研究；对这一问题的理解和分析却很大地影响了后面两个问题的讨论。本书对中国家庭的历史分析仅限于近现代,时间大致是从清末民初时期开始。同样由于学科背景的限制,我们对家庭和家族企业历史的分析也主要是第二手的整理。本书作者坚持放进社会学和人类学家研究的有关家庭、家族企业的历史研究内容,并不是因为我们狂妄地认为自己可以跨越学科在不熟悉的领域做出独到的研究,而是这些历史知识和家庭研究对于家族企业的相关研究异常重要。家族企业研究作为一个跨学科领域需要周边社会学科的知识支持。这既是家族企业研究的困难所在,也是它吸引人的地方。

正如法国历史学家布罗代尔所说,一个社会的寿命越长,它的结构必定越复杂;同时,任何长寿的社会都有它顽强保存着的主要构造。我们认为,中国作为一个具有极长历史寿命的很早就达到成熟的社会,一定存在着某种稳定的社会结构,而这种稳定结构或多或少与中国的家庭制度有关。

在历史演变中,中国家庭也在不断演变,尤其是在新中国成立以后,社会主义制度对家庭的影响深远,大企业的国有化、公私合营以及人民公社等政策使家庭的经济作用减弱而主要成了一个消费单位。这一期间,中国家庭的稳定性受到了某种程度的影响,但事实上,中国大量的政策和体制同时又加强了家庭的责任感和稳定性,在 20 世纪的 60 年代到 70 年代,中国动荡的形势使更多的人意识到家庭的重要性。20 世纪的中国历史固然伤痕累累,唯一比其他机制更坚韧、更蓬勃发展的就是中国家庭,因为家庭一向是中国人对抗外在险恶政治环境的避风港。这一点同样体现在中国进入80 年代以后农村家庭联产承包制和私营企业蓬勃发展之中。当时中国社会正处于转型时期,计划经济体制渐渐失效,市场经济规则逐步建立,家庭与家族规则自然就成为在夹缝中发展起来的私营企业创建和发展的社会资本与组织资源。

但是我们在看到家庭和家族的影响力依然有效的同时,更要看到进入社会主义时期的家庭也发生了较大的改变。首先是高权利距离逐步消失,这和祖传遗产的消失以及年轻人教育程度的提高有关;其次,女性在非家务经济活动中受压制的情况有所改善,我们完全可以说,中国现代家庭对经济发展能够起推动作用,主要体现为妇女在家庭内地位的变化;再次,"重农轻商"观念已经淡薄,尤其在中国进入转轨时期之后,更多的人愿意把挣来的钱拿来扩大规模,或寻找新的商机;最后,传统的多子多孙的家庭观念已被改变,计划生育制度的实施,改变了中国家庭的传统结构。这些变化需要我们重新审视家庭和家族,尤其是它作为内在动力对家族企业的组织行为的影响。

中国家庭历来是中国社会的细胞，家庭制度是中国政治经济制度的基础。在现代化进程中，对中国传统家庭家族制度的批评不绝于耳，到了21世纪的今天我们究竟应该如何看待传统家庭制度及其变迁呢？当前中国传统家庭观念受到极大的冲击和挑战，这是时代的进步还是社会危机的一种具体体现呢？影响未来家庭的地位和角色会有哪些因素？中国家庭制度的未来会是怎样的呢？这些问题都值得我们在21世纪全球化的背景下认真思考。

第二，中国家族企业对国民经济的贡献是怎样的？家族企业的社会角色和地位如何变化？

前文已经提到改革开放以来家族企业在国民经济中日益重要的贡献和地位，但是这种贡献究竟有多大？这种贡献在以后会如何变化？未来中国家族企业的社会角色和地位会是怎样的？这些问题还没有人能够确切回答。虽然我们可以定性地说，大多数民营企业是由创业家族拥有和经营的，因此属于家族企业范围，但是我们还无法知道这些企业占民营企业的比例有多大，家族企业创造了多少产值、税收和工作岗位。

家族企业是人类历史上最早出现的企业形式，然而家族企业研究作为工商管理的一个重要分支却起步很晚，欧美发达国家社会科学界也是到了20世纪80年代以后才逐渐开始家族企业现象的相关研究。无论是在发达国家（如美国）或者发展中国家（如印度），以家族企业和公共上市企业为代表的私营部门都占据了国民经济的主要地位。中国私营企业在改革开放以来有着非常快速的发展，但是其规模和影响力与中国国有企业相比还有着相当大的差距，除了制造业以外，大量重要的国民经济部门根本就难以见到民营企业的身影。随着大型国有企业不断发展壮大，民营企业的进一步发展还会有多大的产业空间和政策空间？中国经济作为全球仅次于美国的第二大国民经济，是否能够主要依靠国有企业而长期健康稳定地发展？家族企业在一个现代市场经济国家中的社会角色和地位究竟怎样？随着中国社会经济的进一步发展，家族企业作为民营企业中的主要力量，将来会有一个怎样的地位？

第三，家族企业的转型与发展的历史命运是如何的？其中有些什么历史经验与教训值得吸取？当前中国家族企业面临转型发展的现代挑战与过去有什么不同？未来中国家族企业转型发展的方向是怎样的？

如果说上述第二个问题是整个社会反思需要给予私营企业多大的政策空间，需要如何坚定不移地推进"国退民进"的市场化改革方向，如何正确处理好国有企业与私营企业之间的关系,那么第三个问题则是关乎中国家族企业自身的转型发展。我们认为这两个问题相互影响,对于中国家族企业的长远未来同样重要。在欧美发达国家中,大量优秀家族企业通过转型发展逐渐转变为由职业经理人经营管理的现代公司,家族或者继续拥有部分公司的股份或者从公司的所有权中全身而退;也有部分家族继续拥有和经营管理企业,这些家族把经营管理某个行业企业作为世代相传的事业。无论家族拥有公司股份的比例是多少,也无论家族成员是否直接参与企业经营,对于家族以外的利益相关者来说,这个企业就是产权明确、治理规范、经营有效和管理科学的现代家族企业,这时家族的名称作为商标或企业标识,给雇员和消费者带来的是一种额外的、经历时光考验的声誉和品质保障。

我们认为,由于种种原因,不同国家家族企业的现代转型发生在不同的历史时期,有不同的发展脉络和转型进程,达到不同的程度。著名企业史专家、美国哈佛大学商学院钱德勒教授在研究美国现代企业的产生发展进程中发现,美国最有名的家族在一到两代人的时间里完成了现代转型(时间大约是 19 世纪 90 年代到 20 世纪 30 年代)。他把这个经济领域的民主化与制度化的相对快速的进程,与西方国家政治领域的类似进程做比较,认为在政治领域的现代转型的进程要缓慢得多。在发生大型家族企业现代转型之前,政治的民主化进程早在几世纪前就开始了,而且这个过程依然在进行之中。由于欧洲和拉丁美洲的家族观念和传统(与美国相比)更为根深蒂固,因此那些国家和地区的家族企业转型仍然在进行之中。① 这些发达国家和发展中国家的家族企业转型的正反两方面的历史经验说明,经济领域的家族企业转型与政治领域的民主化进程之间存在着内在的联系,任何领域的民主化进程无法脱离其他领域单打独斗和过于超前;经济领域的民主化(包括民营企业的成长发展、国有企业垄断地位的打破和企业民主等诸方面发展)都会极大地推进政治领域的民主化进程。因此结合国外家族企业转型的进程、影响和理论总结对于我们更好地看待中国家族企业的现代转型极有助益。

本书重点研究中国大陆家族企业的社会角色和地位,但是我们的分析视角并不局限于中国,我们把中国大陆家族企业看做是全球华人企业的一部分。我们所谓的华人企业包括中国大陆、中国香港、中国台湾和东南亚各

① Chandler and Salsbury: Pierre S. du Pont and the Making of the Modern Corporation, Harper & Row, 1971: P. 592.

国的华人企业，也包括世界其他国家和地区的华人企业。华人家族企业（Chinese family business）中的华人（Chinese）更多是一种文化概念，其次才是地域概念。这些国家和地区的政治法律环境差别很大，企业面临着不同的市场挑战，也处于不同的发展阶段，显然这些因素都会影响家族企业的生存和发展。我们在分析比较来自不同国家和地区的企业资料时会充分考虑这些因素的直接与间接的影响，但是我们研究的重点却是华人家族企业现代转型的共同特征与类似过程。由于所有家族企业都肇始于创业者家族，很多海外华人家族企业的创业者直接来自中国大陆，这些企业的创业过程、组织特征和企业文化都受到了华人家庭家族的影响，反映了中国家庭制度的基本特征与历史演变；另一方面，这些华人家族企业没有受到新中国成立以后历次政治运动的冲击和影响，华人家庭家族的传统没有中断，有些企业已经走过了百年并传到第三、第四代人手里，在家族企业传承发展、治理结构和管理模式诸方面已经积累了丰富的经验和教训。这些海外华人家族企业的成功经验对于大陆企业的未来成长和发展弥足珍贵。

当下中国大陆家族企业的现代转型，主要是基于以下四个方面的原因：一是增长的需要。家族企业发展到一定规模的时候，就面临成长的烦恼和发展的瓶颈，或者继续局限在资源来源于家族内部的传统模式。如何依托社会资本，吸收家族外部的财务资本、人力资本和关系资本，实现企业的产业转型与产品升级是家族企业成长发展的重大课题。二是传承的需要。近年来，第一代成功企业家正在悄悄地功成身退，中国的家族企业陆续进入换代高峰，如何薪火相传、传承发展是困扰许多民营企业的巨大挑战。三是国际化的需要。在经济全球化的背景下，中国的家族企业必须走出去，才能更好地生存和发展。四是家族企业可持续发展的需要。与现代发达市场经济国家的企业相比，中国的家族企业寿命偏短，"富不过三代"一直是困扰中国家族企业成长发展的重大难题。我们希望本书能够帮助广大读者更好地了解当前中国大陆家族企业的生存发展状况，帮助民营企业更好地思考成长发展之路。

本书历史时段与案例选取和章节安排

在讨论了本书作者关注的三个问题以后，我们再介绍一下本研究的主要方法，以及历史时期和典型案例的选取。本书沿着时间和问题两个维度展开。首先本书的主要研究方法是比较历史研究，章节内容按照历史时期展开。但是本书无法也无意清晰界定历史时期的起止，而是大致着眼于近

150 年的历史发展。具体来说,如果从我们选取的典型家族企业的历史来看,最早的家族基本上在 19 世纪中叶开始创办工商业企业,当然大多数的中国大陆案例企业是在改革开放前后成立的;如果从探讨近代化进程中中国家族企业的历史变迁来看,它们应该与近代工业化时期基本同时。一般来说,中国工业化的历史起点是在清政府的洋务运动。在洋务运动中,一部分商人、地主、官僚投资于新式工业,19 世纪六七十年代,中国民族资本主义诞生了。洋务运动虽然没有使中国富强起来,但是引进了西方先进的科学技术,使中国出现了第一批近代企业,积累了生产经验,培养了技术力量,在客观上为中国民族资本主义的产生和发展起到了促进作用。由此中国现代工业化的进程大约有 150 年的历史,这也是本书探讨中国家族企业社会角色的大致时期。如果考虑到中国工业化以前中国的家族制度基本上在宋代以后就逐步确立而没有太大的变化,因此我们探讨现代化进程中国家庭与家族制度变迁和社会角色,首先应该对宋代以后的封建家族制度有所了解,我们把它作为分析传统家庭家族制度的起点。由此我们忽略了中国传统社会家庭制度的起源和演变。

第二章"中国家族的社会角色"是对于中国的家、家庭与家族制度的有关定义和特征的讨论。我们将中国传统家族制度的基本特征归纳为宗法制、父权制、诸子均分和伦理构化四个方面,由此给读者一个工业化开始初期中国家庭家族制度的基本情况介绍。该章的第四节探讨了家庭在现代化进程中的角色,总体来说,过去的现代化理论简单地把西方国家在现代化进程中从封建家庭到核心家庭的转变看做是家庭的现代化,因此人们倾向于把传统家庭和家族看做是中国现代化的障碍。最近多年的社会科学研究逐渐改变了这种非此即彼的单线式的现代化观点。中国传统家庭制度既对近代工商业企业的产生和发展起到了基础性社会资源的作用,也在现代化进程中做出了积极灵活的调整,因此,应该把家庭现代化作为整体社会现代化的有机组成部分。现代化进程中包含着对传统家庭的多重扬弃和改变,而不是简单的否定和替代。

第三、四章主要叙述中国近代家族企业从清末洋务运动后兴起开始到新中国社会主义改造所经历的两个发展的循环,并简述在这两个循环中家族企业如何利用家族的改造来应对环境的变迁,其中我们主要针对江苏无锡荣氏家族这个当时最大家族企业之一的发展历程加以说明和分析。

第五章介绍中国现代家庭的主要历史演变。1949 年以后中国工业化、城市化和社会主义改造对传统家庭模式形成极大的冲击,传统家庭的生活方式和组织方式让位于集体主义的工厂或生产大队。1978 年年底开始的改革开放一方面是前期工业化和城市化的延续，同时农村家庭经济的恢复、乡村工业化和城镇私营企业的逐渐发展，又使得传统家庭模式在城镇和村庄重新恢复，尤其是新一轮民营企业以家庭作坊、家庭企业的形式的大量出现。本章以宁波慈溪茅氏家族的创业为例加以说明和分析。

第六章以本书作者们与全国工商联合作在 2010 年所做的私营企业调查资料为基础，介绍了家族企业发展的总体概况、家族企业发展的优势和劣势、家族企业主的社会特征和人们视野里的家族企业主与二代接班人形象。我们试图利用调查数据对中国当前家族企业的范围与规模、中国家族企业对国民经济的贡献和社会影响力加以分析和评估。对比中国国有企业的 20 强、民营企业 20 强和中国台湾的民营企业 20 强可以得出两个基本判断：首先我国的民营企业的成长发展非常迅速，显示了顽强的生命力和成长性；其次，民营企业与国有企业之间仍然有着巨大的差距，最近几年大型国有企业对诸多资源型和资本密集型产业的垄断地位进一步增强。在各级政府垄断大量政治资源和经济资源，大型国企受到各种市场准入和资源独享的多重保护背景下，民营企业成长发展的动力和压力是不是会开始松懈呢？中国进一步市场化改革的发展方向是否会逐渐迷失，或者换一种角度说，中国家族企业是否只有走向"红顶商人"的老路才可能生存下去呢？中国的市场经济是否最终会走向"权贵资本主义或坏的资本主义"呢？这些问题值得深思。

第七章讨论中国家族企业现代转型所面临的诸多挑战，主要是代际传承、家族治理与公司治理、家族企业管理现代化等。本章也探讨了中国家族制度变化所引起的特殊挑战，诸如计划生育政策所形成的独生子女家庭的传承发展问题，女性在家族企业中的角色，如何突破"富不过三代"而成为"百年老店"等。应该说，这些问题和挑战同样困扰着海外的华人家族企业。海外家族企业的成长发展已经走过了更长的时期，积累了丰富的经验教训，本书第八章主要选取了香港冯氏家族（利丰集团）、香港李氏家族（李锦记）、香港曹氏家族（万邦集团）和马来西亚杨氏家族（皇家雪兰莪）为例，介绍了不同背景下华人家族企业的发展过程和成长得失。

最后一章对中国家族企业的未来发展、社会角色和地位，尤其是家族企业的理性化管理做了展望。总体来说，只要对中国的改革开放有信心，对中国的民营企业有信心，也就必然会相信家族企业会在未来中国社会经济中发挥更加积极、健康而又持久的作用。

本书采用的研究方法是基于多个企业成长案例的比较历史研究，由于这些案例来自不同历史时期和不同国家地区背景，因此这些案例研究主要是为了更好地说明作者们想要表达的观点，其中难免有一定的主观性。为了避免少数案例可能产生的以偏概全的问题，我们同时简略提及更多企业和家族实例。在图1-1中我们标出了本书提及的主要中国大陆和海外华人家族企业的地理位置。可以看出，本书选取的大陆案例还是集中在长江三角洲和珠江三角洲两大区域，也就是本书作者相对熟悉的两个区域，我们这些研究结论是否适合全国的家族企业呢？即使是在沿海的不同省份和地区，家族企业现象是否也会有不同而呈现区域特色呢？这些区域特色是归因于各地的家族传统和地方文化，还是由于不同的产业和企业发展状况呢？这些各地家族企业的未来将是如何呢？中国家族企业的研究还处于起步阶段，值得探索的问题还有许多许多，我们在本书所做的努力只是一个尝试，希望能够有更多的年轻学者会加入到这一领域中来。

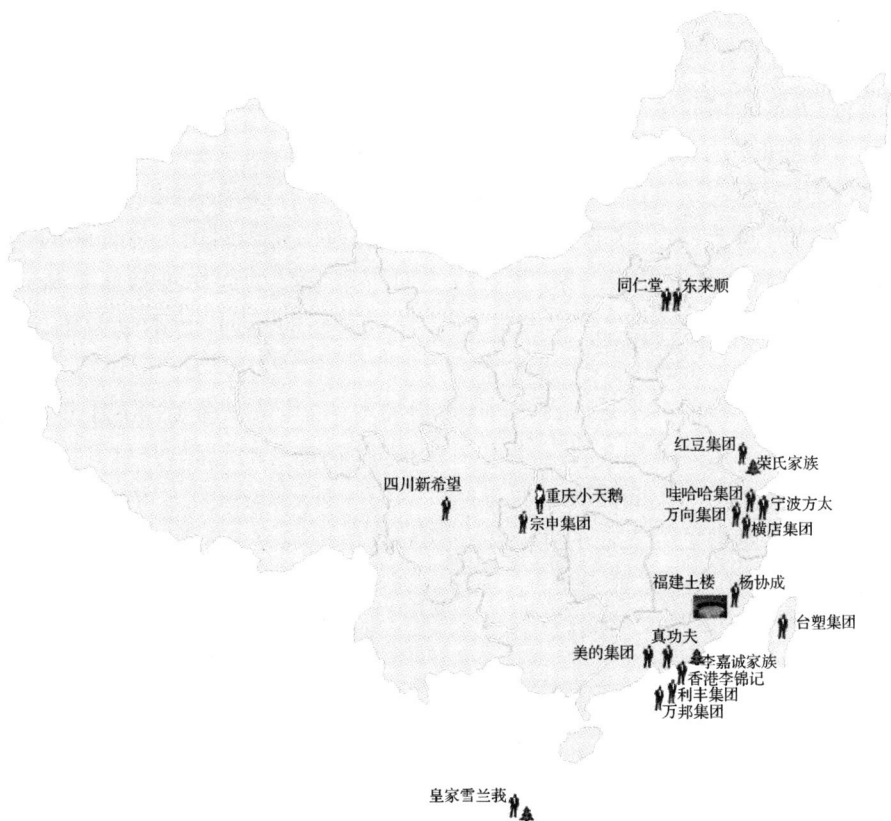

同仁堂、东来顺

红豆集团　荣氏家族

四川新希望

重庆小天鹅
宗申集团

哇哈哈集团　宁波方太
万向集团　横店集团

福建土楼　杨协成

真功夫　台塑集团

美的集团
李嘉诚家族
香港李锦记
利丰集团
万邦集团

皇家雪兰莪

图1-1　本书提到的典型家族企业的地理分布

第二章　中国家族的社会角色

第一节　家、家庭与家族

关于家、家庭、家族的概念，众说纷纭。费孝通在《乡土中国》中就指出："提到我们的用字，这个'家'字可以说最能伸缩自如了。'家里的'可以指自己的太太一个人，'家门'可以指伯叔侄子一大批，'自家人'可以包罗任何要拉入自己的圈子，表示亲热的人物。自家人的范围是因时因地可伸缩的，大到数不清，真是天下可成一家。"①因此，对中国"家"的起源进行简单梳理，得出"家"的一些基本特性，以及区别家庭与家族的不同，是本节希望能做到的。

任何一个称谓都不是无源之水、无本之木，尤其是在绵延四五千年不曾消亡的中国文化体系中。"家"也不例外，它有着自身的起源，并且其内涵也随着时代的变化而不断演变。西方的"家庭"一词，源自于拉丁语，本意是居住在一所建筑物里的人们的共同体。这同汉语中的家庭一词是相当的。汉语中家庭的"庭"，本意就是庭院、院落。在早期的古代文献中，"家"是指家庭，"家庭"的意思是家的庭院。给"家庭"一词赋予今天人们通常理解的含义，是较晚的事。

甲骨文中，"家"写作"𤕯"或"𡧧"，其中"宀"表示房屋，"𧰨"或"𤣩"表

---

① 费孝通：《乡土中国　生育制度》，北京大学出版社 2003 年版，第 26 页。1998 年中国不少省份遭遇特大洪水，中央电视台组织的赈灾晚会的名称就是"共同的家园"，可见我们日常用语中的"家"有着无限的收缩性。

示猪,这与许慎在《说文解字》中对"家"的解释一致。许慎讲,"家,居也。从宀,豭,省声",又云"宀,交覆深屋也,象形"。从中我们可以看出许慎认为"家"字本是一个形声字,"宀"是一座人字架屋顶的房屋,内置一"豭"为其声符,而"豭"意为猪。这大体是因为人类是在懂得饲养动物、定居生活之后才产生家的观念的,那时人类的主要活动是直接获取物质食物,以保证生命的维持和延续,而猪是人类最早驯化并且普遍驯养的动物之一,它较容易饲养、繁殖力强、能给人类提供较多的肉食。

后世学者解释"家"字多遵从《说文解字》的说法,例如《玉篇》对"家"的解释为,"居也,家人所居,同日家"。因此,"家"字的本意是指人们居住的地方。不过,清代学者吴大澂在其《说文古籀补》中认为"家"字本意乃古人"陈豕于屋下而祭",也就是说,"家"是古人祭祀祖先的场所。本书认为,"家"的本意最早是指人类居住的地方,随着社会的发展,祭祀祖宗成为人们在仅满足生存与生活后的又一活动,因此家又逐渐成为以猪作为主要祭品祭祀祖先的场所,成为包含血缘关系的亲族组织。

随着人类社会的进步,出现了各种社会组织,而"家"的涵义不再局限于人们生活的场所这一范畴,而是逐渐具备了很多区别于其他社会组织的特性,这些特性不能从"家"字的释义中获得,而应从家的具体形态与具体活动、成员的相互关系中总结出来。所谓家庭,就其一般性的特征说来,是以特定的婚姻形态为纽带结合起来的社会组织形式。不考虑历史上曾经出现过的群体家庭(以群婚为纽带),本书讨论的都是以一夫一妻制的个体婚姻为纽带的个体家庭。个体家庭是社会最基本的细胞,是人们最基础的婚姻、经济和社会生活单位。[①]

在确定家的概念与范畴这个问题上,马克思认为,"应该根据现有的经验的材料来考察和研究家庭,而不应该像通常在德国所做的那样,根据'家庭的概念'来考察和研究家庭"[②]。马克思强调的是,要摆脱从概念出发来研究家庭的逻辑错误,而应从已有材料研究家庭,遵从由实践到认识的过程。按照这一逻辑,家庭的概念,只不过是人们对现实家庭的一种认识。不同国家、不同民族、不同历史时代的人们,由于历史条件和思想文化水平的限制,对家庭的认识不同,所形成的家庭概念也不同。本书探讨的家庭涵盖了从近代到当前,从中国大陆到东南亚国家和地区的海外华人社会等不同

---

① 徐扬杰:《中国家族制度史》,人民出版社1992年版,第2页。

② 马克思、恩格斯:《德意志意识形态》,《马克思恩格斯全集》,第3卷,第33页。

历史时期和地域，因此更要重视家庭、家族和所属企业的具体现象和行为。当然，家庭的本质是家庭自身所固有的一种内在规定性。家庭的内在规定性，就是不同形态的家庭中所包含的共同的、常见的、普遍的因素。我们认为家庭的本质性特征主要包括以下三个方面：

一是家庭的基础是婚姻关系或夫妻关系。家庭来源于婚姻，由婚姻而构成，并以婚姻为直接的依据，这是家庭区别于其他社会组织、社会团体的本质特征之一。婚姻是以生理结合为自然基础的社会结合，亦即被社会的道德和法律所认可的并赋予一定的权利义务关系的社会结合。男女由婚姻结成夫妻关系，夫妻关系是家庭的基本关系之一。

二是家庭的纽带是血缘亲属关系。人们的血缘亲属关系是结成家庭的纽带。有婚姻即有生育，由生育而形成父母与子女、兄弟姊妹等的血缘亲属关系。同自身有直接生育关系的为直系血亲关系，有间接生育关系的（即同出于一个祖先的）为旁系血亲关系。家庭就是由人们的直系与旁系的血亲关系组织起来、团结起来的。这是家庭区别于其他社会组织、社会团体的第二个本质特征。

正因为亲属关系更是一种社会关系，家庭成员中有时要包括一些没有血缘关系的亲属成员，如由领养形成的养父母、养子女，由再婚形成的继父母、继子女，等等。这些人原本没有血缘关系，而因为存在某种权利义务关系，则被赋予一种血亲地位，从而形成父母子女的亲属关系。由此可见，家庭并非以姻缘和血缘为依据，而是以姻缘和亲缘为依据，亲缘比血缘更为合适。所以说，家庭的基础是自然的血缘关系，更是一种基于亲缘的社会关系，家庭成员在相互间包含着责任与义务。

三是家庭是一种人类社会生活的基本组织。"家庭并不是一种'关系'形态，而是一种'组织'形态，即是一种人们共同生活的社会基层组织。也就是说，由姻缘关系和亲缘关系组织起来的人们，集聚在一处，同居共食，经济上互相供养，思想上互相影响，感情上互相交融，形成一个朝夕相伴、甘苦相依的日常生活的共同体。它是最小的社会群体，也是社会结构中的'基本粒子'。"①这是家庭区别于其他社会组织、社会团体的第三个本质特征。有关中国家庭作为一种人类社会生活的基本组织所承担的各种社会、经济和文化功能我们在下一节再展开讨论。

父母与子女之间、兄弟姊妹之间的血缘关系，是生物学和遗传学意义上

---

① 丁文：《家庭本质初探》，《社会学研究》1987 年第 2 期。

的血统自然关系。同时，这些血缘关系又在大量的接触和互动过程中形成复杂持久的社会关系。正如恩格斯指出的，"父亲、子女、兄弟、姊妹等称谓，并不是简单的荣誉称号，而是一种负有完全确定的、异常郑重的相互义务的称呼，这种义务的总和便构成这些民族的社会制度的实质部分"[①]。也就是说，家庭所讲的血缘关系不单纯是指存在 DNA 上的关联，更是一种基于自然血统关系的社会关系，包含着社会性的责任和义务。卢梭在《社会契约论》中提及，"一切社会之中最古老的而又唯一自然的社会，就是家庭"，因为家庭关系是自然与社会两种关系的纽结。[②] 所有个人都是在各自家庭特殊的氛围下长大成长的，父母双亲的生物和文化基因与生俱来并不断强化加深，可以说几乎每个人都是在还没有学会选择的时候，就受到了一辈子最重要的影响。

如开篇所述，在中国文化中，"家"范畴的延展性很大，小到"一人吃饱，全家不饿"中的单个体之家，大到国家的范畴，都带有"家"的含义。但从我们研究角度，确切地讲从本书的研究考虑，有必要对狭义的"家庭"与广义的"家族"进行界定和研究。

什么是家族呢？从字面上来讲，族是一个假借字，原来是指盛箭矢的袋子，把许多支矢装在一起叫族（后来写作"簇"），也叫束。由此，族是凑、聚的意思。家庭与家族的关系主要是个体和群体的关系，在以血缘关系为纽带结合而成的社会组织中，家庭是个体，是基础，家族则是群体，是家庭的上一级的组织形式。家庭和家族的主要区别，在于是否同居、共财、合炊，家庭是同居、共财、合炊的单位，而家族则一般表现为别籍、异财、各炊的许多个体家庭的集合群体。在一般情况下家庭不同于家族。只有当一个大家庭发展到几百、上千口人，聚居于一个村落而且没有分家，那么此时的这个大家庭同时也是一个家族，而这种情况是比较罕见的。较小的大家庭，一般地都和同村同宗的个体小家庭合组一个家族。[③]

国内学者潘必胜在其企业史著作《中国的家族企业：所有权和控制权（1895—1956）》中开篇提及，"是否属于同一产权单位，是在经济上区分家庭和家族的重要根据"。潘必胜以是否为单一产权为标准，界定了家庭与家族，将不是那么泾渭分明的、同为"family"的组织进行了再分。他进一步强

①　恩格斯：《家庭、私有制和国家的起源》，《马克思恩格斯选集》第 4 卷，第 24 页。

②　卢梭：《社会契约论》，商务印书馆 2003 年版，第 9 页。

③　徐扬杰：《中国家族制度史》，人民出版社 1992 年版，第 5 页。

调，"家庭是以婚姻关系和生养关系为纽带结成的社会单元,可以分为夫妻与未成年子女组成的核心家庭、夫妻与成年子女组成的主干家庭或扩展家庭等不同类型。家庭在经济上的基本特征是作为一个产权单位,且是单一产权单位"。而"家族是家庭的扩大,是有血缘关系的多个家庭的集合。在社会属性上,家庭和家族的区别不大,但在经济属性上,家庭和家族有本质区别。卢梭认为,家庭内部存在自然的依附关系,而家族关系则以契约关系为基础。家族的经济属性,可以表述为具有血缘关系的两个或两个以上产权单位的集合。一般来说,一个家庭只是一个产权单位,分家后变为两个或多个产权单位。由两个或两个以上有血缘关系的产权单位构成,是家族的重要经济特征"。[①]

也就是说,家族是由多个具有单一产权单位的家庭构成的。但是,需要强调的一点是,家族不是家庭的简单相加,两者所承担的社会作用和角色不同、成员间的责任和义务不同,所具备的特点也不能仅以"单一或多个产权单位"而一笔带过。比如,潘必胜讲,"一个家庭就是一个产权主体,表现为户籍中的一个单位。每个家庭都有家产,但以家族为单位来看,中国的家族共有财产是很少的,古代和近代中国的家族财产或族产只限于义学、义田、宗祠等,非常有限,只占私有财产的很少部分。这些族产不是用于经营活动,而是用于家族的公益活动。中国的用于经营活动的'家产',主要是家庭财产"。[②] 因此,从产权角度看,家产主要指的是家庭财产,是私有财产的主体;而家族财产占私有财产的比重很小,同时,家庭与家族各自的社会角色是不同的。这一现象非常重要,我们在后面还要讨论。

第二节　家庭(家族)的功能

家庭与家族在中国社会、中国文化中,尤其是在传统中国,处在一个最基础、最根本的地位,影响着中国社会、经济、政治、文化等方方面面。可以说,无家即无国,家是构成社会的基本组织。家庭或家族的功能主要包括经

---

① 潘必胜:《中国的家族企业:所有权和控制权(1895—1956)》,经济科学出版社 2009年版,第 1 页。

② 潘必胜:《中国的家族企业:所有权和控制权(1895—1956)》,经济科学出版社 2009年版,第 1 页。

济功能、社会功能和文化功能。

一、经济功能：两种生产与家庭消费

在《家庭、私有制和国家的起源》第一版《序言》中，恩格斯系统地阐述了所谓的两种生产的理论："根据唯物主义观点，历史中的决定性因素归根结蒂是直接生活的生产和再生产。但是，生产本身又有两种，一方面是生活资料即食物、衣服、住房以及为此所必需的工具的生产；另一方面是人类自身的生产，即种的繁衍。一定历史时代和一定地区内的人们生活于其下的社会制度，受着两种生产的制约：一方面受劳动的发展阶段的制约，另一方面受家庭的发展阶段的制约。劳动愈不发展，劳动产品的数量、从而社会的财富愈受限制，社会制度就愈在较大程度上受血缘关系的支配。"[①]而这两种生产都存在于家庭或家族中，在过去，家庭承担着社会生产的职能，生活资料的生产存在于家庭中；而第二种生产，即人的生产，包括人的繁殖、教育都是在家庭或家族中完成的。

与工业社会之前相比，家庭的生活资料生产功能已经萎缩了很多，在企业、公司未出现时，人们生活所需的衣食住行等生活资料以及各种工具的生产基本上都是在家庭里完成的，人们通过耕种土地获得食品、通过纺织裁缝获得衣服、自己建造房屋以及制造必要的生活生产工具，等等。可以说，在"自给自足"的社会中，是家庭直接承担主要的生产功能，提供人们所需的各种资料。而在工业社会后，社会化大生产成为趋势，现代化的企业、公司不断出现，各种生产生活资料的生产从家庭转向了企业。但这不能否定，家庭仍旧承担着很多生产职能，如土地仍旧以家庭为主要耕作者，家庭中的必需的劳务作业仍属于家庭成员，等等。同时，虽然家庭的生产职能逐步被企业公司所替代，但企业生产所需要的最重要的生产要素——人，是家庭提供的。可以说，现代的家庭更多的是间接地从事资料的生产。

而第二种生产，即人的生产，从家庭的社会功能讲，是一种延续社会的功能，是社会发展与进步的原动力。现在，人可能出生在医院里，但谁也不能否认，人的生产自始至终是由家庭实现和完成的。虽然理论上人的生产都可以借腹生子，甚至有人大胆地幻想将来可以有专门的造人公司，而不需要每位母亲亲自生育，但是在可见的相当长时期里，家庭还会一直承担人的生产、生育和教育这一职能。

[①] 恩格斯：《家庭、私有制和国家的起源》，《马克思恩格斯选集》第 4 卷，第 2 页。

在农业社会，家庭成员吃、穿、劳作等都在家庭或家族里完成，家庭既是基本的生产单位，又是最主要的消费单位。农业社会后，社会分工逐步细化，家庭成员走出家庭，在更多的非家庭的组织中从事生产、消费、娱乐等活动，比如，家庭成员因为工作所需不能够一日三餐都在家里完成，将更多的时间用于到商场购物、去娱乐城消闲，等等。但这不能否定，家庭仍是社会消费的主体，只是消费的场所从家庭内部转向了外部。构成社会消费主体的家庭消费，其消费能力来自家庭成员的工作、家庭的同居共财制度，消费需求同样来自家庭及其成员。

二、社会功能：介于个人与社会之间的缓冲带

1. 家庭是满足人们情感慰藉的基本场所

男女组成家庭，成为夫妻后，家庭就成了其成员沟通想法、交流感情的最基本场所，是人们最信任、最希望寄托感情的场所。虽然，现代社会中很多组织或机构承担了人们情感慰藉的职能，比如沙龙、俱乐部、各种兴趣组织、网络等。但是，由于家庭在血缘亲缘上具有其他组织无可比拟的优越性，因而家庭仍是人们寻求心理满足、进行情感交流的基本场所，是"最温暖的港湾"。

2. 家族调剂社会矛盾

家庭或家族作为一种基础性组织，在国家政权与普通百姓之间架起一座桥梁，承担着许多社会职能。法国学者安德烈·比尔基埃在其《家庭史》中也提出："宗族构成介于国家和人民之间的得天独厚的中继站。作为超家庭组织的宗族，它拥有祠堂和粮仓，也招募自己的自卫组织。"[①]在正常情况下或者说在历史常态下，祠堂为"本家"男男女女提供祭奠祖宗的场所，通过一系列的活动和仪式维系一个家族的团结和绵延不断，"这些地方住着的村民都姓一个姓或绝大多数姓一个姓，他们都自视为同一个祖宗的子孙后代"。[②] 国家和百姓之间的很多信息交流是在祠堂里获得的，其中较多的是一个家族中德高望重的长者将国家的意志以一种更容易让本族人接受的方式传递给族人。作为家族成员的共有财产，家族粮仓能够在出现天灾人祸

---

① ［法］安德烈·比尔基埃等著，袁树仁等译：《家庭史》，生活·读书·新知三联书店1998年版，第306页。

② ［法］安德烈·比尔基埃等著，袁树仁等译：《家庭史》，生活·读书·新知三联书店1998年版，第306页。

时帮助族人渡过难关,这在一定程度上缓解了危机时期国家与百姓间的冲突。

3. 动荡环境下,家族或家族的强大凝聚力

诚如费孝通在《乡土中国》里说的:"血缘是稳定的力量","血缘所决定的社会地位不容个人选择";或如全蔚天则在《论"家天下"》文中所说:"家族,一串生物的血统关系,真把全家人连锁成了一个牢不可破的事业团体。"自然形成的稳定性力量的血缘关系与社会性的家庭家族情结结合在一起,越发具有稳定性。"家族在一代复一代的人流中起着承上启下的作用。正因为有了家族,时间的流逝才有了连续。假若没有长远的前瞻,构筑市场与种种企业和机构的努力就会失败。子孙是对未来的投资。凡在人们要求实现平等与公正的领域中,一旦无法维持得当的自我复制过程,必定会形成严重的后果。"①家族越是在动荡的环境中,越具有凝聚力量、延续社会发展的作用。

【方框 2-1】

家族的王国:福建土楼与中国家族文化的体现

福建土楼包括福建省永定县的高北土楼群、洪坑土楼群、初溪土楼群和衍香楼、振福楼,南靖县的田螺坑土楼群、河坑土楼群和和贵楼、怀远楼,华安县的大地土楼群,武夷山的土楼,主要分布在福建西部和南部崇山峻岭中,以其独特的建筑风格和悠久的历史文化著称于世。福建土楼不单是最常见的圆形土楼,还包括了方形土楼、交椅形土楼等,覆盖了完整的土楼群建筑样式。

福建土楼的建造者是当地的客家人。客家人的祖先源自中原,为躲避战乱大量家族从中原迁徙到南方,他们是汉民族在中国南方的一个分支。客家文化一方面保留了中原文化的主流特征,另一方面又容纳了所在地民族的文化精华。由于客家人行走天下,移民世界,且在海外商界不乏成功者,因此有"东方犹太人"之称。福建土楼产生于宋元时期,经过明代早、中期的发展,明末、清代、民国时期逐渐成熟,并一直延续至今。福建土楼是世界上独一无二的山区大型夯土民居建筑,是

① [美]哈罗德·詹姆斯著,暴永宁译:《家族企业》,生活·读书·新知三联书店2008年版,第2页。

创造性的生土建筑艺术杰作。福建土楼依山就势，布局合理，吸收了中国传统建筑规划的"风水"理念，适应聚族而居的生活和防御的要求，巧妙地利用了山间狭小的平地和当地的生土、木材、鹅卵石等建筑材料，是一种自成体系，具有节约、坚固、防御性强等特点，又极富美感的生土高层建筑类型。此外，就地取材，用最平常的土料筑成高大的楼堡，化平凡为神奇，又体现了客家人在征服自然的过程中匠心独具的创造。

同时土楼的建筑设计又糅进了人文因素，堪称"天、地、人"三方结合的缩影。数十户、几百人同往一楼，反映了客家人聚族而居、和睦相处的家族传统。福建土楼是中国乃至东亚历史几次动荡和民众大迁徙的产物。一部土楼史，便是一部乡村家族史。土楼的子孙往往无需族谱便能侃侃道出家族的源流。福建土楼是东方血缘伦理关系和聚族而居传统文化的历史见证。著名经济学家厉以宁教授在1998年参观福建土楼时填词一首《浣溪沙·闽西龙岩土楼》："今日山村见古风，人情道德一楼中，乡邻和睦乐融融。南渡屡经颠沛苦，拓荒换得杏桃红，客家凝聚力无穷。"参观福建土楼，可以清晰地看见物化的家族组织和家族制度。

三、文化功能：家是个人受教育的第一场所

家是个人受教育的第一场所不仅是因为家庭教育从时间次序上最早发生，而且在于这种家庭氛围的影响无所不在，异常持久。家庭或家族除了对成员提供启蒙知识外，最重要的是，人们的价值观、世界观、职业观、人生观等都是在家庭中形成雏形的，人们在家庭事务、家族活动以及年长者的耳濡目染中形成自己做事、思考的方式。相比学校教育，家庭教育对人的影响是深层次的，决定着成员学习与工作的基本方式。因此，家庭为社会承担着基础教育的职能。

还需要说明的是，个人和家庭或家族的关系伴随家庭的社会地位的变化，或者伴随其他社会组织或机构的出现也发生着变化。对于个人来讲，家庭是个人参与社会活动的中介，这在农业社会中得到充分体现。"这种中介地位集中从三个方面表现出来：一是个人的社会地位是由家庭决定的；二是个人的心理需求的满足是由家庭实现的；三是个人行为的控制部分是由家

庭完成的。"①但是,随着越来越多的社会机构取代了家庭的职能,从而使家庭不再是个人与社会的唯一中介,而仅仅只是个人的社会活动场所之一,虽然其仍然充当主要场所。家庭也不再是社会唯一的基本组织,而仅仅只是众多的社会基础组织之一,个人除了在家中生活外,还在企业中生产、在学校中接受正式教育、在养老院度过晚年,等等。但是,毋庸置疑,中国家庭依然是影响个人成长最持久和最重要的社会组织。

第三节　中国家族制度的主要特征

我国近代思想家梁漱溟先生在其《中国文化要义》一书中指出:"中国的家族制度在其全部文化中所处地位之重要,及其根深蒂固,亦是世界闻名的。中国老话有'国之本在家'及'积家而成国'之说,在法制上,明认家为组织单位。中国所以至今被人目之为宗法社会者,亦即在此。"②家是构成社会的基本单位,也是人生产和活动的基本场所,形成了中国一系列的传统范式。从中西对比中可以看出,在中国,"家"的地位更高、更基础,也在个人与社会关系中起着更重要的调剂作用。中国家族制度决定了中国社会经济的命运,乃至中国整个文化的命运,本节主要从宗法制、父权制、诸子均分和伦理构化等四个方面归纳中国家族制度的特点。

一、宗法制:从化家为国到家法族规

在漫长而又缓慢的发展过程中,人类社会先产生氏族、家庭、家族,然后才产生国家。人们通常认为,在中国最早的国家出现于夏代(前2070—前1600年),在夏后氏化家为国、实行家天下之际,夏家族中原有的家族规范势必给随后形成的夏朝国法打下深深的烙印。同样,在后来的商朝和周朝,商周的君主们在订立新的国法时也必定会吸收本家族原有规约的某些成分。显然,在人类社会进化之际,原始的"家法族规"出现在先,国家的法律形成于后。中国的宗法制度在周代既是周天子家族的家法族规,又是周朝

---

① 李东山:《家庭还是社会的细胞吗?——试论家庭的社会地位变迁》,《社会学研究》1990年。

② 梁漱溟:《中国文化要义》,上海人民出版社2005年版,第15页。

的国家法律。①

宗法制是中国传统社会政治制度的主要模板,这种模板的长期稳定性在于国家与家庭是一对同构体,在"国家"这个概念中"国""家"并列,诸侯称国,大夫称家,其中既包括了地域、民族等涵义,更包含了家族组织中等级和宗法关系的涵义,后者是西方国家的概念里没有的;而在英语里"国家"一般用 country、nation 或 state 来表示,其中只包含了地域、民族和政治组织。因此有学者把这种家国同构的现象解释为中国封建社会长期稳定的主要原因之一:经常性的改朝换代与基本社会结构的稳定同时存在,因为在每次改朝换代以后,新的皇朝又利用宗法同构体为基础来重新恢复原来的社会结构。②

宗法制是周代分封制的基础,是西周政治的典型特征。它是用父系血缘关系的亲疏来维系政治等级,巩固国家统治的制度。宗法制是以宗族血缘关系为纽带,与国家制度相结合,维护贵族世袭统治的制度。周王为周族之王,自称天子,奉祀周族的始祖,称"大宗",由嫡长子继承王位。其余庶子和庶兄弟大多分封为诸侯,对天子是"小宗",在其本国则是"大宗"。诸侯也由嫡长子继位,其余庶子和庶兄弟大多被分封为卿或大夫,对诸侯是"小宗",在本家则为"大宗",其职位也由嫡长子继承。从卿大夫到士,其"大宗"、"小宗"的关系与上同。世袭的嫡长子即是宗子,地位最尊,如此层层分封,大宗率小宗,小宗率群弟。大宗、小宗的宗法关系,同时也是政治隶属关系。对于异姓有功的贵族,则通过联姻,成为甥舅,分封为诸侯,也纳入宗法关系。于是,在全体贵族内部,举国上下形成了以周天子为核心,由血缘亲疏不同的众诸侯国竞相拱卫的等级森严的体制,使政权不但得到族权而且得到神权的配合。"亲亲"、"尊尊"在这里获得完备的、严格的体现,成了宗法制的精神支柱,从而也是周礼的根本原则。

在中国家族中,实行以男性为主、女性为辅的宗族制。"宗是一个排除了女系的亲属概念,即总括了由共同祖先分出来的男系血统的全部分支,就是所谓的一个宗。……宗的范围指源于生长在某地的共同祖先、好像同心圆一样多重的且理论上可以视为无限的观念性的范围,绝对的界限是没有

---

① 参考费成康:《中国的家法族规》,上海社会科学院出版社 1998 年版。

② 金观涛、刘青峰:《兴盛与危机:论中国封建社会的超稳定结构》,湖南人民出版社 1983 年版。[日]井上徹:《中国的宗族与国家礼制:从宗法主义角度所作的分析》,上海书店出版社 2008 年版。

的。只要由共同的祖先分衍的事多少在记忆中存在,那么无论隔了多少世代也不失为同宗者。"宗的对立面可以是姻,"作为法律用语,在自然的、社会的任何一个意义上属于自己之宗的人,把男系血族及其妻总称为'本宗'或'本族',把女系血族及其妻的娘家或女儿的婆家等属于非本宗的亲戚关系的人总称为'外姻'"。①

宗的最主要特点是排他性。宗是两个人家族关系的确定标准,而姓是具有表示每个人的宗的排他性的所属关系的重要意义的称呼。在中国宗法制中以男性为主,使得女性宗属因"宗"和"姻"而具备了两重性:"从自然性的意义上看,女性仍属父亲的宗并且这种关系从出生直到死亡终生不变。由女性结婚后即使冠以夫姓也决不改变自己生身之家的姓这种习惯中,大概可以说象征着这种情况。另一方面,在社会性的意义上来看,女性由于婚姻应该说变成了夫所属之宗的人。而且,与其说她从父宗向夫宗的地位转移,不如说由于婚姻才取得了夫宗之中的地位。……像这种在自然性上是为父宗,在社会性上视为夫宗等,由于观察的角度而将宗的所属截然分为两面是女性命中注定的。"②所谓"妇人有三从之义,无专用之道。故未嫁从父、既嫁从夫、夫死从子。"(《仪礼·丧服·子夏传》)可以看出在中国传统家族制度中,女性宗属的两重性及其地位的低下,不过这已经在近现代社会大有改变,尤其是当女性来自较有权势的家族时,女性可以保持与娘家的社会联系,同时娘家也成为这些女性最后的避难所。

宗法制度中有"百世不迁"和"五世则迁"的规定:"有百世不迁之宗,有五世则迁之宗。百世不迁者,别子之后也,宗其继别子之所自出者,百世不迁者也。宗其继高祖者,五世则迁者也。"(《礼记·大传》)这里所说的"宗"有两层意义,对生者指宗族,对死者指宗庙。因此百世不迁和五世则迁的"迁"也有两层意义,对宗族指分族立宗,对宗庙指祖宗牌位的迁移。从西周开始,人们就利用宗法制度对家族的分裂时间及家族的大小规模进行了规范。一般来说一个家族最多延续五代就必须再分裂,去建立新的家族,另立新的"宗"。分裂之后,旧家族依然存在是大宗,大宗由嫡长子、嫡长孙世代相传,永远存在(百世不迁);分裂出去的新家族是小宗,小宗传至五代以后,

---

① [日]滋贺秀三著,张建国、李力译:《中国家族法原理》,法律出版社 2003 年版,第15—17 页。

② [日]滋贺秀三著,张建国、李力译:《中国家族法原理》,法律出版社 2003 年版,第16 页。

又要再分裂出新的小宗，原来的母体小宗则变成了大宗（五世则迁）。在这种宗法制度下，传承的原则是"立嫡以长不以贤"，这种不顾一切的简单规则，就把族人尤其是宗子的诸子觊觎继承权的野心给堵塞住了。①

中国宗法制度的形成经过了一个长期实践、不断总结的过程，从原始社会末期的父家长制家族产生，至夏、商到周逐步确立完整、系统的宗法制度，前后经历了上千年的历程。随着社会发展，宗法制也随之变化，并为贵族和平民家族所采用，即依据宗法制，家族同样按照血统、嫡庶来组织家庭或家族。宋明以后，地方宗族制得到统治阶级的支持，族权布满农村社会各个角落的众多宗族，成为仅次于政权的权力体系。族权与政权互补互用，是中国社会得以长期延续的重要原因。

在家族宗法制中，存在家谱、宗祠、族规等宗法形式，以保证宗法制长期发挥作用。家谱，既是使人们知晓家族统系来处的方法，又可以使家族不散、不失传。然而修家谱的目的是治国，将古代宗法尊祖、敬宗、收族的原则，变成了修宗谱、建宗祠、置族田、立族长、订族规为特征的宗族制度。家谱的雏形，在殷商卜辞中的世系关系中有所反映。隋唐以前，家谱的修撰已相当发达，大量的家谱书籍问世，但大多未留传后世，人们一般认为家谱起于宋代。

宗祠习惯上称祠堂，是供奉祖先神主、进行祭祀的场所，被视为宗族的象征。宗庙制度产生于周代，秦代"尊君卑臣，无敢营宗庙者，汉世多建祠堂于墓所"。宋代朱熹提倡建立祠堂法，每个家族建立一个奉祀高、曾、祖、祢四世神主的祠堂四龛。清代，祠堂已遍及全国城乡各个家族。祠堂是族权与神权交织的中心。祠堂中的主祭——宗子，相当于天子；管理全族事务的宗长，相当于丞相；宗正、宗直，相当于礼部尚书与刑部尚书。祠堂最能体现中国宗法制家国一体的特征。族规是家族的法律。

族规在唐以前是一家一户家长教养子孙的仪礼与规矩。最早的家规是三国时魏人田畴为其家族制定的。宋代，家规由一家一户的家训转变成专门约束家庭成员的规章，家法、族规成为国法的重要补充。族规的作用也体现在它的内容：首先是强制性地尊祖；第二是维护等级制度，严格区分嫡庶、房分、辈分、年龄、地位的不同；第三是强制实行儒家伦理道德，必须尊礼奉孝。

---

① 徐扬杰：《中国家族制度史》，人民出版社 1992 年版，第 111 页。

【方框 2-2】

《钱氏家训》与人才辈出的钱氏家族

在江浙一带，钱氏是一个颇有声望的大家族，自吴越王钱镠（852—932 年）以来家族就有族谱。杭州钱镠研究会顾问、浙江大学教授邹身城研究这个家族多年。他说，自钱王始，钱氏精英不断涌现，近代以来更是子孙鼎盛。曾有一个绕口令来形容这个时期的钱家"人才谱"——"一诺奖、二外交家、三科学家、四国学大师、五全国政协副主席、十八两院院士"。据不完全统计，当代钱氏家族仅科学院院士国内外就有 100多人，分布在 50 多个国家，其中人们所熟知的包括钱穆、钱玄同、钱学森、钱三强、钱伟长、钱钟书、钱永健等人。钱氏家族的兴旺不衰，与被钱家人当成家规的《钱氏家训》有着密切关系。据介绍，《钱氏家训》是钱镠的后人把其平时言行记录整理而成，对钱氏子孙立身处世、持家治国的思想行为，作了全面的规范和教诲。

个人 心术不可得罪于天地，言行皆当无愧于圣贤。曾子之三省勿忘，程子之四箴宜佩。持躬不可不谨严，临财不可不廉介。处事不可不决断，存心不可不宽厚。尽前行者地步窄，向后看者眼界宽。花繁柳密处拨得开，方见手段；风狂雨骤时立得定，才是脚跟。能改过则天地不怒，能安分则鬼神无权。读经传则根柢深，看史鉴则议论伟。能文章则称述多，蓄道德则福报厚。

家庭 欲造优美之家庭，须立良好之规则。内外门闾整洁，尊卑次序谨严。父母伯叔孝敬欢愉，妯娌弟兄和睦友爱。祖宗虽远，祭祀宜诚；子孙虽愚，诗书须读。娶媳求淑女，勿计妆奁；嫁女择佳婿，勿慕富贵。家富提携宗族，置义塾与公田，岁饥赈济亲朋，筹仁浆与义粟。勤俭为本，自必丰亨，忠厚传家，乃能长久。

社会 信交朋友，惠普乡邻。恤寡矜孤，敬老怀幼。救灾周急，排难解纷。修桥路以利从行，造河船以济众渡。兴启蒙之义塾，设积谷之社仓。私见尽要铲除，公益概行提倡。不见利而起谋，不见才而生嫉。小人固当远，断不可显为仇敌。君子固当亲，亦不可曲为附和。

国家 执法如山，守身如玉，爱民如子，去蠹如仇。严以驭役，宽以恤民。官肯著意一分，民受十分之惠。上能吃苦一点，民沾万点之恩。

第二章 中国家族的社会角色

浙商研究

利在一身勿谋也,利在天下者必谋之;利在一时固谋也,利在万世者更谋之。大智兴邦,不过集众思;大愚误国,只为好自用。聪明睿智,守之以愚;功被天下,守之以让;勇力振世,守之以怯;富有四海,守之以谦。庙堂之上,以养正气为先;海宇之内,以养元气为本。务本节用则国富;进贤使能则国强;兴学育才则国盛;交邻有道则国安。

二、父权制:在权威和习俗之间寻求平衡

父权制是指以父系的血缘关系为纽带结成原始社会基本单位的制度,又称父系氏族制,产生时间大体相当于新石器时代晚期至金石并用时代。父权制家庭中的各项事务由父亲或年长男人决定,父亲是家长,是家庭的统治者,妻子及其子女处于附属地位,亲属传袭规则依父系传递并按父系计算。父权制是继母权制之后产生的。随着生产力的发展,男子的体力比女子强健,男子在劳动中发挥越来越重要的作用,于是男子在家庭中的主导地位便逐步确立。父权制与中国家庭制度中的产权特征,也就是同居共财是紧密联系的。

在中国长期历史中,家庭和家族中实行父系家长统治。《大清律例辑注》所记,“一户以内,所有之田粮,家长主之,所有之钱财,家长专之”;《曲礼》记载,“子弟无私贷,无私蓄,无私器,不敢私取,不敢私与”。这些表明,在父权制中,“子弟”即其他家庭成员全无独立的经济地位,而作为“一家之主”、“家长”的父亲,具备包括家产处分、家产分割的权利。但同时,这种权利也不是无拘无束的,具有一定的制度或传统习俗或文化上的制约。比如,在多个儿子长大后,“分家”是必然的,父亲拥有实现家产分割的权利,即“家产分割视为必须依据父亲的意思(无论是命令还是许可)是立法的一贯态度”。而在分割的比例上,实行诸子均分“每个儿子得分相互均等;父亲本身作为家的一员不受均分原则的支配取得和一个儿子份额同样的数额,不存在某些定率的得分的规则”。①

仔细领会前面这两段话人们会发现其中有自相矛盾之处,父亲既然拥有实现家产分割的权利,为什么又有每个儿子相互均等这一条。类似的情况是父亲可以将其不满意的、对家庭或家族做出叛逆事情的儿子(如果是儿

---

① [日]滋贺秀三著,张建国、李力译:《中国家族法原理》,法律出版社 2003 年版,第142—143 页。

媳的话就与儿媳一同)逐出家族,但是另一方面父亲又不可无缘无故地剥夺任何一位儿子的继承权,或者说父亲至少在常态下不能剥夺任何一个儿子作为继承人的资格。可见父亲并非能够为所欲为地行使自己的权利,他必须在维护父亲的权威和尊重习俗之间保持明智的平衡。

马克斯·韦伯依据大量史料,把权威归纳为三种类型,即传统型权威、超凡魅力型权威和法理型权威。所谓传统型权威是指建立在古老传统和惯例的神圣性之上的权威,比如通过王位继承获得的权威和服从。韦伯借助于他对地中海文明的知识,提供了一个最为严谨的分析定义,他认为父权制权威作为一种典型的传统型权威具有双重行动范域。一方面,支配者的地位(position)由习惯界定和神圣化,在这个范域,支配者的行动要受到习俗或习惯的约束;另一方面,支配者个人(person)行使自由裁量的权力,并要求属下对他的服从,而且这种服从的基础是属下对他个人的忠诚。在这一范域,支配者的行动不受特定规则的约束。韦伯认为在前现代社会父权制非常普遍,中国的父权制与古罗马和古代埃及比较相近,其中罗马法对父权制权威的规定最为严谨,它界定家父长权限的三个范围包括"父权"(potestas)、"夫权"(manus)和"所有权"(dominium),在所有这些权限上家父长有绝对的权威:他能够收养子女和离弃妻子;他能够承受或否决作为父亲的职责;他拥有家族的所有东西,而其妻子及子女却一无所有。①

美国社会学家韩格理(Gary Hamilton)却强调中国父权制与西方的差异,首先东西方父权制的历史进程有着明显的差异。在西欧随着罗马帝国的灭亡和基督教的兴起,父权制逐渐式微,父权制权威逐渐让位于个人主义和法理型权威,而在中国父权制却在相当长的时期内保持稳定,而且在接近近代的明清时期反而更加严厉刻板。② 其次,中国父权制的性质与西方基本的不同在于,西方的父权制强调家父长"个人"的权力,并给予他命令权和一个他可以正当地行使其命令权的范围(如大的家户或庄园)。这种个人化的,而且拥有审判权的身份,更因为家父长与宗教或巫术的超验力量相结合而被视为正当。相对的,中国父权制强调下属顺从的责任,依据一套角色关

① 韦伯:《经济与社会》商务印书馆 1997 年版。

② "就法律衡量,父权制在清朝比在汉朝更为强大。不同于西方情形,当中国越趋近近代化,道德上及法律上有关子女对父亲、妻子对丈夫的业务之规定,却愈发明确及严格。中国法典所立基的儒家哲学也改变了;在宋明理学家的影响下,新儒家思想所提倡之三从四德比诸以前更为严厉。"参考韩格理:《中国社会与经济》,台北联经出版 1997 年版,第 71 页。参考费成康:《中国的家法族规》,上海社会科学院出版社 1998 年版。

浙商研究

系(如父子、君臣、夫妇等)限定其权力及服从的行为。① 我们在讨论了诸子均分和伦理构化两个特征，尤其是费孝通提出的"差序格局"之后，可以更好地理解中国父权制的本质是这种在权威与传统之间寻找明智的平衡，这是中国父权制不同于西方父权制的特征。

三、诸子均分：分中有继也有合

诸子均分制是中国自给自足农业经济和血缘、拟血缘群体共有制共同规定的独特的财产继承制度，它包含着"袭位"与"析产"两个基本内涵。"袭位"是为了"传宗"，即保障父家长集权的传承；"析产"是为了接代，即保障族群分脉枝叶同生共长。两者相辅相成保证了"祖业"传承。中国社会在家产继承上，存在"分家"一说，且是在各兄弟之间平均分家，这与欧洲和日本的继承制存在不同。

值得注意的是，我们在讨论诸子均分的时候，应该全面地理解中国人对传承和分家的理解。在中国的分家制度中，作为经济的家是分了，但作为文化的家是永远分不开的。分家实际上是分中有继也有合。"继"是"继人"，是对老人的赡养义务，另外一层"继"的意义则表现为继宗祧，即对祖先的祭祀义务。"合"则指本家与分家，分家与本家之间的种种文化上的约定。虽然兄弟分家了，但是在家谱上仍然是一体的，也就是说，家庭层次上的分与家族层次上的合就有机地结合起来了。这里的分，出于农民的现实生活需要；合，则是儒学价值的一种实现方式。由此可见，中国社会的大传统和小传统并不是对立的，而是一种有联系的分离。

分家是中国家庭再生产的一种基本方式，不过，分家所产生的新的家庭(分家)，并不是完全独立的，同样出自父子一体的观念。分家常见的开头语"树大分枝"就表明，分枝是由同根而出，分家与分家之间、分家与本家之间具有天然的联系。有时合作会使已经分出的家再度合并起来，这时合就不仅是一种经济上的联系，而成为结构上的变化了。在民间社会，在强调兄弟分家后独立创业的同时，也重视兄弟家庭之间的生产互助以及在文化礼仪中和共同对外时的合作关系。家庭层次上的分与家族层次的合，形成了中国家的基本运行机制即分合机制。②

---

① 韩格理：《中国社会与经济》，台北联经出版 1997 年版，第 71 页。

② 参考麻国庆：《分家：分中有继也有合——中国分家制度研究》，《中国社会科学》1999 年第 1 期：第 106－117 页。

在中国,父亲在世时,家庭财产由父亲控制,父亲可以将它分割给各个儿子,也可以不分;父亲去世时,一般都会发生分家的事,财产分割的基本标准是各个儿子平分,独立经营。这种均分制的分家制度减轻了家庭内部的偷懒等机会主义倾向,提高了劳动积极性,中国人民的勤劳特性与此有很大关系;但分家也削弱了规模经济,限制了社会分工和专业化,导致勤劳却不富裕。另一方面,分家带来的产权流动及与此相关的社会流动,使得传统社会农民的经济地位和社会地位具有变动不居的特点。所以一代败落了,他还不会绝望,还可以把家族振兴的希望寄予后代。中国分家制度和选士制度("朝为田舍郎,暮登天子堂")一起给中国人的文化心理带来乐观。

这种分家制度,在很长时间内也被家族企业所沿用,甚至已经实行有限公司制的家族企业,分家和分企业还是可能一起进行。当然,中国近代出现的很多工商业家庭,它们的家产继承无法用传统的诸子均分来做,因为工商家庭家产继承的对象是工商业者用来谋生获利的特殊资产——手工业者的专门技艺和商人的店铺字号,这时人们就会想出各种不同的传承方式。以北京"东来顺"饭庄为例,它是清朝末年由丁家三兄弟共同摆摊起家创办的,三兄弟共同拥有,到了1943年兄弟三人通过协商,决定把全部财产按照三股分开,各自另立门户。"东来顺"分给老大丁德山;"天义顺"酱园分给老二丁德富;"永昌顺"酱园分给老三丁德贵。其他房地产及存款等,也照三股均分。这种分家方法既坚持了平均原则,又保证了老字号的完整单传。并且"东来顺"饭庄与两个酱园有着密切的业务联系,饭庄以涮羊肉为主,为保风味独特,调料配方为了保密全在两个酱园中制作,概不外销也不购进,实际上分家之后仍是三房合作经营。[①] 在商铺字号传承中长期维系老字号的整体性而又兴盛不衰方面比较成功的例子,是北京的乐家老药铺。乐家老药铺创始于明朝,清朝乾嘉以后发达起来,乐家先后办了两个大字号——万全堂和同仁堂(以下方框介绍同仁堂这一字号的传承历程)。

【方框 2-3】

北京同仁堂的分家和传承历程

乐显扬承祖业行医,于1669年创办"同仁堂"。他育有四子,三子

---

① 东来顺企业网站资料;邢铁:《家产继承史论》,云南大学出版社2000年版,第148页。

乐凤鸣幼承家学，精通医药。1688 年乐显扬离世，乐凤鸣继承父业。1702 年乐凤鸣在北京前门外大栅栏路南开设同仁堂药铺，从此同仁堂声誉大振。1742 年乐凤鸣的二子乐礼继承父业，经营同仁堂并承办官药，一度因经营不善，欠下大量债务，店堂难以支撑，幸于朝廷动用官方权利力挺，才渡过难关。1750 年乐礼去世，同仁堂由其妻张氏扶持长子乐以正掌管并兼办官药。由于张氏与其子不善经营，欠下不少债务，致使铺务、家计无以支撑，最后由政府监办官员出面借给 5000 银两，才得以保住"同仁堂"这块金字招牌。1753 年同仁堂遭火灾，铺房烧尽，铺主乐以正病故，弟弟乐以中继承铺主。同仁堂传至乐以正、乐以中兄弟俩，已经是创建人乐显扬的第四代了。

1753 年由乐家世交张世基应招承办同仁堂。张氏出资修理店铺，照顾乐家孤寡。这样结束了乐家 84 年独资经营的局面。此后由于张氏不善经营又将一部分股本陆续出卖他姓，乐家在同仁堂只占了很小一部分股份。店铺在不同人手中辗转买卖，几经易手，直到 1843 年当时的铺主董氏支撑不住，力主还契约于原主乐氏，同仁堂历经整整 90 年外姓合股承办，终于又回到乐家。这 90 年间乐氏家族在乐以中之后，经历乐以中的儿子乐兴和乐兴的长子乐百祥和次子乐百龄两代人。90 年后，同仁堂的经营权在过继到乐百龄名下的养子乐平泉成为同仁堂铺东时期，回归到乐氏家族。

乐平泉字清安（1810—1880 年），号印川，他在 20 岁的时候被乐百龄收为养子。这样，在同仁堂的所有权回归乐家时，乐平泉就以乐百龄养子的身份，成了当时乐家在同仁堂仅拥有半股的股东。平泉以养子的身份继承了同仁堂之祖业，为了避免族内兄弟间的纷争，采用按月支付族内兄弟银两，以免生出龃龉，但由自己掌握经营权的办法。同时他还以同仁堂股东的身份在同仁堂寄卖别的药铺的药，由此积累了资金，在董氏无力经营时，1843 年平泉收回了同仁堂的经营权。同仁堂在他精心经营下，终其一生，将外股全部收归乐家，还清所有债务，营业日见起色，为同仁堂的继续发展，奠定了稳固良好的基础，可以说平泉是同仁堂中兴的功臣。乐平泉死后，他的四个儿子并没有分家，而是采用了"四房共管"的方式，也就是每年从同仁堂提出四万两银子平分给四房，每房一万两，分三节支付，不再分红。各方可以用乐家老铺的招牌在各地开分号，但不准用共有的同仁堂字号。这就是同仁堂的"四房共管"的由来。

直到四房乐达义主管同仁堂后,各房仍继续在同仁堂提取资金,资金由原来的一年一万两银子改为一万四千元。但重要的是确立了"四房共管"制度,即由四房各出一人,所有银钱账目收支,都要盖四个图章,以避免营私舞弊。通过真正做到资金四房共管,同仁堂的经营权终于再次传出第三代,由平泉的曾孙乐松生接手,并于1966年转为国营。①

同仁堂乐家四兄弟通过"四房共管"可以保全企业的无形资产,使得四房不会为了不可分的品牌资产争得头破血流,但是大家族内,各房私利大于大家族的公利,甚至为了自己一房之私利,不惜损伤大家族公利,乃至历经艰辛积累下的家产被掏空,在中国历史上却是常态。这就是家产、家业"诸子均分"继承模式下无法摆脱的问题,也是中国传统家族难以逃脱的命运。欧洲在中世纪实行长子继承制度,长子继承家庭全部不动产,其他子女只能继承部分动产。这样保证了家庭财产的主要部分不被分割,保护了规模经济。当这种制度被延伸运用到企业制度时,逐渐演变成为法人财产权,保护了企业的规模经济,促进了分工和专业化。

日本的财产继承制度与欧洲、中国都不同,但兼具双方的优点。日本的"家产",在17世纪以后逐渐和企业财产分开,分家虽然涉及企业的财产分割,但只是划分股份,分割收益权,但不可以分割使用权,不可分割企业实体,要实行统一经营,股份是不可抽回的。因此,日本的家产具有法人财产的性质,可以长久保持财产的完整和经营的延续,这是它优于中国家产制的地方。日本的家产制优于欧洲的地方,在于经营者的选择范围较宽。全部家族财产由家督经营管理,而这个家督可以是长子,也可是其他儿子,还可以是女婿或养子。被任命为家督的主要条件是个人能力和品德,看他能否保持家族财产的保值增值。可以看出,日本的财产继承制度不仅保证了家族财产的规模经济不被破坏,还保证了经营管理者由较有能力的人担任,兼具中、欧两种继承制度的长处,家族财产成为类似于现代法人财产的一种财产权。日本的家产是不随个人的生死进行分割的,类似法人财产,它高于家庭和家族中的每一个个体,个体可以拥有收益权,而不拥有处置权。这种家产能够持久存在,隐含了国家保护私有产权的制度,这是日本家族企业得以

———————————

① 邢铁:《家产继承史论》,云南大学出版社2000年版,第148页;官文娜:《中日传统家业传承的个案研究——北京同仁堂乐家和日本三井家传承的比较》,2009年讨论稿。

繁荣的基础。日本寿命超过 200 年的长寿企业数量是世界上最多的。

四、伦理构化——从家到社会

在中国家庭或家族里，每个成员都以自己为中心，按照血缘亲属关系，形成一波一波水纹般的联系，从关系最近的配偶、父母、儿女到叔侄、堂兄弟，再到同族的其他人，这种联系不是单纯上的亲疏远近，还包含着责任和义务在其中。例如，在中国的家族伦理中，"夫妇、父子情如一体，财产是不分的。而且父母在堂，则兄弟等亦不分，祖父在堂，则祖孙三代都不分的，分则视为背理（古时且有禁）。——是曰共财之义。不过伦理感情是自然有亲疏等差的，而日常生活实以分居为方便，共财不能终共。于是弟兄之间，或近支亲族间，便有分财之义。初次是在分居时分财，分居后富者或再度分财于贫者。亲戚朋友邻里之间，彼此有无相通，是曰通财之义。通财，在原则上是要偿还的，盖其分际又自不同。然而作为周济不责偿，亦正是极普通情形"。[①]

因此，在差序格局中，社会关系是逐渐从一个一个人推出去的，是私人联系的增加，社会范围是一根根私人联系所构成的网络，因之，我们传统社会里所有的社会道德也只在私人联系中发生意义。

梁漱溟在《中国文化要义》中，用一个图（见图 2-1）对比了中西方社会生活的不同。从图形中可以看出，家庭在中国社会中处于最重要的位置，同时联系着团体（可以大体相当于社会）和个人，这与前面提及的家族调剂个人与社会矛盾的基本功能有一致之处；而在西方，家庭的地位较轻，人们追求个人自我及家庭外的社会生活。两者的这种不同，导致了一系列中西方在传统与文化上的不同，而中国是在家庭中以伦理建构联系，然后再推及出去，构成整个社会的伦理。

著名社会学家费孝通在其《乡土中国》中，提出了"差序格局"概念，旨在描述亲疏远近的人际格局，如同水面上泛开的涟漪一般，由自己延伸开去，一圈一圈，按离自己距离的远近来划分亲疏，在中国的家族里正是按照这种"差序格局"形成人与人之间的关系。在家族伦理中，首先是个人与父母、兄弟的伦理关系，然后逐级向外延伸，最终构成整个社会的伦理关系。可以说，在中国是"家法"延伸至社会，而在西方是"社会法"（可以理解为契约传统）延伸至家庭。对比中国，西方是一种团体格局，费孝通这样形象地讲道：

---

① 梁漱溟：《中国文化要义》，上海人民出版社 2005 年版，第 74 页。

"西洋的社会有些像我们在田里捆柴,几根稻草束成一把,几把束成一扎,几扎束成一捆,几捆束成一挑。每一根柴在整个挑里都属于一定的捆、扎、把。每一根柴也都可以找到同把、同扎、同捆的柴,分扎得清楚,是不会乱的。在社会,这些单位就是团体。我说西洋社会组织像捆柴就是想指明:它们常常由若干人组成一个个的团体。团体是有一定界限的,谁是团体里的人,谁是团体外的人,不能模糊,一定得分清楚……我们不妨称之作团体格局。"①

图 2-1　中国西洋对照图①
注:1. 以字体大小表示其位置之轻重;2. 以箭形线一往一复表示其直接相互关系;3. 虚线则表示其关系不甚明确。

在讨论中国宗教问题时,流行这样一种说法,即"中国无宗教",在中国居于核心地位的儒家学说是入世的文化理论系统,国外学者有时也把它称为儒教,也就是把它看做是一种宗教,事实上并不准确。梁漱溟认为,"宗教问题实为中西文化的分水岭。中国古代社会与希腊罗马古代社会,彼此原都不相远的。但西洋继此而有之文化发展,则以宗教若基督教者作中心,中国却以非宗教的周孔教化作中心。后此两方社会构造演化不同,悉决于此。周孔教化'极高明而道中庸',于宗法社会的生活无所骤变(所改不骤),而润泽以礼文,提高其精神。中国遂渐以转进于伦理本位,而家族家庭生活乃延续于后。西洋则以基督教转向大团体生活,而家庭以轻,家族以裂,此其大较也"。② 一般来说,儒家文化是属于精英文化或者大传统,其中以"士"或"儒家知识分子"为人格化载体。这种精英文化又通过进入具体的中国人社会生活、家庭生活的方方面面,极大地影响小传统或者通俗文化。这种精英文化和通俗文化在家庭制度上就得到了全面的互通融合,影响中国人的社会行为和心理。因此可以说,当儒家观念进入中国人骨髓中以后,任何文化

①　费孝通:《乡土中国 生育制度》,北京大学出版社 2003 年版,第 25 页。
②　梁漱溟:《中国文化要义》,上海人民出版社 2005 年版,第 46 页。

或宗教只能借助儒学才能被中国人所接受,而当这种外来文化被中国人接受后,早已变得"面目全非",具备了儒教文化的烙印,而在入世的儒教文化中,称得上基础性的组成部分必然是家族制度。所以,家族制度延续了中国文化的整体性。

第四节　现代化进程中家庭与社会角色的变迁

在人类社会早期,社会组织比较单一,血缘关系是维系人们生活的唯一纽带。随着人类社会的发展,家庭和社会出现分化。随着社会禁忌的逐渐增加,血缘关系从社会的诸关系中分化出来,形成了特定的组织,即家庭。特别是随着生产力的发展,生产单位逐渐变小,在同一地区中,许多没有血缘关系的移民混到已有血缘关系的人群之中;而原有血缘关系的人们又划分成许多更小的生活单位。于是,家庭和社会发生了全面的分化,以地域为组织单位的社会形成了,以血缘关系为基础的共同生活单位的家庭也形成了。从此,社会和家庭从同一组织开始了各自的发展。由此可见,家庭和社会的分化是一种历史发展的结果,在农业社会、工业社会,直至现在,家庭在社会中的地位或职能呈现出一种历史性变迁。

对于家庭的重要性的真切形象阐述,莫过于卢作孚,他讲:"家庭生活是中国人第一重的社会生活,亲戚邻里朋友等关系是中国人第二重的社会生活。这两重社会生活,集中了中国人的要求,范围了中国人的活动,规定了其社会的道德条件和政治上的法律制度。……人每责备中国人只知家庭,不知有社会;实则中国人除了家庭,没有社会。就农业言,一个农业经营是一个家庭。就商业言,外面是商店,里面就是家庭。就工业言,一个家庭里安了几部织机,便是工厂。就教育言,旧时教散馆是在自己家庭里,教专馆是在人家家庭里。就政治言,一个衙门往往就是一个家庭,一个官吏来了,就是一个家长来了。……人从降生到老死的时候,脱离不了家庭生活,尤其脱离不了家庭的相互依赖。你可以没有职业,然而不可以没有家庭。你的衣食住都供给于家庭当中。你病了,家庭便是医院,家人便是看护。你是家庭培育大的,你老了,只有家庭养你,你死了,只有家庭替你办丧事。家庭亦许倚赖你成功,家庭亦帮助你成功。不但你的家庭这样仰望于你,社会众人亦是以你的家庭兴败为奖惩。最好你能兴家;其次你能管家;最叹息的是不幸而败家。家庭是这样整个包围了你,你万万不能摆脱。……家庭生活的依赖关系这样强有力,有了它常常可以破坏其他社会关系,至少是中间一层障壁"。① 这也足可以说明,整个社会是围绕家庭而形成的,家庭不仅仅承担延续子嗣的功能,还具备生产、消费、分配、教育、保障等社会性功能。不过,这些社会功能很多在萎缩,但这不妨碍家庭及其制度依然如火车惯性般地在中国社会中发挥着影响。因此,在农业社会,家庭是一个小社会,这些小社会又组成了大社会,组成了国家,家庭是社会的细胞,没有家庭也就没有社会。

随着工业社会的到来,家庭仍是社会的细胞,但随着其他社会机构、社会组织越来越多,在农业社会中许多由家庭承担的职能由于机构和组织的建立而外化到社会中去。例如,学校的建立使家庭的教育职能减少;企业的建立使家庭的生产职能减少;社会福利机构的建立使家庭的保障职能减少,家庭从过去构成社会的最主要细胞,变成诸多社会机构中的一个组织。

但是另一方面,家族及其家族观念在大多数时期承担着必不可少的社会功用,延续着社会发展。在 20 世纪初期,当中国面临内忧外患、积贫积弱的时候,很多人开始寻找中国落后的原因,当时"家族"也成了很多先进人士抨击诟病的对象。"帝制末期和民国初期的革命理论家以极严厉的态度揭露和批判了这种'家族观念',认为它成了当时建立现代化国家的障碍。对大家庭的打击则始于在传统上最受歧视的妇女和青年的双重反抗。"②新中国成立后,在追求"一大二公"的历史时期,"家庭"功用不再受到重视,"公社是一种群体生活的形式,儿童和老人由集体负担,住在幼儿园和养老院里。这是作为生活和消费场所的家庭单位的真正崩溃"。③ 新文化运动后,对家庭、家族的冲击,其社会功用的随之变化,这部分内容会在余下章节中介绍到。

德国学者何梦笔(1996)根据哈耶克的理性进化论,又基本肯定了家族力量在最近这些年来中国现代化中具有基础性作用,"文化大革命"以后,以安徽小岗村为代表的农村经济改革和以温州为代表的市场经济改革,都是

---

① 卢作孚著:《中国的建设问题与人的训练》,生活书店出版社,转引自梁漱溟《中国文化要义》,上海人民出版社 2005 年版,第 16 页。

② [法]安德烈·比尔基埃等著,袁树仁等译:《家庭史》,生活·读书·新知三联书店 1998 年版,第 329 页。

③ [法]安德烈·比尔基埃等著,袁树仁等译:《家庭史》,生活·读书·新知三联书店 1998 年版,第 309 页。

以家庭和家族力量为基础的，它们是中国现代化的基础性的推动力量。①可以这么说，历史有其一脉相承之处，所以我们能够以史为鉴，从过去读懂当下；而每一阶段的历史又独具特色，让社会现象变得纷繁复杂；同样的观念、文化、制度在某一历史阶段阻碍着社会发展，而可能又在下一阶段成为社会稳定抑或腾飞的动因。因此，研究世界各国家庭演变历史的学者认为："社会的现代化，不是排斥家庭的，而是和家庭的现代化一起实现的。家庭有时是个居住群体，有时是个网络，对于要挪动、要进入城市、要进入新的就业市场的个人来说，家庭是一个根据地，对资产阶级的成员和第一批资本主义企业就是这样。对家庭历史的观察表明，线性的进化论假说是失败了。同样，对于和现代相关的家庭变化的研究表明，面对新的经济和社会条件，家庭组织所作出的反应，是多种多样的。"②正是基于这种家庭组织的多样性和适应性，在改革开放以后中国内地的家庭家族和家族企业又一次被推向历史舞台。

历史学家冯尔康在其著作《18世纪以来中国家族的现代转向》中，开篇就写道："家族是古代社会的基础，实系国家的缩影，原来是家国一体，后来分离，家族仍然起着基础性社会单元的作用；家族文化是中国传统思想的主体——儒家思想的集中体现，或曰核心部分。20世纪前期的批判儒家，重心在于家族伦理和家族文化，可知家族观念在社会思想中的重要地位。家族和家族文化是中华民族的一种不可或缺的凝聚力，人们由爱家族，进而爱乡里和爱国家。"③我们认为，要探索近百年来民营企业组织成长的规律，必须理解18世纪至今家族制度的演变；而且把中国家族的现状看做是中国家族制度近现代演变的最新阶段，这一演变过程远没有结束，现代社会的中国

---

① 详见何梦笔：《网络、文化与华人社会经济行为方式》，山西经济出版社1996年版。

② [法]安德烈·比尔基埃等著，袁树仁等译：《家庭史》，生活·读书·新知三联书店1998年版，第754页。事实上，"公司"这个概念在法语和中文的字源均与家庭制度有关，布鲁代尔发现"公司"的概念是"一起""吃面包"两个法文词的合并，因此"公司"的字源来自比公司更早的合伙制，"公司"内部人际关系的实质是一种平等的合作（参考布鲁代尔：《形形色色的交换》，北京三联书店1993版，第471页）；张忠民发现汉语"公司"原来来自"农村中族姓人员轮流管理公产的制度"。在中国的家庭制度中，"公"是相对于明确给各房或各人的"私"以外由家庭共同拥有的部分，这部分的处置权在家长手中，因此"公司"应该是对原来家庭财产制度的一种近代变化。（参考张忠民：《艰难的变迁》，上海社会科学出版社2002年版，第42页）

③ 冯尔康，《18世纪以来中国家族的现代转向》，上海人民出版社，2005年，第2—3页。

家族制度远没有稳定成形。本书作者可以做出这一判断的理由有三:第一,由于家庭家族制度是中国传统社会的基础,因此在现代化进程中这一基础最先受到影响并开始改变,同时它的改变进程也会更加漫长;第二,随着改革开放,中国家庭制度会受到境外各种因素的影响,欧美国家的婚姻、家庭和人际交往观念会极大地影响中国年青一代,同时东南亚海外华人的亚洲观念和价值观也会通过各种途径影响乡村和城镇,只要这些影响因素互相有差异,那么观念之间的交融或冲突还会持续相当长的时间;第三,稳定的家庭家族制度不可能是单一的,任何稳定的社会都会同时并存两种或者更多种家庭家族形态,只有在各种家庭家族形态(比如大家族和普通家庭)各得其所并相安无事才达到一种动态均衡,中国现代社会的家庭生态还在变化、碰撞和组合之中。但是总体说来,家族制度是任何人类社会的基础,家族有着很强的适应性、韧性和活力,各国家族制度的演变轨迹表明它在现代社会中有其顽强的生命力。因此,我们对中国家族制度的现代转型的观察和研究既有理论意义,也具有现实意义。

第三章　中国近代的家庭与家族

第一节　近代中国社会家族基本状况

工业化以前中国的家族制度基本上在宋代以后就逐步确立而没有太大的变化，因此我们探讨现代化进程中中国家庭与家族制度变迁和社会角色，首先应该对宋代以后的封建家族制度有所了解。近代中国封建家族组织的主要特点——同一男性祖先的子孙聚族而居的现象，从宋以后直到新中国建立以前，在全国农村中无论南方、北方都非常普遍。村族聚居形成的经济基础主要是占统治地位的农业经济。中国各地都有大量以姓氏为名的村庄就是这种聚族而居特征的显著反映。当然也有许多其他姓氏的村民居住其间，也有一个村庄以两到三个人数较多的姓氏为主。

在这些聚族而居的村庄里，家庭大致以一大一小两种类型存在。一种类型是累世共居同财的大家庭，建立这样的大家庭是许多中国人的人生理想和奋斗目标。大家庭多子多孙人丁兴旺，就像一棵大树枝盛叶茂，每代都有优秀的人才出现，因此可以保住其子孙世代荣华的地位。但是大家庭迟早要分家散叶，分家以后大家庭成为家族，每个家庭的规模又会变小。因此往往一些大家庭发展起来了，另一些大家庭又瓦解了，这种累世共居同财大家庭的类型并不普遍，也很难持久。第二种类型是分家以后形成的个体小家庭，一般由一对夫妻与若干孩子组成，有时会与一两位老人组成主干家庭。这些大小家庭作为一个祖先的子孙，聚居于一个村落，以血缘和姻亲关系为纽带把这些个体小家庭组织在较大家庭周围，建立由族长、房长、家长构成的较为紧密或松散的组织系统，由族长、房长协调各个小家庭，协助封建基层政权征收赋税,维持乡里治安。

　　在中国的家族和家族企业发展过程中,18世纪末和19世纪初应该说是一个关键的时间窗口。我们今天所看到的中国家庭和家族的形式与内部关系,大多是在近代时期形成的,在这个时间段以前,中华帝国本身正在经历着巨大的变革。首先,清朝作为一个少数民族统治的中央政府,此时已经获得了巩固的政权,实现了中华帝国的重归一统,并且在稳固的政权之下达到了非常可观的经济发展水平,也就是我们熟知的康乾盛世。在这样的背景之下,中国的传统文化和思想观念,在经历了朝代更迭时的冲击后,逐渐开始恢复和重建,比较突出的是传统的家族制度和家族礼教开始恢复,并且有了新的发展。

　　清朝的统治者借鉴了明朝对基层社会特别是普通家族的政策,允许并鼓励民间通过建设祠堂来祭祀和纪念祖先,并且通过这种活动来获得基层社会的稳定。首先祠堂的修建起到了"尊祖敬宗收族"的目的,祭祀活动可以增强家族成员之间的身份认同感,增强族人之间的感情。继而,在祭祀活动的基础上,建立起族内的长幼尊卑秩序,根据辈分和身份的差别,在族内形成了一个既宽松又明确的身份格局。换句话说,如果要接受族人的身份认同,就必须在族内尊老敬长,关爱晚辈。这种祭祀活动的物质支持,则是靠族内的公共财产来保障的。正如前文所述,家族的重要经济职能之一,就是利用族内的公共财产为族人提供祭祀、初等教育等公共产品,为族内贫弱的成员提供一定的保障。在族长的人选上,此时的家族逐渐摒弃了"宗子制",也就是不再刻意追求族长的血统身份和长嫡传承,而多由有名望、有学识或者有官职的族人出面担任。这样产生的族长的合法性就不再由宗法所保障,而由现实的政治地位、社会地位和经济地位所保障。

　　近代西方男女平等观念传入后,随着城市化和工业化的进程,大量的妇女脱离农田进入到工商业领域,并且有了独立的经济来源,在具备了这种经济上的保障之后,妇女的社会地位和男女平等的意识也在不断增强。从某种意义上说,男女平等的观念,是依赖于女性经济地位的提升的。在传统的宗族制度下,女性没有接受教育的权利,而从晚清开始,女学逐渐增多,并且出现了专门的女子学校,一时风气打开,各地纷纷设立女子学堂。女性地位的提高,直接反映在婚姻和家庭形式的革新上:清末随着西方社会政治书籍的大量翻译出版和早期留学生的陆续回国,具有先进思想的社会人士开始宣传婚姻以爱情为基础,反对门第观念和通过婚姻追求财富;倡导婚恋自主,反对父母包办;赞美一夫一妻制,批判纳妾陋习。这对于传统宗族婚姻

第三章　中国近代的家庭与家族

浙商研究

37

观念造成了巨大的冲击。

辛亥革命之后的社会改良运动，宣传以人道主义及科学知识为基础的新型社会观念，提倡财产独立权和男女平等，反对早婚和病婚。承认自主结婚和离婚自由，以及承认再嫁之自由。特别是在城市当中，思想激进的民主主义者在五四前后对宗族制度和传统礼教都进行了猛烈的抨击。在沿海、沿江的大中型城市，特别是新思潮深入波及的区域里，人们的婚姻观念发生了剧烈而明显的变化，宗族制度下的包办买卖婚姻被摒弃，现代的婚姻形式逐步成形。只不过在城市之外的广大农村，在封建势力和思想比较顽固的地区里，传统的婚姻形式仍然占据着统治地位，妇女地位的保障一直存在着缺陷。必须指出的是，五四期间对于传统宗族制度以及封建伦常的批判，是以西方近代思想为依据的，但是一概忽视了宗族制度在历史上的必然性、合理性以及一些积极的作用，更是低估了中国家族制度对不同政治社会环境的适应能力和顽强生命力。所以在五四运动的风潮过去后，宗族制度在中国仍然普遍存在，保持了一定的生命力。

第二节　近代家族转型与家族工商企业的兴起

在明清时期，中国的经济领域经历了极其迅速的发展，到 19 世纪中叶，清朝中后期人口已经超过了 4 亿，相应的人均收入水平和生产总值也有所增加。农业的迅猛发展和农村生产力的提高，同时也将大量富余的农村劳动力推向了手工业和工商业，从而使得整个商品经济更加发达。例如农产品加工、金属加工、纺织、造纸、瓷器等制造业都有了迅猛的发展。在附属的地区里，集市和小城镇也如雨后春笋般涌现，根据施坚雅(Skinner)的估计，在 20 世纪初，全国各地的地方集市已有 6.3 万个。① 1912 年农商部列举了794 个主要和次要的商会，计有 196636 个会员（会员包括个人、社团、同业公会或者公司），因此估计商人阶层中最富有最受尊重的部分估计在 150 万至 200 万人，这个数字比军官(1.7 万人)、学生(3 万)、归国留学生(3.5

---

① 施坚雅：《19 世纪中国的区域城市化》，载施坚雅主编：《中华帝国晚期的城市》，中华书局 2000 年版，第 205—209 页。

万)、官员(5 万),甚至比绅士(20 万人)都多得多。①

在农村中,家庭成了手工业生产的基本单位。在传统家庭的合作分工中,男耕女织的原有模式被大大拓展了,在家庭内部耕和织这两种最基本的生产活动根据相应的回报不同被重新组合。由于织布可以获得较高的经济收入,有的家庭开始由生产能力较强的男性从事织布的工作,而体力较弱的女性则从事耕种的工作。如果两者的回报相差更大,则出现一家中的壮年劳动力全部从事织布,而由老人和小孩从事耕种,甚至最后全家均从事纺织。②

同时商业的发达也带来了人们对货币和金融的迫切需求。当手工业和长途贸易活动逐渐增多后,如何解决信贷和汇兑问题,也成为非常紧迫的要求。这时中央和地方政府尚没有完全建立起相应的金融体系,更不用说全国性的金融市场,所以在民间私人的钱庄开始产生。钱庄最初在经济富庶地区起到支持本地商业和贸易行为的作用,到了 19 世纪初,钱庄的融资功能逐渐显现,开始将信贷业务扩大到工业化的进程中,为当时发生在大城市中的工业企业提供资本。这些钱庄在创立之初也是在创办者的家族成员和同乡的支持之下运作的,不光本金来自于家族成员和同乡的集资,一些重要的管理岗位和办事人员也是由家族成员和同乡充当。在这个当时政府干预的真空地带中,民间的钱庄得到了迅速的发展。

19 世纪中叶开始,中华帝国遭遇了一连串的来自外部的冲击,原来封闭自足的帝国不自主地被卷入了工业革命和资本主义的全球化过程中,并且由于自身的落后和麻木遭受了沉重的打击。连续几次的对外战争失利使得国门洞开,伴随着通商而来的货物和机器之外,崭新的生产方式和思想观念也开始涌入到中国,并且开始渗透到中国传统社会的各个角落。中国社会自身积压的内部矛盾也开始产生不安定的社会动荡,其中规模最大、影响最广的当属太平天国运动。这场运动席卷了中国南方绝大多数的地区,客观上给中国的经济和社会带来了巨大的破坏,甚至一度将清朝统治推到了倒台的边缘。

来自外部和内部的双重冲击,给中国的家族发展带来了巨大的冲击。

① ［法］白吉尔:《中国的资产阶级,1911—1937 年》,载费正清主编《剑桥中华民国史(上册)》,中国社会科学出版社 1993 年版,第 820 页。

② "'男耕女织'与'妇女半边天'角色的形成——明清江南农家妇女劳动问题探讨之二",《中国经济史研究》1997 年 3 月。

这种冲击主要来自两个方面。一是传统的农业社会和生产方式开始逐渐瓦解，特别是在沿海通商开放较早的区域，新型的资本主义生产方式逐渐兴起。工业化的进程也催生了企业这种新的组织形式。大量的人才和社会精英开始脱离农耕生产和封建仕途追求，转而投入到工商业中。特别是历史较长的从商传统和钱庄汇兑等行业，也为中国近代最早的一批企业储备了相当多的人才。在家族中对于年轻人的培养已经不再只是在乡务农和读书科举，而是会将未成年的族内成员送到各种各样的商号中做学徒，为日后的谋生做准备。

另一个冲击则来自新的资本主义生产方式所带来的各种人才向特定的商业中心集聚的要求，至少要在相当长的时间里离开家乡，这对那时的中国人也是一个巨大的挑战。具有冒险精神和先进理念的人会在各种利益和机会或者生存压力的作用下选择到新兴的商业中心去工作和生活，这就意味着他们要告别自己的家族传统的生活区域。在陌生的地域里，最值得信任和最能提供帮助的人，往往是来自同一地方的同族人和亲戚，这些人聚集在一起，形成了同乡会、同宗会等形式的组织。这就使得传统的家族组织在新兴的资本主义生产方式中能迅速转换身份和角色，为投入到新形式的生产活动中做好了准备。在这一历史进程中江苏无锡荣氏家族所经历的变化堪称典范。

【方框 3-1】

无锡荣氏家族的背景

近代著名的荣宗敬（1873—1937）、荣德生（1875—1952）兄弟是梁溪荣氏下荣春沂支人。荣氏是中国汉族一支很古老的姓氏。无锡梁溪荣氏是其中的一支。荣氏的先祖可以追溯到周代王室姬氏的宗室。根据《荣氏宗谱》记载，荣氏出自周昭王庶子平公（均），以荣为食邑，故以荣为氏。荣氏的远祖可以追溯到春秋末期，孔子的七十二贤徒之一的荣祈（字子祺），并且从荣子祺开始，荣氏开始建立全国荣姓家族的世袭。无锡梁溪荣氏的近祖则上溯到荣█（字仲思），宋真宗（998—1022年在位）时中进士，为官累至户部副使，并且从山东迁籍湖广，被后世梁溪荣氏推为湖广始迁祖，也是近祖第一世，并由他开始为荣氏宗人世数的开始，荣█为第一世，荣宗敬、荣德生兄弟为第三十世。而梁溪荣氏的始迁祖则为第十四世荣清，字逸泉，号水濂公。是明洪武（1368—

1399 年)年间人,曾以著作郎辞不就,而与当时的文人名士一起游山玩水,自得其乐,后定居在无锡梁溪之北,隐居不出仕,成为后世梁溪荣氏始迁祖。至荣宗敬、荣德生的父亲,荣氏第二十九世荣熙泰(1849—1896 年)时,荣家在荣巷过着务农经商、耕读传家的小康生活。

鸦片战争后,近代工业在中国产生,也为当时的年轻人提供了务农和科举之外的新的发展道路。荣熙泰在 11 岁时就离开了荣巷,前往上海一家冶铁作坊当学徒,这一年是 1860 年。就在荣熙泰离家一个月后,太平军攻占无锡,并且进军荣巷,在这期间荣氏家族多名成员死于战乱和残杀(参考图 3-1),成为了这场农民起义变质后的牺牲品。荣熙泰虽然幸运地躲过了这场浩劫,但也遭受了巨大的打击,至 1863 年荣熙泰实习期满时,正好太平军败退出无锡,包括荣熙泰父亲荣锡畴在内的五位至亲分别亡故或遇难。荣熙泰不得不开始独自担负起生活和家庭的担子,摆在他面前的是沉重的丧葬债务和重振家业的重任,被迫从此开始远走他乡以还债谋生。荣熙泰前前后后颠沛流离了 10 多年,终于在 1884 年得到了一个机会,投奔在广东两院衙门当师爷的族叔荣俊业,并由荣俊业推荐给担任"磨刀口厘金馆"(类似税务局)总办的朱仲甫,后来他通过自己的努力升任朱仲甫的总账。从这个过程可见,传统的宗族亲缘关系在荣熙泰的个人发展中起到了非常重要的作用,而其族叔荣俊业对待当时没什么地位的族内晚辈荣熙泰也是大加提携,当然,荣熙泰自身的勤勉努力自然是最重要的因素。[1]

客观地说,中国最早的现代形式的企业,并不是"民营",而是"国营"企业。在经历了对外战争的失败和感受到外来先进科技的冲击后,清朝统治者和开明的官僚以实用主义的态度接受了"师夷长技以制夷"以及"师夷长技以自强"的主张。开明的官僚在朝廷的默许之下,在自己的辖区内利用行政资源开办了中国近代最早的现代企业,其中最著名的实践来自于李鸿章在直隶(今天津、河北一带)和张之洞在湖广(今湖南、湖北一带)兴办的大量"官办企业"。这些企业主要是兵工厂、造船长、钢铁厂这样的重工业企业。这种拿来主义的策略反映了开明官僚急于利用西方先进技术武装自身的迫切心情,历史上称之为"洋务运动"。然而,轰轰烈烈的"洋务运动"并没有带来"官办企业"的兴盛。

---

[1]　前引《梁溪荣氏家族史》,第 2—4 页,荣氏家族的基本家谱情况见图 3-1。

荣谇（北宋）　始迁祖

庭芳 1715—1795　二十五世

武初 1746—1799　二十六世

宏泰　宏起　宏瑞　宏山 1798—1840　二十七世

⊠ = 死于战乱

锡瓒 1817—1862　锡恭 1820—1863　锡畴 1823—1863

早殇　早殇　二十八世

锦泰　熙泰 1849—1896　和川　龙川　二十九世

宗敬 1873—1937　德生 1875—1952　三十世

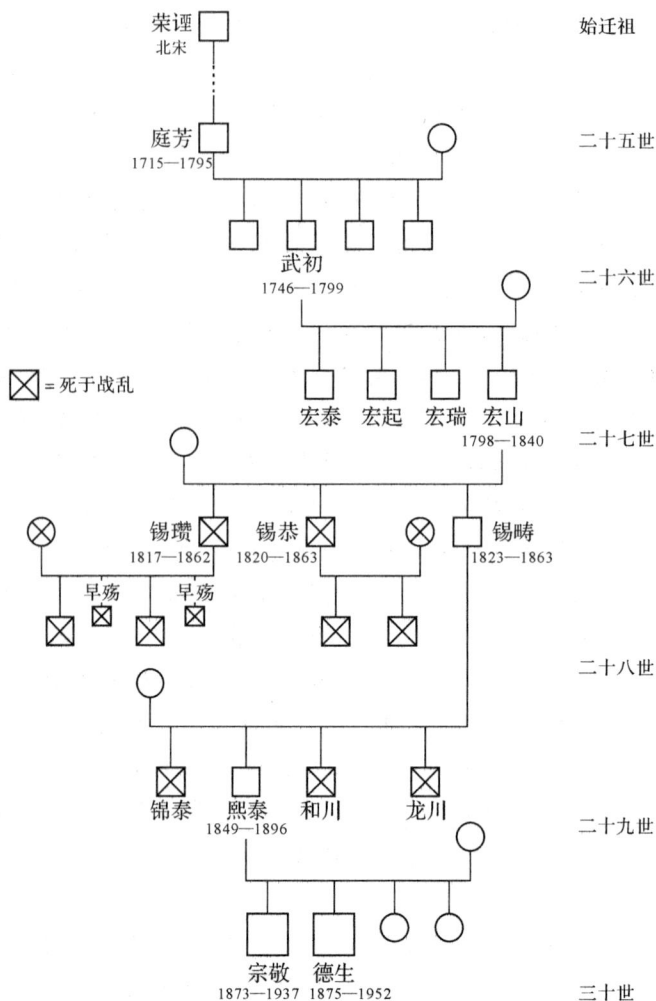

图 3-1　荣氏家族基本家谱

作为改革试验品的官办企业与支持它的地方官僚的政治命运息息相关。官办企业的发展完全来自于若干官员利用手中行政资源的支持，一旦这些开明官僚在和守旧派的政治斗争中妥协或者失势，官办企业就变成为相应的政治靶子和牺牲品。此外，洋务运动兴办的这些重工业企业，都属于投资大、见效慢、周期长的项目。作为中央政府的朝廷并不热衷于用国家财政进行投资和扶持，而地方财政又没有如此大的财力。于是在政治和财力的两大压力之下，地方官僚开始利用自己的幕僚、下属、朋友、亲属中的贤达干练之士，发挥私人作用，建立由私人控制和经营，但由官府监督的混合型企业,即"官督商办"企业。这种企业赋予了私人企业主一定的经营自主权和剩余控制权,但是仍然受到官府对经营活动的干预,渐渐使得商人对于参与"官督商办"企业的兴趣大打折扣。随着官府管制的逐渐放松和工商业活动的逐渐繁荣,越来越多有企业家精神的实业家开始兴办自己的企业,并且将家族成员吸纳进企业当中,于是便形成了中国近代最早的家族企业。

第三节　中国近代家族企业发展的两个循环

20世纪初,业已开放的中国与世界的联系越发紧密,世界经济和国际局势的动荡变换也携着中国一起浩浩荡荡前进。辛亥革命终结了封建王朝的统治,也宣告国家主导的工业化运动告一段落,"洋务运动"所留下的官办企业形式也趋于瓦解。革命并没有建立起一个稳定而强有力的政权,国家迅速陷入到了地方实力派军阀割据的状态中。在这样一种缺乏中央政府一统的状况下,中国近代的家族企业以及资本主义的发展呈现出了一种自发生长的繁荣状态。这一历史时期,来自外部和内部的两个有利因素促使了中国近代家族企业的迅速成长。来自外部的有利因素是第一次世界大战的爆发以及战后国际局势和世界格局的变革。来自内部的有利因素则是中国特有的家族关系和家族资源在企业中的积极作用。

在20世纪初,当时在中国有利益诉求的西方列强几乎全部卷入了第一次世界大战,战争导致的需求激增使得列强向中国的工业品出口出现了急剧的下降,在中国的市场中出现了现代工业的"真空"。在这个时候本土的民族资本家敏锐地察觉到了这一商机,开始主动填补市场中的这一"缺口",推动了民族工业和近代家族企业的发展。战争爆发后,国外对于原材料和食品的需求急剧增加,中国对外的出口发生了井喷式的增长,同时战争导致了世界市场上的贵金属价格上升,中国以白银为主要结算货币在国际贸易活动中的购买力也不断提高。在资本的流向上,外国的大银行在战争初期纷纷将资本抽调回国,其在中国投资的企业和公司也逐渐减少或停止了业务活动。原本在列强与中国所签订的不平等条约下受到压制的民族资本开始在外资的退却中向前拓展着自己的业务。一方面民族资本的发展开始突破了传统的手工业,转而向近代的工业和服务业寻求发展。例如民族资本开始大举进入面粉和纺织行业,并且通过开办钱庄银行等解决融资问题。另一方面民营资本又面临着金融体系、信用体系不健全和合格职业经理人

浙商研究

相对缺乏的局面。所以在引入金融资本和人力资本的过程中，家族以及泛家族的作用就起到了重要的影响。

以家族企业为主要形式的民族资本在这一阶段所进行的工业化运动，可以看成是中国近代以来的第二次工业化运动。相比于 19 世纪末的近代第一次工业化运动（洋务运动），家族企业主导的这次工业化运动有了很大的差别。洋务运动是一次由政府和上层官僚发动的工业化过程，国家和政府在其中起了很重要的作用，地方实力派官僚是直接的主导者，而少数具有经营才能的工商界人士和实务型官僚在这个过程中仅仅担任了执行者的角色。同时，洋务运动集中发生在重工业部门，特别是在与军事相关的工业中，资金来源也基本上是由中央政府和地方政府提供。所以洋务运动虽然看上去轰轰烈烈，实质上缺乏市场的基础、企业家的参与和民众的需求。这种官办的企业随着清政府的垮台而瓦解之后，由家族企业主导的第二次工业化运动则是基于满足市场需求和追求利润的，因此发展得更加强劲有力，其中获利较丰厚的面粉和纺织业等轻工业因此最受民族资本和家族企业的青睐。大量中小企业在长江中下游的富庶地区兴起。

在这些民族资本和家族企业中有一些在当时赫赫有名的人士。例如清朝最后一个状元张謇在家乡南通创立了大生纱厂。大生纱厂最初是由两江总督刘坤一以地方政府名义兴办的官商合办企业，并且由张謇通过招等额商股，官商各半改制的"绅领商办"企业，也就是说企业的所有权归官、商共有，但是经营权在商人手中。企业最初的大股东是官股，占了超过一半的股份，而企业的厂董（经理人）所占的股份加起来还不到 1%。张謇最初作为官股在企业中的代理人和代表行使企业的管理权和控制权，但是由于在较长的时局动荡时期，国家并没有办法来监督企业中经理人的行为，所以张謇通过股份分拆、投票权累退等办法使得中小股东的力量远远强于国有大股东。同时张謇将自己的家族成员引入到企业的管理中，并且利用家族和泛家族关系实现了在不掌握企业所有权的前提下，长期而稳定地控制企业。

同样是创立于清朝晚期的恒丰纱厂也是脱胎于官办企业，其创始人聂缉槼在担任上海道台期间，利用职权掌握了企业的控制权，又通过各种渠道将亏损的纱厂购入，并且改名为恒丰纱厂。而后其几个儿子与母亲成立了合伙企业，形成了一个资本达到 100 多万两银元的大企业，只不过后来因为兄弟间的矛盾才使得企业走向衰败。

民族资本创建的纺织工业的迅速发展，使得中国的棉织品和棉纱在国内市场的销售比例逐步扩大，国产的棉布和棉纱取代了外国进口棉纺织品的地位。根据历史学家费维恺的估计,中国民族资本集中的本土纺织工业,在面对进口的棉纱和棉布进入中国市场时,并没有遭受十分严重的冲击,至少可以说是保证了能与洋布和洋纱分庭抗礼。除了纺织行业外,面粉加工业中也集中了大量的民族资本和家族企业,像荣德生、荣宗敬兄弟经营的茂新、福新面粉厂就是典型,我们会在下文中以他们创立的家族企业为典型案例深入探讨。在1914年以前,整个中国也只有区区十来家面粉厂,并且基本上为外资所有,大城市中所出售的面粉都是从国外进口的。从1914年开始,民族面粉业发展起来,大量的家族企业不仅创办面粉厂供给国内市场,甚至还出口到了世界市场上。其他轻工业行业中也涌现出了很多成功的家族企业,例如榨油业中李经羲及其家族控制的上海恒裕公司,烟草业中简照南、简玉阶兄弟创办的南洋兄弟烟草公司,制糖业中马玉山及其家族创办的中华国民制糖公司等。

到20世纪第二个十年临近尾声的时候,中国近代的家族企业已经经历了一个较为完整和平稳的发展时期,在这个时期里,家族企业的规模由小到大,业务范围也不断扩展,新型的民族资本在这一阶段积累了相当可观的财富,成为了中国近代经济生活中非常重要的一支力量。更令人赞叹的是,民族资本和家族企业在这一阶段所取得的成就是在缺乏健全的法律制度、完善的金融体系、稳定的政治环境等不利因素之下取得的。但是这一阶段的中国家族企业在发展过程中也开始遇到新的问题和挑战。

首先,第一次世界大战后参战国的重建导致商品价格的上升,从而引发了通货膨胀,同时股票等金融证券的恢复交易又催生了一轮新的投机热潮。各国纷纷紧缩信贷,使得工业生产的规模萎缩,企业倒闭增多,从战场上退伍的士兵就直接进入了失业大军。这一危机波及中国,给民族资本和家族企业的出口带来了极大的冲击,出口贸易的压力又使得为企业提供资金的钱庄被迫收缩银根。钱庄由于担心自己的利益受损,于是希望尽快回笼贷出的资本,从而迫使商人向市场抛售产品,结果给市场造成了更大的压力。与此同时,这几年,中国农业生产遭遇了较为严重的自然灾害,抬高了原材料的价格。在双重压力之下,1923年到1924年,从诞生开始一直发展顺利的中国民族工业遭遇到了危机,大量的工厂倒闭或者被迫抵押给外商,有的企业主失去了经营的信心,甘心把企业出让给外资。蓬勃发展的中国近代家族企业也迎来了一次洗盘,在这个优胜劣汰的新陈代谢中,完成了发展的第一个循环。

1926年至1928年的北伐战争以后中国至少在形式上重新统一了,国

浙商研究

民党建立起了一个具有资产阶级性质的中央政府。从其所代表的利益来看，南京国民政府应该是代表着中国的实业资产阶级和资本家的。很多研究这段历史的学者认为中国城市的资产阶级和农村的地主阶级是蒋介石建立的南京政权的受益者和支持者。然而当我们回顾国民党政权的经济政策和对工商业的态度时，我们就会惊奇地发现，南京政府所奉行的并不是扶持民族资本和工商业的政策，而是希望建立一个由政府主导经济活动的经济体系。首先受到冲击的是民族资本建立的行会组织等自治机构，例如丝业公会、蚕业公会、米业公会等均在政府的要求下重新整合。继而各种商会也被国民党政府变相取缔，改制为政府下属的办事机构，接受地方行政机关的领导。这样，商人和资本家就丧失了与政府进行对话的力量和团体，只能受政府的摆布。在国民党不断增强的压力之下，银行业也开始向政府靠拢，以求得相应的政治和经济利益。通过积极借钱给蒋介石政权，银行业将自己的命运和蒋介石的命运绑在了一起。相应的，很多银行家进入政府部门担任高官，并且通过特权来为自己牟利，使得企业家不再具备企业家精神，而变身为官僚。

在财税政策上，本来建立了中央政府后，全国建立起统一的市场，厘金税也相应取消，近代家族企业和民族工商业正好可以趁这个机会降低运输成本，拓展全国市场。然而南京政府在取消厘金税的同时却增加了新的税种，反而给企业发展带来了新的障碍。例如 1928 年增加的烟草和面粉税，1931 年的棉纱、火柴和酒精税，1933 年的矿业税，等等，都直接增加了民族工业和近代家族企业的经营成本。国民党政府开始使用纸币，并且通过增加纸币发行来缓解财政的紧张，也为以后长期的通货膨胀埋下了隐患。①所以当全球性的大萧条波及中国时，中央政府并不愿意对民族工业给予支持。与此相对的，在政府中担任要职，或者与政府关系密切的商人，也就是常说的官僚资本家，则利用自己的特权不断扩张和兼并。官僚资本对市场侵占的一种形式是由官僚资本家以私人的名义对各种企业进行投资，例如宋子文就曾经觊觎过荣氏兄弟的申新纱厂。另一种形式则是由政府的事业部门收购民族企业，并且给予政府补贴，建立垄断势力，进而摧毁民营企业的竞争。到 1937 年日军全面侵华以前，中国经济中民族资本和家族企业已经被迫向政府势力低头。大量的上规模的企业都被政府中的高级官僚以及

---

① 白吉尔：《中国资产阶级的黄金时代(1911—1937)》，上海人民出版社 1994 年版，第 315—319 页。

与它们有着亲密关系的人物所控制,这些企业已经不能再被归为民族资本控制的近代家族企业,而是被打上了官僚资本的标签。之后日军全面侵华,一直到 1956 年新中国社会主义改造,中国近代家族企业在这个阶段中明显受到了政府势力的影响,生存空间和自主性都被大大挤压。在中央政府力量不断增强的过程中,中国近代家族企业被迫又陷入到了"国进民退"的境地,并且在后来的日本侵略和国共内战中勉强维持保全。所以中国近代家族企业发展的第二个循环是一个被压抑的循环,从第一个循环结束开始,第二个循环在历史上就没能完全展开。在这个循环中,家族企业一方面已经积累了较多的物质资本和经营经验,但另一方面又要花费相当大的精力和代价以处理与政府的关系,甚至是受到政府经济政策的影响。所以第二个循环中的中国近代家族企业是在畸形中发展的。一直到 1956 年完成其历史使命终结时,也没有迎来一个理想的发展机会。

【方框 3-2】

近代浦东曹家的创业

　　香港万邦集团的前任主席曹文锦先生于 1925 年出生于香港的一个富商家庭。他的祖辈一直生活在上海黄浦江畔的浦东。19 世纪末,上海逐渐成为一个商贸、航运和近代工业的中心,成了在中国乃至世界都举足轻重的大城市。曹文锦的曾祖父是浦东的一个穷秀才,育有四个儿子,曹文锦的祖父曹华章排行老二。由于上海贸易地位的重要,黄浦江又外通太平洋,内接长江,故而成为水上运输的中枢要道。在当时,黄浦江上码头少,沿岸水浅,大型的轮船无法靠岸,只能停泊在江心。轮船上的客人和水手若要上岸,必须改乘小船。曹华章就依靠一艘小木船,每天接送外国轮船上的水手,一年四季,顶风冒雪,维持家计。有一次,一个外国船长喝醉酒之后乘坐他的小木船,结果把钱袋忘在船上,里面还装有提货单。曹华章拾到钱袋,料想失主一定心急如焚,于是上岸去寻找那个船长。船长见到钱和提货单,对曹华章感激不已。为了报答他,船长出钱资助他发展运输事业。于是曹华章拥有了一艘 30 吨的驳船,生意越做越大,后来成立了自己的运输公司"曹宝记"。

　　万邦因"诚信"起家,曹家世代铭记这一点,这也成为家族企业能够生生不息的一股内在动力。至曹文锦的父亲曹隐云年少时,曹家已经达到小康以上的生活水平，曹隐云也比一般的孩子受到较良好的教育，特别是英文程度也比较高。曹隐云长大后，一边帮助家里从事运输生意，一边在一家英国人办的卜内门洋碱有限公司学习进出口生意，而后除了担任洋行的高级经理外，还在租界内开了一家规模不大的银行——中国劝业银行。他的妻子也很精明能干，独自在上海繁华的南京路上，开了一家规模很大的珠宝金铺——天宝成银楼。到20世纪30年代时，曹家已经是上海有名的富商巨贾。然而日本对中国的入侵使得曹家的生意受到严重的损失，曹家在华界的卡车、船只等重要资产全部被日军抢占，"曹宝记"运输生意陷入瘫痪，只有在租界的部分生意得以保全。曹文锦是在这样一个动荡的年代里长大的。待到抗战胜利之后，内战又爆发，物价飞涨，民不聊生。到了1948年，国民党大势已去，开始向台湾转移财富，特别是当时政府要求上海的各家各户把金银首饰、外国证券以及外汇等全部兑换成金圆券，做逃台的准备。此时的曹文锦已经22岁，但是已经看透了当权者对企业家的盘剥和掠夺，所以凭着年轻气盛，瞒着父亲，把母亲经营的金银珠宝转移到广州，后换成港币转到香港，并把当时价值近10万美元的金条转出上海，存进香港银行。

曹文锦临当大事能有如此的决断，主要因为他是家中的长子长孙，从小便明白自己的责任，必须继承发扬家族的事业，同时承上启下，成为家族的顶梁柱，所以他读书做事都分外勤勉。他毕业后每天要做三份工，上午去银行学习业务，下午去洋行学习进出口贸易，晚上再赶回自家的运输行帮忙，每天工作十几个小时，而家中的经济状况，根本不需要他这样受罪，当时他在银行干一个月的工资，只够给母亲买些水果。但是他知道自己将来要接受家族产业，所以除了协助父亲经营运输公司，同时也要学习银行和贸易。果然，1949年全家迁往香港后，他转移的10万美元成了全家唯一的活命钱，而全家人的生活重担，就落在了他这个24岁的青年身上。近代在上海赫赫有名的曹氏家族企业，在大陆中断了活动后，要在香港掀开新的一章了。

第四节　中国近代家族与国家的关系

一直以来，大多数的学者都认为，在中国，家庭和国家基本上是同构的，家庭和国家都遵循着儒家的长幼尊卑秩序和差序格局的结构,而作为国家统治者的皇帝家族,则是遵循宗法规则最严格和最受关注的家族。不过,在漫长的中国历史上,国家,特别是政府,与家族常常是对立的,正如俗话说"忠孝不能两全"。这种对立,往往体现在中国广大的农村基层社会中。在那里政府和国家的势力往往难以到达,底层民众的组织和控制完全是由宗法制度下的乡绅和家族完成的。对一个普通村民来说族长可能要比皇帝对自己的切身利益来说更重要。然而随着宗法制度在宋明之后在中国社会占据了统治地位,一直到清朝时,家族和国家之间往往就有着难以名状的紧密联系,特别是当唐以前常见的大型的家族门阀消失后,中国近代的家族在客观上起着维护朝廷统治的作用,而清政府也把家族视为维护其统治的重要社会力量。从这个时候开始,政府和家族不再是对立的,"忠"和"孝"之间的矛盾逐渐消失。首先家族本身开始将忠君作为家族伦理的一部分,特别是在家族祠堂里将忠君视为家族教育的重要内容。康熙皇帝颁布的"圣谕十六条"和雍正皇帝对其进行阐释的《圣谕广训》成为了很多家族在宗祠里必须讲授的内容。在当时人的观念中,君恩已经大于了亲恩,忠孝之间选择先忠后孝已经变成了天经地义的事情。除了忠君之外,宗祠还会教导族人遵守法令,按时缴纳赋税。在没有进入工业化社会以前,清政府主要的税收来源是农业税,所以在基层农村,家族对族人按时纳税的劝导可以说对政府起到了极大的支持。自然而言,政府也认识到了家族对维护其统治的作用,作为回报,清朝的统治者也通过各种方式来对家族进行保护和支持,例如前文所述的"圣谕十六条"中就强调家族应该通过建立祠堂、设置家塾、建设义庄、纂修族谱,从而实现家族的和谐,并且统治者还通过表彰孝义之门的办法来传达自己对家族的态度。清政府把自己的这种态度高度提炼归纳为"本朝以孝治天下"。

在其他政府职责之内的领域里,一些较大的家族和士绅也会和地方政府合作,以家族的力量替政府办分内之事,例如兴修水利、兴建公共工程、提供社会服务等。在太平天国运动发生的时候,清政府无力组织抵抗,真正和太平军进行战斗的都是地方士绅利用自己的家族势力组织的团练武装。到了辛亥革命以后,随着思想界、政界中开始对传统宗族制度的批判,以及建设一个现代国家的诉求越来越强烈,中国近代的家族似乎又成了阻碍。梁启超就曾说要创造国家、教育中国人成为国民,培养中国人的"公德"。① 国

---

① 　梁启超:《新民说》,中州古籍出版社 1998 年版。

家和社会都在转型，进步、公益这些前所未闻的概念开始冲击宗族的观念，即使在实体上宗族仍然继续存在，但其对于国家的重要性已经大大降低了。

至民国政权稳定，特别是北伐成功后，中国又建立起了大一统的中央政府，在家族和国家这架天平上，家族这段的分量明显变轻了，家族在和政府之间的互动关系上已经完全处于弱势。同时，在中国近代的家族中，也开始出现了异化。首先有少数的家族，其家族成员占据了国民党政府中的高层，进而利用特权将政府的利益输送为自己的利益，甚至是利用政府的特权盘剥吞并企业，将自己家族的势力渗透进工商业，披上资本家的外衣从事垄断活动，我们往往把这种家族称为垄断资本家家族。这种家族在近代历史上是阻碍社会进步和国家富强的，其典型当属著名的蒋、宋、孔、陈"四大家族"。另一类更大量的家族，则积极参与到中国近代的工业化和现代化进程中，通过建立实业来体现自身价值，并且将自己的家族也引入到企业的经营中，也就是近代的家族企业。在同国家和政府的关系上，这种家族清楚同中央和地方政府保持良好的关系具有重要的意义，所以一般在生意场上成功的家族均有政治关系和政治代表人，这种政治纽带可以看成是一种社会资本，用以维系和政府的正常沟通和良好关系，从而维持企业的正常经营。同时这类家族又与政府保持着一定的距离，比方说不允许子孙进入政府做官，等等。这类家族代表了中国近代家族中有活力和比较积极的一种类型，由它们创立的近代家族企业也是值得我们深入研究并吸取经验教训的。我们将在下一章讨论后一类型的近代家族企业。

第四章　中国近代家族企业的发展

第一节　中国近代经济状况和家族企业生存背景

从晚清开始,具有现代形式的公司和企业组织如雨后春笋般兴起。1904 年 1 月,朝廷的商部颁布《钦定大清商律》,包括《商人通例》和《公司律》。自《公司律》等法律出台后,中国有了真实的公司数量统计。据张忠民在《艰难的变迁——近代中国公司制度研究》一书中的计算,从 1904 年到 1910 年,全国正式注册的公司大约 410 家。另据林增平的统计,前 30 年有据可查的 72 家近代企业中,官办、官督商办占总资本额的 77.6%,商办只占 22.4%,到这一时期前后正好倒了过来,商办资本已占 76.3%。1905—1908 年中,全国新设厂 201 家,投资合计达 4581 万元,年均设厂 50 家,年增资本 1145 万元。年均设厂数分别超过洋务运动 30 年间所设厂数的 20 多倍与甲午战争后的 2.5 倍,投资额分别超过 5.7 倍与 2.9 倍。投资范围也更为广泛,除原有的缫丝、棉纺、火柴等行业有了较大发展外,烟草、肥皂、电灯、玻璃、锅炉、铅笔、化工等行业也有了民族资本企业的出现。股份制公司到 1911 年时已达 977 家。

自 1911 年之后的 16 年间,由于国家一直处在军阀割据及分裂中,客观上造成了中央集权政府的弱势,这是自南北朝以来 1400 年间第一次出现"中央真空"。在此 16 年中,中国民营经济迎来了一个难得的"黄金年代"。在这期间,国营企业体系基本瓦解,民营公司蓬勃发展,民族主义情绪空前高涨,明星企业家层出不穷,企业家阶层在公共事务上的话语权十分强大。中国社会史专家唐力行在《商人与中国近世社会》一书中认为,中国民族工

浙商研究

业的基础就是在这一时期基本奠定的。从经济增长率上看，尽管有不同的统计结果，但是，高速增长是一个不争的共识，国内学者认为工业增长率在1912—1920 年间达到 13.4％，1921—1922 年有一个短暂萧条，1923—1926年为 8.7％。美国的经济史学者托马斯·罗斯基的计算显示，1912—1927年之间中国的工业平均增长率高达 15％，位于世界各国的领先地位。在百年企业史上，这样的高速成长期只出现了三次，其余两次分别是 20 世纪 50年代的第一个五年计划（1953—1957 年）和 1978 年之后的改革开放时期。1928—1937 年，在经济史上有时候也被称为"黄金十年"。在这 10 年里，工业经济增长率平均达到 8.7％（也有学者计算为 9.3％或更高），为现代中国史上增长较快的时期之一。

随着现代工商业部门的地位越来越重要，掌控这些新型企业的企业家群体也变得越加引人注目。在经济活动中逐渐取得了一定成功后，这些新型的企业家逐渐展现出了和中国历史上的富商巨贾所不同的一面。首先是企业家的地位本身就在提高，这些新型的企业家不再需要通过捐官，捞个红顶子来获得社会和自我的认可，甚至有的企业家会刻意选择回避与政府打交道。这些企业家已经可以从经济活动中的成就取得足够的自信和外界的褒奖。在城市中，新型的企业家群体形成了一个崭新的精英阶层，他们在城市经济社会活动中扮演着重要的角色。第一代的企业家群体，同时也依靠他们的家族和泛家族的社会关系来拓展自己的经营活动。通过家族和泛家族的社会关系，企业家又将其家族企业置于一个更庞大的社会网络中，并且在家族和同乡等社会网络当中建立起自己的商业王国，为自己的经济发展目标服务。

近代家族企业的家族关系是建立在企业家的父系网络系统中的，父子关系是这种网络系统中最基本的一环，虽然在这个时期很多企业家是白手起家的，但是通过父系的积累和传承，到某一代后有了一定规模的继承和发展是比较普遍的模式。例如聂云台就是先在其父聂缉椝开办的恒丰纱厂中担任经理，而后自己开始经营整个家族企业的。一般来说，由于父子间的年龄差别和观念不同，以及 20 世纪初中国经济发展的迅猛，父子共同经营反而不是最常见的形式，最有效的企业经营方式是兄弟间的合作，例如穆藕初和穆恕再、聂云台和聂潞生、荣宗敬和荣德生、简照南和简玉阶兄弟等。在兄弟合作的经营模式中，根据兄弟间才能、性格和志向的不同，还会分化出不同的模式并且产生不同的结果。兄弟二人如果都非常有才能，并且志向远大，同时能够和睦相处，就会产生均等的声望和权势。例如荣宗敬、荣德生兄弟创建的荣氏家族企业集团,堪称是中国近代最大的家族企业集团,也是最成功的家族企业集团之一。荣氏家族的企业涉及多个行业,涵盖茂新、福新、申新三大系统,最多时拥有 40 多个企业单元,是当时中国面粉行业和纺织行业最大的民营企业资本集团,被公认为是中国的"面粉大王"和"棉纱大王"。而南洋兄弟烟草公司的创始人简照南和简玉阶兄弟则是兄长简照南先展露经营才华,发展公司业务,在他逝世后,弟弟简玉阶则承担起兄长留下的重任,展露出自己的经营才华。有时兄弟二人是一个比较出名,另一个较为低调,或者一个比较擅长在公共场合抛头露面代表企业形象,而另一个则内敛务实专注企业经营。例如张謇、张詧(音同:茶)兄弟,张謇由于其在晚清政坛的威望,使得其声誉大大盖过了他的兄弟,而张詧则隐于张謇身影之后,利用自己的才干管理大生纱厂。穆藕初和穆恕再兄弟也与之类似。若是兄弟二人理念不合,或是无法和睦相处,则反而会产生负面的作用,聂云台和他的兄弟在创业成功后就走上了分道扬镳的道路。当企业发展到一定阶段后,新一代的家族成员也会成长起来,进入家族企业,这样,除了父子关系和兄弟关系外,家族企业内部还会有叔伯与侄子的关系,家族内部如果能够和睦相处,那么叔伯与侄子之间会保持类似父子的亲密关系,堂兄弟间也可以像亲兄弟一样合作。除了父系血统的亲缘关系外,家族企业还会通过联姻在不同血缘的家族之间建立联系。例如荣宗敬和企业内重要的经理人王禹卿结成儿女亲家,使双方关系更紧密。家族企业可以通过家族成员获得大批的经理人才,从而获得竞争优势。

近代的家族企业以及企业家们具备的另外一个重要特点是,它们从一开始就比较集中于近代工业部门,也就是在当时比较具有技术含量和资本规模的领域,如机械加工、面粉和纺织等。上海自 1865 年出现官办的江南制造总局之后,很快就出现了 10 多家私人机器厂。据估计,到第一次世界大战前夕,上海已经有机器厂 91 家,到 1924 年,更是增加到 284 家。一般的机械加工和维修工厂所需的资本量并不特别大,而且可以逐步累加投入,所以很多的机械行业中的企业家,都是来自手工业,并且从亲戚朋友中寻求投资。还有一些为其他大型工厂,例如为纱厂、船厂生产机器设备或零件的机械厂,则需要大量的资本投入。这类企业虽然数量相对较少,但是资本量投入很大,掌控它们的企业家往往涉足近现代工业的其他部门。例如聂云台除了创办过纱厂外,还创办过纺纱机器厂。纱厂也是近代家族企业比较集中的工业部门,20 世纪 20 年代,上海有 19 家民族资本的纱厂,投资总额高达 2000 多万元,纱锭总数也达到 40 多万枚,且当时尚有近 20 万枚正在

浙商研究

安装中。① 可见，近代新兴的家族企业无论是在总量规模上，还是在现代化进程的位置上，都是非常重要的，这些民族企业家以及他们的家族企业，在当时既代表了创新精神、先进技术和现代企业制度，又与勤奋、节俭、家族和睦、社会和谐等传统美德和价值观相结合，成为中国现代化过程中的重要推动力量。以下我们以无锡荣氏家族为例，分析近代家族企业的创业、传承与治理的基本历史演变。

第二节 近代家族企业的创业：以荣氏兄弟创业为例

1894 年中日爆发甲午战争，最终以中国的完败而告终。甲午战争的影响是深远的。它首先直接宣告了轰轰烈烈的洋务运动的失败，洋务派在鸦片战争之前积累的工业和军事资源均受到了严重的打击。甲午战败之后的赔款也给国民经济带来了极其严重的影响。这一历史事件对于每个生活在那个时代的中国人个体也都有着非常直接的影响。荣宗敬所在的森泰蓉划字号由于受到战败的影响而倒闭。原本有着稳定体面工作的荣宗敬转眼间失业，只能暂时回到故乡。作为父亲的荣熙泰看到儿子失业后的境遇也非常难过，于是打算抱病去上海为荣宗敬再谋一份工作。没想到他的想法受到了很多老朋友的反对。多位曾与其共事或有交情的同乡好友纷纷劝荣熙泰，与其为儿子再找一份工作，不如鼓励他的两个儿子自己创业。荣熙泰长期从事钱庄汇兑业务，其好友也多在这个行业中，而且身价巨富的也不乏其人。在那个年代，钱庄业务比较兴旺，而且生意可大可小，并不需要特别的手续或审批等。荣熙泰考虑到宗敬、德生两兄弟具有钱庄工作的经验，而自己勤勉一生，也有一定的积蓄，于是拿出自有资金 1500 银元，另筹措了 1500 银元，合计 3000 银元，在上海鸿升码头开设了广生钱庄。② 这间在钱庄行业中本钱不算很大的钱庄，就成了荣氏兄弟俩创业生涯的起点，两人的企业家精神与企业家才能开始慢慢展现，并逐步得到培养和加强。广生钱庄是日后庞大的荣氏家族企业集团的前身。

1896 年，协助儿子迈出了创业第一步的荣熙泰，劳累成疾，因病去世，

---

① 白吉尔：《中国资产阶级的黄金时代(1911—1937)》，上海人民出版社 1994 年版，第 180 页、189 页。

② 前引《梁溪荣氏家族史》，第 149 页。

享年 48 岁。虽然他去世时广生钱庄才刚刚建立,他也没能亲眼看到日后儿子们建立的庞大的商业帝国。但是他所留下的三个遗产实际上奠定了荣宗敬、荣德生兄弟未来成功的基础,甚至也为荣氏后代绵延不绝的创业打下了基石。荣熙泰传承的第一个遗产是他留给后代的财富,也就是物质传承。我们不能忘记,荣熙泰几乎是在白手起家、负债累累的情况下劳作一生才为后代积累下了一笔不小的财富和创业资本。这笔启动资金在现在看来是非常重要的。荣熙泰传承的第二个遗产是对后代企业经营才能的培养,也就是企业家才能的传承。荣熙泰在宗敬、德生兄弟尚小的时候,就将两人送到商号钱庄中当学徒,而并非将两人桎梏在读书科举的传统道路上。而两兄弟在钱庄行业中的历练也在后来的创业活动中得到了回报。荣熙泰传承的第三个遗产是对后代思想品格和精神人格的培养与塑造。在两兄弟很小的时候,荣熙泰就教育他们树立"立己立人,达己达人"的观念。在儿子开始做学徒时,又教育两人要安心从事商业,不可以浮躁地去追求功名。而当社会动荡形势复杂的时候,荣熙泰还引用周易的例子教育儿子要学会在危机中发现机遇从而发展壮大自己。这三个遗产的传承,从某种程度上说是家族企业特征的传承。从传承内容上来说,涵盖了物质资本、人力资本和企业家精神等创业要素的各个方面;从传承方式上来说,也只有在家族企业中,通过亲密无间的血缘关系和朝夕相处的言传身教才能得以传承;从传承时间维度上来看,一旦后代成功完成传承,并且领会其中的深刻内涵,便会继续将这些遗产向下一代传承下去,形成了一个家族企业特有的文化和基因,甚至有现代的学者将这种特性称之为"家族性"。在后面的章节中,我们还会反复看到家族企业的传承模式和作用在荣氏家族企业中的体现。

在创业初期,荣氏兄弟俩在钱庄业务上互有长处,合作默契。例如宗敬性格外向,有开拓精神和交际能力,故担任钱庄经理,负责联系业务;而德生外讷中慧,性格沉稳细致,故担任管账。在两人的密切配合之下,钱庄业绩平稳。后来其他股东由于志趣各异,兄弟两人便拆股,独资经营广生。此时的中国已经进入 20 世纪初,新型的工业大生产模式已经通过西方列强的通商与贸易渗透进了中国,这种崭新的生产模式随之也带来了丰厚的利润,其中现代化面粉工厂在其中居于重要地位,且面粉行业在当时还可以享受免税。广生钱庄的往来客户中有不少的面粉企业,兄弟俩耳濡目染面粉企业的蓬勃发展和丰厚利润,更念及较大的面粉企业均为外国品牌,两人亦有决心兴办民族企业,通过实业报国。

两兄弟下定决心后,便开始着手解决创业中的几个关键问题。首先是

浙商研究

资金,面粉行业所需投资较大,仅凭广生钱庄的盈余远远不够。于是兄弟俩找到了父亲的旧交、故友朱仲甫寻求合作和支持。朱仲甫与荣家相识多年,深知荣氏族人行事端正,勤劳肯干,对此事很感兴趣,此时正好自己官职卸任,回苏州途经上海,于是又加上另外几位投资者,供集资 13 股,每股 3000元,共 39000 元。其中朱仲甫是最大的股东,占 5 股,荣氏兄弟各占 1 股,另有荣氏族人荣瑞馨 3 股,荣秉之 1 股,其他小股东合计 2 股。股东中按原籍主要分为江苏籍股东——以朱仲甫为代表和无锡籍股东——以荣氏兄弟为代表。[①] 厂址选在无锡郊区,取名为保兴,由朱仲甫担任总经理,荣德生担任经理,荣宗敬任批发经理。由于朱仲甫本是官僚出身,并不懂实际经营管理、市场和技术,于是保兴厂的实际管理权还是在荣氏兄弟手中。

保兴厂在创业初期并不是一帆风顺的,荣氏兄弟俩也经历了种种严峻的考验,例如地方政府和封建保守势力并不接受面粉厂这种新生事物,在土地占用等问题上进行阻挠。幸而荣氏兄弟通晓法律,同时借助大股东朱仲甫在当地官府中的影响力进行斡旋才得以了结。此外,兄弟俩在创业初期也面临着办企业会经常遇到的市场、技术和人才等挑战。这时兄弟俩从父亲荣熙泰那里传承到的企业家才能和企业家精神开始发挥作用。面粉厂建立后的第一个难题是如何打开市场,获得老百姓对新生事物的接受和认同。荣氏兄弟除了严把质量关、提升产品品质外,也格外注意对优秀的营销人才的挖掘和聘用。日后成为荣氏家族企业中重要的管理人员的王禹卿就是在这个时候被荣氏兄弟发现的。当有人将王禹卿介绍给荣宗敬后,王禹卿出色的销售才能和正直清廉的人品很快打动了荣宗敬。于是保兴以高于原工资数倍的薪酬将王禹卿招募来,而王禹卿也以出色的工作业绩作为对荣氏兄弟信任的回报。除了积极影响打开市场外,荣氏兄弟重视提升企业的技术水平,努力追赶西方列强。

保兴的发展刚刚进入轨道后,在企业大股东朱仲甫和实际管理者荣氏兄弟之间关于企业的发展就产生了一些分歧。作为官僚出身的朱仲甫,出资最多,可是本身不懂经营,1903 年朱要赴广东继续任厘差,所以对经营面粉厂这样劳神费力的实业工作更加失去兴趣,于是决定退出保兴的股份。在企业刚刚进入发展轨道的时候,大股东拆股撤资是荣氏兄弟创业途中的一大挑战。荣氏兄弟首先找到了同族的股东荣瑞馨求助,得到荣瑞馨不撤

---

① 上海社会科学院经济研究所编:《荣家企业史料》上册,上海人民出版社 1980 年版,第 14 页。

股的支持。另外又找到了怡和洋行的买办祝兰舫寻求资金支持。起初祝兰舫希望完全买下保兴,但荣氏兄弟对于这份产业格外看重,表示只引资、不出让,同时决定将广生钱庄的盈余 3 万两银子投入企业,从而将企业增资为 6 万两银子(约 8.33 万元),并且通过股东内部兼并转让的方式,将荣氏兄弟的股份增至约 41.68%,成为相对控股股东。并且将企业的名称从"保兴"改为"茂新"。

兄弟俩有了一定的积累后也不忘援助族人,曾经出资支持保兴的族人荣瑞馨有意筹资建立纱厂,荣宗敬、荣德生兄弟各出 3 万两银子参股荣瑞馨的振新纱厂,并且荣德生在企业筹建阶段利用自己的社会地位和人脉关系,帮助纱厂克服了很多来自官府和保守势力的阻挠。后来振新纱厂由于管理者经营不善、玩忽职守造成很大的亏损,加上创始人荣瑞馨在股票市场遭受严重损失,从而濒临倒闭。此时的荣氏兄弟生意也遇到了危机,股票风波也连累到两人和父亲共创的广生钱庄。此时荣氏族长荣福龄找到荣氏兄弟,表示振新中有很多荣氏族人的投资,且吸纳了很多荣氏家族的人士在其中就业,希望两人能从宗族情谊出发出手挽救振新。荣宗敬、荣德生兄弟从大局出发,毅然关闭广生钱庄,将有限的资金投入振新纱厂,并且由荣宗敬出任董事长、荣德生出任总经理,直接着手整顿企业。经过两人的努力,振兴转危为安、扭亏为盈。后来,荣宗敬、荣德生兄弟与荣瑞馨在经营理念上产生了分歧,在族长荣福龄的协调下,顺水推舟将自己在振新中的股份与荣瑞馨在茂新中的股份互换,避免了两个企业所有者和管理者不协调的局面。至 1911 年,荣氏兄弟在茂新的持股率已经达到了 91.5%,成了绝对控股股东。[①]

至此兄弟俩已经建立了一个业绩蓬勃发展的现代企业,同时也基本理清了企业内部的产权关系,使得企业的所有权和管理权高度一致,这在企业发展阶段有着非常重要的作用,因此荣氏兄弟俩对企业发展的战略选择和决策可以更加得心应手。在荣氏兄弟俩的创业过程中,我们可以清晰地看到家族的因素在其中所起到的作用。在没有完善的金融体系的社会中,民间借贷很大程度上来自于家族成员之间的相互信任,荣瑞馨和荣宗敬、荣德生兄弟均来自荣氏宗族,所以只要对对方的事业感兴趣并有信心,就会放心地投资给对方,并且给予信任。当企业发展遇到困难和阻挠的时候,家族成员和泛家族成员也会慷慨地利用自己的社会资本施以援手,例如朱仲甫和

① 《荣家企业史料》上册,第 15 页。

荣德生都曾经利用自己的社会地位帮助企业筹建。最后当企业的所有者和管理者发生分歧和矛盾时，来自家族内部的仲裁和协调也可以使矛盾双方较容易达成和解，而不至于对簿公堂，争得你死我活。

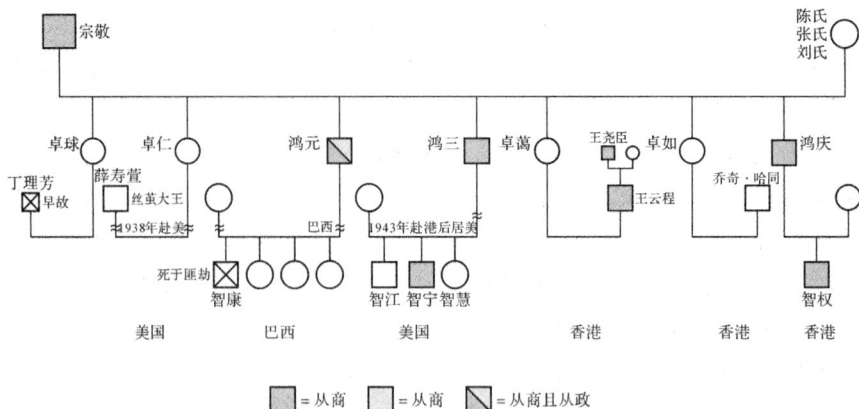

图 4-1　荣宗敬的家庭情况

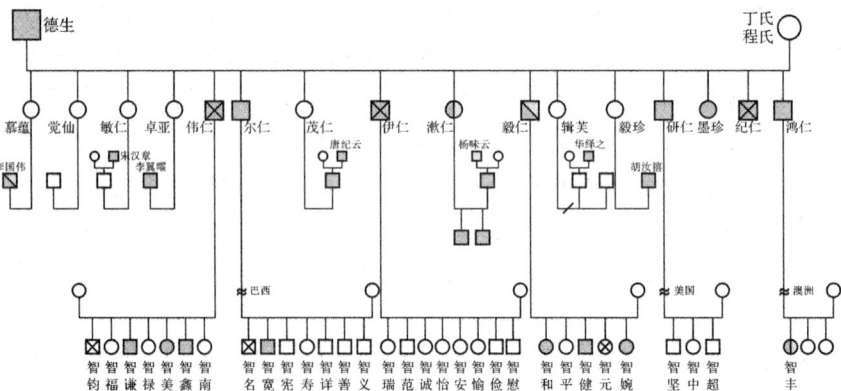

图 4-2　荣德生的家庭情况

在荣氏兄弟的创业阶段，也可以清晰地看出荣熙泰对荣宗敬、荣德生兄弟俩的传承所起的作用。荣氏兄弟创业的初始资本离不开父亲荣熙泰的积累，荣熙泰白手起家、勤俭持家所留下的几千块银元是为荣氏兄弟建立的参天大树预先埋下的种子。而荣熙泰早年安排兄弟俩去钱庄等处做学徒，也使得他们能在竞争激烈的商战中如鱼得水，特别是荣熙泰根据兄弟俩性格不同而因材施教，使得两人日后形成了风格不同、但又各具特色的管理模式，能够最大限度地发挥自己的性格和才能的长处。最后，荣熙泰将企业家精神和创业精神传承给兄弟俩，使得荣氏兄弟能在创业的过程中一路筚路蓝缕、披荆斩棘。荣氏兄弟深刻领会了父亲关于"立己立人,达己达人"的教导,例如认同放弃父亲建立的广生钱庄,不顾私利,以求挽救家族,直至实业报国,都是践行父亲教导的表现。荣氏兄弟的创业,是中国近代家族企业创业模式的标本和典范,是千千万万在中国进入现代工业社会过程涌现出的家族企业的成功代表。

荣氏家族企业的初创阶段,恰恰也是中国社会动荡转型的年代,在这个阶段,中国开始从完全的农业社会向现代工业社会转型,这个转型伴随着的首先是朝代和政权的更迭。清末民初中央政府的权能被大大削弱,在全国范围内也都缺少稳固的制度环境来促进企业发展,而家族企业利用家族对企业的渗入,来替代正式制度的匮乏,从而取得令人瞩目的成功。家族企业在这一阶段的蓬勃发展,与政府力量的暂时退却重合,并不是偶然的,这也是中国家族企业自产生以来经历的第一次"国退民进"。创业成功只是家族企业成功的一部分,要了解如何能在建立起成功的家族企业后使家族企业保持竞争力,就需要继续深入地考察中国近代家族企业的治理问题。

第三节　近代家族企业的治理:以荣氏家族企业为例

荣氏兄弟在茂新面粉厂的基础上,建立了庞大的家族企业集团。荣氏家族企业集团中包括了多个企业系统,业务涵盖面粉、纺纱等多个领域。怎样治理如此大的企业集团,是度过了创业阶段的荣氏兄弟面对的新挑战。

荣氏家族企业集团中最早的成员当属茂新系统。如前文所述,茂新及其前身保兴厂是荣氏兄弟联合其他出资人合股创立,并由荣氏兄弟担任主要管理者的企业。此时的荣氏兄弟,虽然通过开办广生钱庄颇有盈余,但要独自开办一家现代化的面粉厂,无论是财力、技术、声誉还是抗风险能力,都还是远远不够的。所以茂新和保兴厂采用的都是多家出资的模式。用现代公司金融的语言来说,就是股权较为分散,所有权和控制权相分离。例如保兴厂初创时最大的股东是卸任官僚朱仲甫,即使后来朱仲甫退股后,荣氏兄弟的股份在相当长的时间内也没有同其他股东拉开太大距离。从这个意义上说,荣氏兄弟创立的企业在一开始就是仿照西方现代公司模式的两权分离的有限责任公司。可是随着朱仲甫退股、荣氏兄弟增资增持到与荣瑞馨互换企业股份,荣氏兄弟有意识地一步步将两人在茂新中的股权比例进行提升,到1911年,达到了绝对控股的91.5%。

回顾这个股权变动的过程，实际上就是一个荣氏兄弟将茂新家族化的过程。在这个思路之下，荣氏兄弟将茂新一步步地改制为家族绝对控股的企业，同时 1912 年在上海建立了福新面粉厂。福新厂在建立之初就是完全按照所有者和经营者相统一的模式。这样，新建的福新所有的股东实际上都参与了公司的管理，与公司的发展休戚与共。

在这种新的治理结构之下，福新也得到了迅猛发展。荣氏兄弟继续扩大经营规模，先是租办了上海中兴恒记面粉厂，并在其旁边扩建福新二厂。同时在福新厂旁边筹建福新三厂。这种租办的模式也是荣氏兄弟的创举，即先通过较低的成本租下生产业绩不佳的面粉厂，再利用自己的管理能力改造企业的生产，从而获得可观的利润，进而用该厂的利润买下该厂，完成兼并收购。在荣氏兄弟租办恒基面粉厂两年以后，所获利润就已经可以将其买下，恒基面粉厂也被改组为福新四厂。利用同样的办法，茂新厂在无锡也分别租办了无锡惠元、泰隆面粉厂，并且将惠元改为茂新二厂，且在河南山东等地筹建新厂。

在茂新厂和福新厂所在的面粉行业积累足够的企业治理经验后，荣宗敬、荣德生兄弟敏锐地把握住市场商机，于 1915 年在上海设立了申新纺织无限公司，由荣宗敬担任总经理，注册资本 30 万元。荣氏兄弟在面粉和纺织两个行业都如鱼得水，而整个荣氏家族企业系统也日益复杂。为了有效地对整个企业集团进行管理，1921 年，荣氏兄弟在上海成立了茂新、福新、申新总公司（简称"三新公司"），由各厂筹款建立，由荣宗敬任总经理全权负责，实行集权式领导。其余各系统各厂的经理、厂长需对本厂生产经营负全部责任，而总公司负责集中掌握各厂的购料、产品销售和资金调拨。各厂多余的资金必须存入总公司，利息比外部银行钱庄略高。而总公司代筹资金给各厂，也比银行钱庄略高，作为总公司的经费。总而言之各厂变成了具有独立核算资格的车间，但是很多大权也同时被总公司掌控，采用这种方法，荣氏兄弟可以牢牢地控制整个企业集团，并且控制各个工厂的资源在整个集团内进行调配。

就在荣氏家族企业集团蓬勃发展的时候，一些直到今天仍然困扰着家族企业的问题也在荣氏家族企业集团身上开始显现。首先家族企业中最常被诟病的就是掌握控制权的大股东和中小股东之间的关系问题。从茂新开始，荣氏兄弟就特别注意企业实际控制权和所有权的集中，在茂新后建立的福新和申新系统中，荣氏兄弟都特别注意保持股份在 50％以上。这虽然保证了企业的经营可以按照荣氏兄弟的想法实施，但也导致了其与中小股东的矛盾。例如,在分红政策上,荣氏兄弟长期坚持不分红,只利用盈余增资,中小股东无法分享到企业发展的果实,没有现金的收入,而管理者仍然会获得工资、奖金以及控制权带来的其他收益。这就会使中小股东失去耐心,看不到自己的投资得到回报的希望,于是只能选择退出。而从荣氏兄弟的角度看,当企业处于创业阶段,正需要资金投入扩大再生产,企业的利润如果通过股利分掉,将不利于企业的积累和再投资,使得企业无法做大做强。特别是处在中国近代民营资本力量较弱的阶段,荣氏兄弟考虑更多的是增强企业的实力,从而能与外国大企业进行竞争,这就难免会与小股东产生矛盾了。

　　另一个开始逐渐出现的治理问题,则是家族企业中的家族治理问题。在家族企业初创阶段,家族成员团结一心众志成城,往往可以成为企业中非常积极的力量,而且家族关系和社会资本也有助于弥补企业其他资本的不足,特别是通过世交、联姻等方式建立的泛家族式组织,也可以拓展家族企业的社会网络,增加社会资本。例如在荣氏兄弟刚刚开始创业的时候,父亲荣熙泰的故交朱仲甫就曾经利用自己的社会地位帮助企业解决了很多诉讼纠纷,而在家族企业得到了一定的发展时,企业的重要经理人王尧臣、王禹卿兄弟,也与荣家结成了姻亲。其他的家族成员也开始纷纷进入企业当中,除了荣氏两兄弟的儿子开始逐步进入公司参与经营活动外,荣德生的大女婿李国伟更是负责了荣氏家族企业在武汉的主要业务,成为了一支相对独立的系统,并且在整个企业集团中占有相当大的地位。然而,随着企业业务的不断扩张和发展壮大,即使是在家族成员和有亲缘关系的亲属之间,也会产生矛盾和分歧,甚至利益取向也不可能是一致的。

　　荣德生的女婿李国伟也与荣家产生过一些矛盾。荣氏家族企业集团除了在无锡、上海建立了多家工厂外,还在长江中游的武汉建立了纺织厂申新四厂和面粉厂福新五厂。这两个厂的实际控制权掌握在李国伟手中。而且在抗战期间两厂在撤往西南的过程中也是李国伟主持领导的。所以,这两个厂很大程度上独立于上海三新公司的荣氏家族企业集团。李国伟在两厂抗战内迁期间,一方面鼓励和吸纳企业高级管理人员入股,另一方面提高职员享受的分红,这就让李国伟在这两家企业中的影响力盖过了荣氏家族,并且冲淡了荣家的股份比例。如前所述,荣氏兄弟甚至在外部制度不健全的环境下,对掌握企业的实际控制权比掌握企业的名义上的所有权更加看重,而只有掌握企业足够的所有权才能反过去争取企业的控制权,这也是荣氏兄弟对两者合一非常青睐的原因。可是荣德生没有想到自己的女婿竟然会和自己唱对台戏，甚至是自立门户，双方自然互不相让。只是迫于当时紧张的战时局势和李国伟远在内地，荣家鞭长莫及，才使得双方达成妥协，将"申四"、"福五"变成了两权分离的股份有限公司。

荣氏家族企业集团的治理是非常复杂的。一方面，整个企业集团里包含了许多不同的企业系统和工厂，涵盖了银行金融、面粉和纺织等多个行业。每个单独的企业单元中所有权构成状况和控制权分配状况各不相同，使得我们难以简单地处理和对待。此外，荣氏家族企业集团遇到的治理问题也是多种多样的，既包含了一般的股东和经理人的矛盾，又有大股东和小股东之间的矛盾，还存在着亲属之间的代理问题，以及企业和制度环境之间的问题。最后，荣氏家族的后代在企业中的参与度较高，宗敬和德生的儿子们基本上都曾经在家族企业集团中工作。这就使得荣氏家族企业的治理，实际上是公司治理和家族治理的双重治理问题。荣氏兄弟在企业的治理过程中较为成功地解决了几个关键问题。一是产权相对明晰。荣氏兄弟虽然共同创业，但家族内部不同成员间在企业里的股份和所有权一直比较清晰，虽然两兄弟在很长一段时间里都是利益共同体，但是各自所占的股份数目都是清楚的。特别是在第二代开始进入企业后，子侄辈的股份也是同其父亲进行划分，比方说荣德生就通过分家明确了儿子荣伟仁、荣尔仁等所持有的企业股份数。这样趁早解决产权问题，也避免了企业发展一段时间后产权关系复杂化。二是家族内部沟通和协调一直比较有效。虽然荣宗敬和荣德生性格大不相同，两人在企业的经营和发展战略上也有不小的分歧，但双方一直能够理解并支持对方，通过求同存异来化解矛盾，并且在危急时刻相互扶持相互信任。血浓于水的亲情在其中发挥了巨大的作用。三是尽早地将后代引入企业的管理活动中，使得荣氏兄弟的子侄辈都是具备一定能力的企业管理人才，并且通过言传身教的培养，为企业培养了合格的接班人，在创始人两兄弟岁数渐长力不从心时，晚辈可以及时接班（见图4-3）。

1928年的一次调查显示，在荣氏企业集团中，共有总经理、经理、副经理（副厂长）54个职位。其中荣宗敬一人担任了19个职位，他是集团中每一个工厂的总经理。在剩下的35个职位中，荣宗敬的弟弟荣德生占了3个，荣宗敬和荣德生的儿子们分别担任了4个副经理和副厂长的职位，荣氏家族其他成员占了5个职位，荣家的姻亲一共担任了14个职位。余下职位中由荣氏家族的亲信占据5个，合作伙伴和工程专家占据5个。（见表4-1）

荣熙泰
祖居无锡西乡荣巷,约自1883年起,在广东三水县厘金局等地任总账;
约自1896年起,与人合伙在上海设钱庄,然后回乡家居

荣宗敬(1873—1938)
约1912年,任福新面粉厂总经理
约1910年,任福新、茂新、申新公司总经理

荣德生(1875—1952)
约1905—1907年,任茂新面粉厂经理
约1918—1921年,当选为江苏省和北洋政府议会议员
约1928年,任申新纱厂三厂经理
1945—1949年,为申新二、三、五厂和茂新各厂系统领导人,旋即成立三系统的总管理处,为总量处

荣鸿元
1937—1945年,任申新二厂经理,1945—1949年(承袭茂、福、中新四公司总经理之名,为申新一、六、七、九厂和上海福新各厂系统总经理)

荣鸿三
中学毕业后,任总公司储蓄部主任;荣宗敬去世后辅助荣鸿元,任副总经理

荣鸿庆
约1928年,任申新二厂副经理

荣慕蕴
(系女儿,嫁于)李国伟约1928年任申新四厂和福新五厂副经理,1945—1949年,任申新四厂和福新五厂经理

荣伟仁
(早殁)约1928年,任申新五厂和七厂副经理

荣尔仁
约1935-1945年,任新一厂厂长;约1945—1949年,任申新二、三、五厂和茂新各厂总管理处副总经理

荣伊仁
约1948年,任申新三厂经理

荣漱仁
(系女儿,嫁于)杨通谊(无锡纱厂主杨味云的儿子)1936年,任茂新面粉公司经理

荣毅仁
约1946年,任茂新面粉厂长,约1957年任上海市副市长,1959—1966年,任纺织工业部部长,1979年以后,中国国际信托投资公司董事长、总经理、全国人大常委会副委员长,曾任中华人民共和国国家副主席

荣研仁
约1946年,主持天元公司交易部

荣纪仁
约1946年,任茂新面粉厂经理

荣鸿仁
约1948年,任茂新面粉厂经理

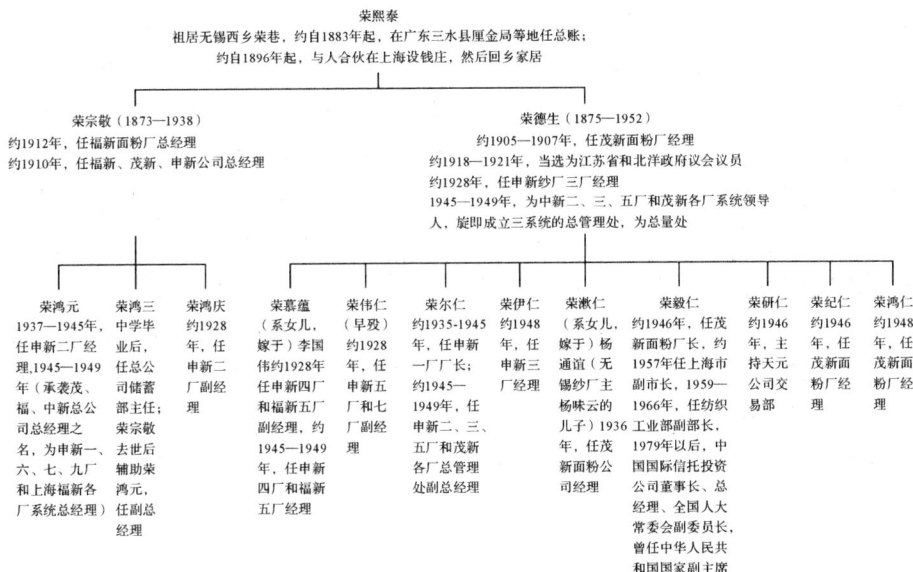

图 4-3　荣氏家族成员与企业任职

表 4-1　荣氏企业集团高级职员状况

身份	数量	比例
荣氏家族成员	31	57.4%
荣氏家族姻亲	14	25.9%
荣氏家族亲信	5	9.2%
合作伙伴与技术专家	4	7.4%
总计	54	100%

资料来源:白吉尔:《中国资产阶级的黄金时代(1911—1937)》,上海人民出版社1994年版。

从荣氏家族企业的治理行为来看,在缺乏外部正式制度的条件下,荣氏兄弟已经竭尽个人才能,并且在利用家族涉入来发展企业的道路上绞尽脑汁,所以才能使家族企业历经封建王朝瓦解、各路军阀内战、外国势力冲击和日寇全面入侵而得以保全。当抗战胜利、国内重现和平曙光的时候,荣氏兄弟没有能迎来企业发展的新的春天,荣宗敬不幸已过早病逝,荣德生则目睹了国民党政府的腐败以及对民族企业的盘剥,甚至惨遭官匪勾结的绑架勒索。可见在这样恶劣的环境之下,即使企业家再有过人的才华和奋斗的精神也无济于事,家族企业虽然可以利用自身优势化解外界环境的险恶,但终究无法与无能而腐败的政府抗衡。

在20世纪20年代南京国民政府北伐成功后,中国相对进入了一个政

局较为稳定的阶段，以荣氏家族企业为代表的中国近代家族企业，曾经在这个阶段得到过很好的发展机会，可以说这是继清末洋务运动失败，商办企业崛起后，中国近代家族企业获得的第二次发展契机。可是，这个发展的过程实在太短了。首先是国民政府在政局稳定后立即开始加强对经济的直接干预，兴办了大量的国有制企业，重新回到了清末由政府主导的工业化和现代化的轨道，这种政府干预的思潮在20世纪的二三十年代在全世界都非常流行，使得中国近代家族企业的生存空间受到挤压。而后日本侵华战争日渐激烈，家族企业又受到战局的影响，很多固定资产毁于战火。而当抗战胜利后，国民政府的经济政策继续倾向国家控制，并且逐步滑向了内战的漩涡中。直至新中国成立和1956年社会主义改造，近代家族企业这第二次的发展还没有在历史上完全展开就基本上被扼杀了。但是成功的家族企业还是顽强地将企业保全至新中国建立，成为新中国工业发展的重要基础。

第四节　中国近代家族企业的传承：以荣氏代际传承为例

　　从荣氏家族企业的治理行为中我们可以看到，家族直接经营是企业获得竞争优势的重要来源。利用家族成员参与家族企业的管理，可以降低家族企业的代理成本，维护家族企业的权益。同时将家族后代尽早引入到家族企业的管理活动中，对于家族企业的传承也有着重要的意义。

　　在本章的开头我们提到，荣氏家族企业实际上在荣熙泰和荣宗敬、荣德生两代之间就进行过一次传承，这次传承包含了三项内容。一是物质财富的传承。主要是荣熙泰将毕生积攒的几千元银元与儿子们合开广生钱庄，成为了荣氏家族企业的起点。二是企业家才能的传承。荣熙泰年轻时勤奋自学，通熟会计和钱庄业务，所以很早也将两个儿子送去钱庄和商号做学徒，注意培养儿子在这方面的基本才能，果然两兄弟在钱庄商号中积累的金融管理知识让他们受益一生。三是企业家精神和创业精神的传承。荣熙泰的一生颠沛流离，白手起家，终于在晚年时小有积蓄，所以在两个儿子的教育上，荣熙泰一直强调两人要勤劳踏实，善于进取和把握机会。纵观荣宗敬、荣德生的一生，就是贯彻了父亲荣熙泰的教诲，将荣熙泰身上的创业精神和企业家精神发扬光大。荣宗敬一生都为建立一个强大的民族工业而奔波，荣德生则善于将亏损的企业精耕细作，扭亏为盈。荣德生自己总结兄弟俩乃是事业家，而非资本家，是将所有的财富全部投入到事业当中，以维持数十万人的生计,而非从生意中获利后贪图享乐的人。

荣宗敬、荣德生兄弟在培养自己的下一代的时候,也将这三种传承贯穿其中。首先,荣氏兄弟为后代创造了良好的物质条件自不必说,而且荣氏家族内部股份一直划分得比较清晰,所以对于家族后代的物质激励也是显性和积极的。在企业家能力的培养上,荣氏兄弟对后代主要采用正规教育加言传身教的方式,即让两人的子侄辈都接受良好的正规教育,学习现代科学知识,然后在企业中从低级职员开始历练,并且向父亲和叔伯学习企业经营之道。而在创业精神的传承上,荣宗敬、荣德生兄弟对晚辈更是严格要求,一方面要晚辈踏实从商,既要了解中国乡村生活的基础,又要学会灵活应用知识。在企业经营实践中,常常要求儿子能够在某个业务上独当一面或者单独负责一个厂的生产经营,这就锻炼了晚辈独立开拓的精神。

【方框 4-1】

无锡荣宗敬、荣德生家族后代发展情况

荣宗敬、荣德生兄弟的这种传承,也在子侄辈中结下了丰硕的果实。荣宗敬有三子(并称荣氏三鸿):长子荣鸿元(名溥仁),上海交通大学经济科毕业。曾任申新第二纺织厂副厂长、厂长等职,1938年其父荣宗敬病逝后,担任总公司总经理的职位。还曾与其弟荣鸿三等创办三新银行,并担任新创办企业合丰公司的董事长。后去巴西经营面粉工业,育有一子三女。次子荣鸿三(名辅仁),圣约翰中学毕业,曾任总公司储蓄部主任,后辅佐其兄担任副总经理,1949年赴港后定居美国。三子荣鸿庆(名纲仁),其父去世时尚未成年,现任台湾上海商业储蓄银行董事长。荣鸿庆24岁即赴香港经营南洋纱厂,在经营55年后把事业重心转向台湾,该厂则交由其子荣智权打理,近年来在大陆从事多种公益事业。荣宗敬还有四个女儿:长女荣卓球嫁同乡丁理芳;次女荣卓仁嫁"丝茧大王"薛寿萱;三女荣卓蔼嫁给王尧臣之子王云程。王云程后任申新一厂经理,并在1949年以前去香港开办南洋纱厂;四女荣卓如嫁犹太富商哈同之义子乔奇·哈同。

荣德生有七个儿子也均投身到家族企业当中,并颇有业绩。长子荣伟仁(字鸿增),南洋大学经济科毕业,任申新第二、第五纺织厂副厂长,后调任申新一厂经理,对企业贡献很大,由于操劳过度于1939年因鼻癌去世。荣伟仁有三子四女。其中长子荣智钧已故,次子荣智谦、三

子荣智鑫在香港经营电子业，颇有成就。四个女儿均旅居海外。荣德生次子荣尔仁(字尔根)，年少时从工务员做起，深入劳动第一线，逐步升任申新纺织二厂、五厂等厂长，后去海外，寓居美国，并在巴西有纺织、面粉、橡胶种植园等企业。荣尔仁有六子。荣德生的三子荣伊仁(字一心)曾留学美国罗威尔纺织大学，为企业也作出了很多贡献，后不幸死于飞机失事。荣伊仁有三子五女均旅居海外。荣德生的四子荣毅仁(字继增)是民族企业家的代表，新中国成立前在家族企业中担任经营管理工作，新中国成立后历任华东军政委员会委员、上海市副市长、纺织工业部副部长等要职，改革开放后又出任中国国际信托投资公司董事长兼总经理，并于 1993 年在第八届全国人民代表大会上当选为中华人民共和国副主席。荣毅仁有子荣智健和四个女儿。荣智健曾出任中信集团(香港)有限公司副董事长和总经理，是荣宗敬、荣德生家族第三代中杰出的企业家。荣德生的五子荣研仁(字研增)，曾留学美国罗威尔纺织大学，后投身天元麻纺厂的创建工作，1949 年后旅居海外，有两子一女。荣德生的六子荣纪仁，1948 年不幸亡故。荣德生的七子荣鸿仁，曾留学美国学习面粉工业，后移居澳大利亚，有三女。荣德生长女荣慕蕴嫁于李国伟。李国伟曾经主持"申四福五"系统，1950 年后曾任湖北省人民政府副主席、全国人大代表、全国政协常委等职。三女荣敏仁嫁于中国银行经理宋汉章之子宋美扬。四女荣桌亚嫁于李国伟的堂弟李冀曜。五女荣茂仪嫁于无锡著名实业家唐纪云之子唐熊源。六女荣漱仁嫁于北洋政府财政部次长杨味云之子杨通谊。七女荣辑芙嫁于无锡著名工商业家华绎之的儿子华伯忠，后嫁魏道明。八女荣毅珍嫁于杭州胡庆余堂后人胡穆卿之子胡汝禧。九女荣墨珍。

　　荣氏家族企业的传承自荣熙泰开始在每一代与代之间都得以成功完成，传承的内容也基本上完整地包括了物质资本、企业家才能和企业家精神这三项。这三种传承能否成功完成也决定了家族企业能否克服自身生命周期和企业生命周期，将家业在家族内永续发展，并让家族成员永葆卓越。从三种传承的重要性上来说，固然三者对于家族企业都有着非同一般的意义，但我们认为，三者的重要性是逐次增加的。特别是企业家精神的代际传承往往是最困难，也是最重要的。在家族企业的代际传承过程中，失败的例子往往不是由于物质资本的流逝和家族后代管理能力的缺乏，而是后代进取精神和开拓意识的缺乏。荣氏家族企业成功传承的关键也就在于每一代的家族成员都能继承创业精神和企业家精神,开拓新的疆土,成就一番事业。

第五节　中国近代家族企业的启示和历史地位

荣氏家族企业在中国近代历史上是非常有代表性的家族企业。它创建于清末洋务运动失败、清廷统治渐趋式微的岁月。在这个时代中诞生的中国家族企业是中国近代工业化运动的前驱,在家族企业中也诞生和培养了中国历史上第一批现代意义上的企业家。荣氏家族企业的发展历程始终和近代中国的命运息息相关,当外部发展环境良好时,家族企业和企业家就能充分发挥自己的才华和优势,取得令人瞩目的成就,甚至可以与全世界的大企业匹敌;而当外部发展环境变得恶劣时,家族企业可以利用家族成员的直接涉入、家族的社会资本以及社会网络来保护财产,维护契约实施,促进企业发展。在荣氏家族企业的发展历程中,展现了家族企业最普遍需要解决的三个基本问题,即创业、治理、传承。在传统的对家族企业的研究中,一般是将这三个问题单独分析,但是本书在对荣氏家族企业的案例进行深入考察后,认为家族企业的这三个基本问题可以放到统一的框架内进行分析,并且荣氏家族的案例完全适用于这个框架。

将创业、治理、传承三者统一分析,需要打破三者的界限,建立三者时间的逻辑链条。我们借助荣氏家族企业的例子来说明这个关系。

首先,家族企业的传承问题,应从治理的角度解决。传统视角下的家族企业传承问题,主要关注于对家族后代的培养和对接班计划的设计。实际上,当企业的创始一代仍然在企业中起主导作用时,就可以将企业后代引入到企业的所有权结构和管理权分配中。而企业的所有权和管理权分配则必须通过企业治理的手段进行明晰,使得家族企业的后代进入企业后就权责明确,公事私事、家事企业事得以相互分开,避免互相产生负面的影响。例如荣氏家族的后代在企业中的股份相对都非常明晰,参与企业经营后担任的职责也是量才而用,这种所有权的明晰使得荣氏家族的后代都可以享受到家族财富的增加,同时根据自己的才能和兴趣去发展自己的事业,反过来也可以壮大家族企业。

接下来,家族企业的治理问题,应从创业的角度解决。家族企业发展壮大到一定阶段,肯定会面临股权结构复杂、代理成本上升、家族成员人力资本增长放慢等问题。解决这些治理问题的一个突破口就是鼓励家族后代继续创业，通过创业可使家族后代找到新的事业发展的空间，让家族企业的蛋糕做得更大，这样每个人分到的蛋糕也会更多。例如荣氏家族企业鼓励后代开创自己的事业，很多家族成员将厂开到了海外，这样避免了家族成员过分集中在几个企业里，产生矛盾，而且家族成员一旦有创业的想法，其他家族成员可以利用家族内部的相互持股等手段给予支持。例如荣毅仁的儿子荣智健去香港找到堂兄弟时，并非为了要回属于自己这支的现金财产，而是希望利用自己在堂兄弟公司中的股份，得到其支持自己创业。这样整个家族的事业都会更有动力，蒸蒸日上。

最后，家族企业的创业问题，应从传承的角度解决。我们认为，家族企业的创业，绝不是简单地兴办一家企业，而是从头开始创建一番有意义的事业。而在创业的时候，最需要的就是物质资本的投入、企业经营的才能和开拓进取坚忍不拔的精神。这三者恰恰是在家族企业的传承中最重要的三项内容。我们强调过，三者当中最重要的其实是企业家精神的传承。我们可以看到，在第一代家族企业的创业过程中，往往企业家的物质积累和经营能力都是相对匮乏的，反而是企业家精神能够支撑家族企业中第一代的成功。而当家族企业发展到一定阶段需要传承的时候，就面临着新一代的二次创业，老一代向新一代传承的最重要内容也是将企业家精神进行传承。以荣氏家族企业的案例为例，荣宗敬、荣德生从父亲荣熙泰那里得到的物质财富和经营知识都是有限的，是不能跟后来庞大的家族企业集团相比的，但是兄弟俩从父亲那里获得的企业家精神的培养和熏陶，则让他们终身受用。而当荣氏兄弟的后代各自开创自己的事业时，他们之所以能坚持奋斗、拒绝当坐吃山空的败家子，也是得益于长辈对他们企业家精神的传承。

荣氏家族企业的发展历程正好与中国近代家族企业从清末商办企业兴起到社会主义改造完成历史使命这一演进周期重合。在这个周期中，以家族为基础建立家族企业，随着企业的壮大，逐渐引入社会化的资本和管理，淡化家族影响，同时家族后代继续创业，是一个历史发展的循环，也是有中国特殊背景的历史必然。在这个周期中，我们可以比较清晰地看到中国近代家族企业完成了两次这样的循环：一次是从清末到民国初期，家族企业在半殖民地半封建的社会中探索着实业救国的道路；另一次是从北伐成功到新中国建立，家族企业除了要应对国民党政府对经济的干预，又要在抗日战争中求得保全。可以说，这两次循环本身都不是完整的，在这两个循环中，家族企业所处的制度环境都是非常恶劣的，这反过来也说明中国家族企业顽强的生命力。

第五章　改革开放前后中国家庭的演变

自改革开放以来的 30 余年,中国社会经历了巨大的政治、经济、社会、文化等制度变迁。家庭是社会的细胞,是个人与社会联系的桥梁,它与社会紧紧相连。改革开放后中国社会经济的巨大变革必然伴随着家庭的嬗变,家庭的演变与社会变迁、市场经济的逐步确立、中西文化的频繁交流多方面因素联系在一起,家庭的功能、结构起到了相应的变化,与此同时,家庭关系得到了重塑。而家庭的演变正是通过家庭功能、家庭结构和家庭关系三方面的变革所体现。社会生产的方式决定了家庭的基本功能,为了实现这些功能,必然有与之对应的家庭结构和家庭关系。本章首先对改革开放之前的家庭做一简要的回顾,之后通过家庭功能、家庭结构和家庭关系的演变阐述改革开放以来家庭的具体变化。

第一节　改革开放之前的家庭

改革前,我国农村施行"三级所有、队为基础"的生产结构,生产小队是基本的生产单位,其组成也不纯粹根据血缘关系,往往兄弟家庭会分属不同的生产单位,公社和大队在组织生产小队时往往刻意淡化家族观念。家庭的直接生产功能基本被取消,最多存在一些零星的副业,也就是房前屋后、田边地角和小部分家禽家畜,这部分主要用于满足社员自身生活的需求,但这个比例很少。在 20 世纪 60 年代,即使是被当成先进典型报道的河北怀来县沙城公社庙庄生产小队,家庭副业所占小队农副业总收入也不过在 11％～15％之间。这时期,家庭基本上不以生产单位的名号参加社会经济活动,新中国成立前和新中国成立初期由家庭承担的生产功能逐步被肢解。

公社化改造运动通过把生产劳动力从家庭抽出，并重新组织分配的形式，迅速地在全国范围内由生产小队取代家庭而成为基本的生产单位。

农村的公社化运动很快就耗尽了农民对社会制度的一点热情，根本性的激励问题开始成为阻碍农业生产力发展的首要问题，出工不出力成为常态，这种违反经济发展规律的生产组织形式很快就显示出恶果：饿殍遍野、民生凋敝、经济崩溃。

【方框 5-1】

消灭家庭的社会试验

生产队的形成，最早是由解放初期的互助组，然后是合作社，再后来就是人民公社领导下的生产队。这是一个基层的集体，实则是一个完整的大"家庭"；生产队里的所有社员听从生产队长的领导。生产队的机构设有队长、副队长、妇女队长、会计、出纳员、保管员、饲养员、记工员，另外还有车马队长。生产队长在这个集体中在劳动上享有一定的特权，虽然有时也拿着劳动工具和社员一起劳动，但只是象征性地做个姿态。而副队长则不同了，他首先必须掌握各种农活技能，按农村的老话说是很好的庄稼把式，他的任务主要是带领社员在田间劳作，指导社员的劳动技能，监督社员的劳动质量。妇女队长在生产队里也起到一定的不可忽视的作用，除组织一些年轻的女社员参加生产队一些辅助性的劳动外，有时也同男社员一样一起劳作，比如铲地、收割，等等。生产队的会计是生产队的管家人，年终所有的收益都是经过他的整理预算才得出来的；出纳员是生产队管钱的人员，生产队的所有收入，也包括副业收入都由他掌管，所以，如果他伙同他人一起贪污，那生产队就会陷入贫困状态，社员们的日子就会更加艰难。保管员负责生产队库存的粮食种子和所有农具的保管任务，他必须思想品德好，不能损公肥私；见了集体的粮食就动心，做监守自盗的勾当的人是不能胜任的。饲养员的职责是饲养好队里的几匹马和几头牛。这工作其实是很辛苦的，马有吃夜食的习惯，所以，夜晚要给马添料。这样的劳动一般由上了年岁的社员去做。车马队长也很重要，除带领由他分管的几挂马车或牛车在农闲时搞副业运输外，主要还是在田间、场院劳作。社员们有个大事小情、婚丧嫁娶，都少不了动用生产队的大马车或牛车；深秋季节正是社员们从山上往家里运送烧柴的时候，也少不了动用生产队的车马;寒冬腊月,社员们苫房用的小叶章草,都是用生产队的大马车从几百里地以外的挠力河边运回来的,他们一路上所遭遇的寒冷是可想而知的。像这样的劳动虽然每年队里只有几户,但农户是不承担任何费用的,只是在他们往返回来时,户主人家要做上一桌像样的饭菜好好地招待一番,表示感激之情。(摘自李印海:《生产队的岁月》,2010 年)

改革开放前人民公社领导下的生产队极大地压制了家庭的功能,尤其是经济生产功能,生产队淡化血缘的特征也并不利于家庭关系的良性发展。在这样的环境下,不少地少人多的地区的村民在完全依靠粮食生产无法满足基本生活需求的情况下,开始自发地从事经济作物种植、贸易和手工业等能够改进收入的经济活动。本章的第三节我们将介绍本书的第二个家族案例,也就是宁波慈溪的茅氏家族,以下先简单用这个家族的事例来帮助读者了解 20 世纪 60 年代改革开放之前的农村家庭。从这个例子可以看出,20世纪 70 年代末以来的乡镇企业和家族企业是中国传统家庭经济的恢复和进一步发展的象征,中国政府改革开放政策的伟大之处就在于重新发现、肯定和鼓励了千家万户的家庭经营和随之迸发出来的积极性和创业精神。

位于杭州湾南岸的浙江宁波慈溪,春秋时属越,秦代设县,古称"句章",至唐开元二十六年(公元 738 年)始称慈溪。慈溪拥有 77 公里海岸线,地少人多,多丘陵与滩涂而少平原。在晋唐时期,慈溪上林湖青瓷远销海外,架起了通往世界的"海上丝绸之路"。慈溪又有"唐涂宋地"之称,悠久的海涂围垦历史,塑造了慈溪人开拓进取的性格,慈溪的移民文化源远流长。慈溪长河妇女以她们的双双巧手,编织出一顶顶金丝草帽,这些工艺品远销海外,为长河赢得了"草帽之乡"的美誉。日本著名经济史学家斯波义信在其《宁波及其腹地》一文中就对近代慈溪所在的宁波地区的商业贸易、企业和职业专业化、地方专业化等做了精彩的描述。[①]

1959 年到 1961 年全国三年自然灾害之后,供给严重不足的计划经济遇到了困难,国家允许农户利用自留地生产农副产品作为农村经济的补充。这时候以政治挂帅的城市国有企业的生产也不能满足所有的需求。在人均只有四分土地的慈溪,农村社队企业开始在国有企业的缝隙中发芽成长。茅理翔先生回忆道:"1964 年,敢于讲真话的中共湖南省委第一书记张平化给毛主席写了一封信,讲到农民非常贫困。我通过湖南的朋友拿到一份材

---

① 参考施坚雅主编:《中华帝国晚期的城市》,中华书局 2000 年版,第 469—526 页。

料,是毛主席给张平化的回信,信里有这么一句话:在有条件的地方可以搞一些农副产品加工厂。我看到后很兴奋,赶紧拿蜡纸刻印,将这份材料发给大家。有了这份材料,我们才敢开办社队企业。"①

1965 年 4 月 15 日,慈溪长河镇人民公社的干部深知百姓的困苦,在省市领导的默许下,委托茅理翔创办了当地第一家社队企业——慈溪县长河镇综合厂,组织社员依靠传统技术草编织帽,以增加群众的收入。当时慈溪农民都只能种棉花,但棉花是国家统购统销的,不准民间买卖,综合厂只能利用国有服装企业剩余的边角料,或到收破烂的人处购买,或从各家各户收集服装的边角废料,运回慈溪长河镇,然后让镇里的老太太们脚踏轧花机轧成棉花絮,再用在中国宋朝黄道婆时代发明的最传统的工具纺成棉纱,再用脚踏织布机织成布,生产劳保服装和劳动手套。轧花、纺纱和织布三个环节可以在各自家里完成,解决社员的劳动力剩余问题。当时农民在生产队下地干活挣工分,到年底才能换粮食。而长河镇综合厂能够提供每天 0.2 元现金支付劳动报酬。茅理翔记得各家各户争先恐后地来排队要拿半成品回去加工或者来工厂做工。

1966 年,茅理翔还同时参与创办了棉花籽榨油厂,负责综合厂和榨油厂的供销,与全国国有企业对接。在当时的计划经济制度下,除了完成国家下达的计划任务,是不允许私底下生产其他产品的,包括这些农副产品。只要有市场交易,就被认为是资本主义尾巴。县政府后来到长河镇来调查社队企业,认为茅理翔拿出的毛主席信件是伪造的,并禁止他继续经营企业,直到最后调查确有这份材料。1976 年,宁波还专门设立了社队企业管理局,建立了市、县、公社三级管理体系,正式认可了社队企业。社队企业主要从事为当地农业服务的初级工业,如棕纺厂、农机厂、福利厂,多为简单再生产,很少技术革新和规模扩展。20 世纪 70 年代末期农村体制改革使农民对村落和公社的绝对依附地位开始动摇,发挥家庭作为基本经济单位的作用,使农村的生活水平有了较大提高。当时城市改革还未开始,多样化的市场需求给农村社队企业提供了机遇,所从事的行业也逐步增多,出现了五金加工、塑料加工和棉纺织与化纤针织等与人们吃、穿、住、用、行有关的行业。社队企业为以后的乡镇企业、民营企业的发展储备了技术人才、管理人才和营销人才。这个例子说明,改革开放以后的乡镇企业和家族企业能够迅速发展,至少在沿海省份的地区是有许多社会基础的,这包括人才、信息、知识

---

① 引自茅理翔先生与作者的访谈内容,2010 年 8 月。

和技术等,而家庭家族是这些企业的组织基础。以下我们在第二节介绍改革开放以后的家庭演变,然后在第三节中继续介绍宁波茅氏家族的创业和发展过程。

第二节　改革开放之后家庭的演变

一、影响家庭(家族)制度演变的外在因素

1. 工业化、城市化与家庭制度的演变

我国在解放之初便进行工业化的探索,当时学习的主要对象是苏联,着重于重工业化的发展,经济体制为计划经济,以工业化带动的城市化也在展开。所以说,工业化和城市化对家庭演变的影响并不仅仅局限于改革开放之后。改革开放之后,我国确立了从计划经济转向社会主义市场经济的基本方针政策,工业化、城市化的步伐加速。30 余年来,我国经济持续高速增长,年均 GDP 增长率保持在 8% 以上。就改革开放以来我国的城市化而言,有如下三个阶段:第一阶段从 1978 年到 1985 年,这一阶段城镇人口迅速增加;第二阶段从 1985 年至 1995 年,这一阶段城镇人口处于稳定增长期;第三阶段从 1996 年至今,这一阶段城镇人口进入一个较快增长期。相应地,城市化呈现出三个特点:一是城市数量不断增加,由 1978 年的 193 个发展到 2007 年的 655 个;二是城市人口比重迅速提高,与 30 多年前的 1978 年相比,城市化水平有了较大幅度的增长;三是城市综合实力大大增强,城市经济、产业结构、城镇空间布局、城市基础设施等方面都发生了明显变化,朝着合理化的方向发展。总体来看,工业化、城市化对家庭(家族)的影响体现为以下两个方面:第一是对个体的就业形式产生重大影响;第二是影响了个人的婚姻模式。

工业化的发展降低了家族成员个体对家庭(家族)的依赖性。家族成员个体通过在家庭(家族)之外的就业而获得相应的经济来源,这使得个体成员摆脱了传统父系家庭之下的控制,自主地选择其生活方式,促进了个人的独立。与此同时,成员个体通过外出就业也降低了大家族对一个一个小家庭的影响力。"家庭作为财产继承的重要性让位于它作为一个劳动单位的重要性,这不仅减弱了父母对年轻人的婚姻控制,同样也放松了辈分之间的那种因继承关系而形成的家长制式关系"(李东山,2000)。家庭社会学研究

中的著名学者古德也曾指出，个人通过劳动力市场而获得的经济来源，将削减家长的权威，因为其收入不再依赖于家庭。个体的就业主要由其能力素质决定，家庭的影响因素甚小。而且当通过市场就业的经济来源大于其家庭的经营收入的时候，将会有越来越多的家庭成员外出就业，从而大大降低其对家庭的依赖性。由此，在越是传统的农业生产方式下，家族成员个体就越依赖家庭，而随着工业化的进程，家庭成员可通过劳动力市场获得就业机会，逐渐降低对大家庭的依赖性。

工业化和城市化也影响了个体的婚姻模式。在传统的父系家庭的制度安排下，婚姻的一个主要的功能就是传承家产，家族成员要依赖家庭获得经济收入，则婚姻的当事人就必须接受指定的婚姻。而通过工业化和城市化的发展，个人的独立性越来越强，随之婚姻的自主权逐渐增大。在婚姻自主权增大的同时，由此产生的新家庭相较于传统的父系家庭，由于夫妻关系更加平等，就更加趋向于双系并重的模式。

2. 计划生育政策对家庭的影响

从历史经验看，每当发生重大社会变革之后（尤其是战争），随着社会安定和经济状况的恢复，人口将会出现较快、较大的增长。如在第二次世界大战结束之后美国出现的婴儿潮（baby boom）就是一个例证。我国也不例外，在 1949 年新中国成立之后，我国的人口增长率不断上升。从 1949 年的16‰ 快速增加到 20 世纪 50 年代中期的 23‰，年平均增加人数从 1949 年的 1000 万人增加到 1957 年的近 1500 万人，人口总规模也从 1949 年的 5.4 亿人迅速增加到 1959 年的 6.7 亿人（李文，2010）。人口迅猛增长的态势一直维持到三年自然灾害发生前。三年自然灾害之后，我国人口又恢复了迅速增长的态势。

人口的迅猛增长带来了环境资源等各个方面的压力，人口计划也不得不纳入了国民经济社会的发展规划之中。1973 年，国务院成立了计划生育工作领导小组，明确了"晚、稀、少"的政策方针。在 1978 年 3 月举行的五届人大一次会议上，计划生育政策被写入了宪法，"国家提倡和推行计划生育"。同年 10 月 26 日，在《关于国务院计划生育领导小组第一次全体会议的报告》中，明确提出了"一对夫妇生育子女最好 1 个，最多 2 个，生育间隔3 年以上"。1979 年召开的五届人大二次会议明确提出了"鼓励一对夫妇只生育一个孩子"的政策，同年 3 月 23 日，邓小平也提出"人口增长要控制。在这个方面，应该立些法，限制人口增长"。

1980 年 9 月正式出台了独生子女政策。当时五届人大三次会议于 8

月 30 日至 9 月 10 日在北京举行,此次会议上通过的《婚姻法》中的第 12 条规定提出了"夫妻双方都有实行计划生育的义务"。在法律法规加速出台的同时,在机构的制度安排上,也越来越正规化。1973 年仅仅是国务院成立了计划生育领导小组,继 1980 年 5 月成立了半官方半民间色彩的计划生育协会之后,在 1981 年 3 月的五届人大常委会第十七次会议上决定成立国家计划生育委员会,这样,一个正式的且单独负责计划生育的机构组建了。至此,计划生育政策就被视为了一项基本国策而加以落实。在 1982 年初由中共中央、国务院发布的《关于进一步做好计划生育工作的指示》中明确规定:"国家干部和职工、城镇居民,除特殊情况经过批准者外,一对夫妇只生育一个孩子;农村普遍提倡一对夫妇只生育一个孩子,某些群众确有实际困难要求生二胎的,经过审批可以有计划地安排。不论哪一种情况都不能生三胎;对于少数民族,也要提倡计划生育,在要求上,可适当放宽一些。计划生育工作要继续提倡晚婚、晚育、少生、优生。既要控制人口数量,又要提高人口素质。"近年来,我国对计划生育政策的实施更加正式化、制度化。2000 年中共中央、国务院下达了《关于加强人口与计划生育工作稳定低生育水平的决定》;2001 年颁布实施了《人口与计划生育法》;之后,中共中央和国务院分别在 2007 年和 2009 年下发了《关于全面加强人口和计划生育工作 统筹解决人口问题的决定》以及《流动人口计划生育工作条例》。改革开放以来 30 余年的计划生育政策有效地降低了我国的生育水平,实现了从"高出生、低死亡、高增长"向"低出生、低死亡、低增长"的转变。虽然有学者对人口计生委所说的 30 年少生了 4 亿人的说法有所质疑,但保守估计至少少生了 1 亿人。

二、家庭(家族)自身的演变

改革开放 30 余年来,由于工业化和城市化的进程加速,加之计划生育政策的实施,可以观察到的一个基本事实是家庭小型化,整个社会出现了以核心家庭为主的格局。接下来,我们将从改革开放之后家庭功能、家庭结构、家庭关系和家族观念四方面的演变来论述家庭与家族的变迁。

1. 家庭功能的变化

传统中国的家庭或大家族承担了绝大部分的社会功能,包括经济功能、宗教祭祀功能、对家族成员的教育功能、生育养老功能等。改革开放之前,由于人人民公社、生产大队的存在,家庭的许多功能,尤其是经济生产功能受到了极大的抑制。改革开放后,社会的巨大变迁和经济的迅猛发展对家庭功能的演变产生了重大影响。传统家庭的一些功能已经消失或已微乎其微，另一些功能则重新出现或者得到强化。改革开放以来的家庭功能从单一的生产、生活、生意等向现代、开放、更加丰富的现代家庭功能演变。现代化的工业、教育、福利不断地把家庭的教育、养老、生育功能吸纳过来，完成家庭职能的外移。

改革开放之后，家庭的经济生产功能得到了恢复。20世纪70年代末农村家庭联产承包责任制的确立以及90年代城镇私有经济的发展，使家庭的生产经济功能得到了极大的发展。家庭功能的巨变首先诞生在我国广袤的农村地区。发端于安徽凤阳的农村家庭联产承包责任制改革，成就了当代中国最伟大的经济制度变迁。农村家庭恢复成为主要的农业生产单位，农民在承担国家规定的义务后能够自主支配劳动果实，农村家庭成为一个自我激励的有效生产单位。这不仅极大地释放了农民的生产热情和提高了农业产出，而且活跃了市场经济。以1982年1月党中央批转《全国农村工作会议纪要》为标志，农村家庭经济功能逐渐由极少的家庭内部的主业、副业分工转变为普遍的个人之间的主业、副业分工，由社员家庭副业变为农民家庭经济，而且这种家庭经济对农村经济的重要性与日俱增。在短短几年时间里，农村家庭经济由1978年占比经济份额16%增加到1981年的20.3%（秦其明，1982），供应着全国绝大多数的禽肉初制品。这种家庭经济的特征是以一家一户为一个生产单位，依靠家庭成员的协作来生产和经营。这说明改革开放后，家庭的经济生产功能由单纯的产业集体劳动获得分成回归到正常家庭生产组织形式。

据统计，到1978年城镇个体工商业者为15万人（中国民私营经济研究会，2005），不过他们大多数以"地下"等不符合当时规定的身份存在。20世纪70年代末政府为妥善安置由于"文革"累积下来的城镇待业人口，打破传统做法，开始就业制度改革，大力发展集体企业，加快消费品生产，扩大服务性行业经营范围，广泛组建劳动服务公司。这种就业制度改革，一方面催生了很多"戴红帽子"的私有企业，另一方面客观上政府默许和鼓励原来的"地下"个体工商业者积极开展业务，提供就业机会。1980年8月7日，中共中央转发的全国劳动就业工作会议文件《进一步做好城镇劳动就业工作》率先提出"在国家统筹规划和指导下，实行劳动部门介绍就业、自愿组织起来就业和自谋职业相结合"的方针，开辟了国有、集体和个体多条就业渠道，逐步形成了多元化的就业新景象。1981年10月17日，中共中央和国务院又颁布了《关于广开门路，搞活经济，解决城镇就业问题的若干决定》，提出要大力引导、鼓励、促进、扶持集体和个体经济的发展。这些着眼于解决就业问题的改革为民营经济的发展提供了有利的政策环境,人们压抑已久的创业热情奔涌而出。个体和民营经济的发展大多起步于家庭成员的产业,逐步扩展到家族成员参与,因此,城镇家庭的直接经济生产功能也迅速地恢复了。城市家庭不再清一色地只能通过参与公有单位劳动分工获取经济收入,它们开始更多地直接参与创造就业岗位,获取经营收益,家庭的生产功能不仅得到了恢复,而且有了极大的发展。在这一发展过程中,从网络家庭到企业和企业网络的演化现象逐渐浮出水面。

【方框 5-2】

从家庭/网络家庭到企业/企业网络

网络家庭是指由若干有着血缘关系的同姓或异姓的核心家庭组成的关系网络形式。改革开放之后的网络家庭或家庭网与传统大家庭最不同的是,它们并不同居共财,处在家庭网中的每个家庭相对独立,但又藕断丝连,在日常生活中交往频繁。雷丁(1990)就曾通过对台湾、香港及东南亚华人家族企业 72 位管理者的访谈研究,揭示了华人企业家和企业组织行为的文化源泉。其最重要的结论是"弱组织和强网络"(weak organization and strong linkages)。综观我国的家族企业,可以发现多种基于家庭和家族关系的扩展而建立的网络关系,如亲属—网络—企业之间的资金流、亲属—网络—企业之间的人力资本、亲属—网络—企业之间的项目合作等。

学者朱秋霞博士通过对浙江温州项东村以及山西原平屯瓦村共计13 家乡村私人企业的实地调研发现,网络家庭的作用主要包括两个方面:一是在企业初创时期的资金来源;二是在企业经营管理中的作用。以项东村为例,考察一下网络家庭在企业的创立和经营管理中的作用,可以看到编号为 1 的企业股东是董事长项祖委的 4 个儿女以及 3 个外甥和 1 个外甥女。股东以项祖委的兄妹三家关系为主要纽带。2 号企业的股东关系以王中根和他的兄弟为主。3 号企业则是以叔侄关系为主要纽带的股东构成。4 号企业与 2 号企业类似,股东的关系以颜家的两兄弟为主。在朱秋霞的研究中,5 号企业和 6 号企业的股东是有所变动的,这两个企业的股东关系牵涉的亲属或朋友更多,股东关系是扩大的网络家庭形式。7 号企业与前面的 2 号以及 4 号企业类似,由

浙商研究

项氏三兄弟创办。上述 7 个企业股东之间的关系以夫妻、兄弟姐妹、叔侄为主。作为共担风险的共同体，网络家庭在私营企业初创时的资本积累中起到了很大的作用。从项东村的管理人员来看，以创始人为核心的网络家庭成员占据了企业的关键岗位。担任实际经营业务（厂长）的要不就是创始人自己，要不就是创始人的儿子。在会计这个岗位上，也是与创始人自己关系尤为密切的家庭成员。而且上述任职的家族成员也均是企业的股东。①

除生产功能的恢复和加强之外，家庭的消费功能也得到了增强。改革开放以来的 30 余年，经济高速增长，生产力水平不断上升，扭转了改革开放之前的短缺经济局势。在人们的收入水平不断增加、消费能力不断提高的同时，人们的消费观念、消费水平、消费方式等与改革开放前的家庭消费相比都有了相当大的变化，城镇居民在解决温饱问题之后，开始向小康生活迈进。消费由以往的生存型向注重生活品质型转变。娱乐、旅游等成为新的消费热点。

家庭的生育功能相较于改革开放之前有所削弱。家庭是社会的细胞，也是人类自我繁衍的场所，所以生育仍旧是家庭的基本功能之一。但改革开放之后正式确立的基本国策——计划生育政策将中国家庭的生儿育女纳入了整个经济社会的发展规划之中，家庭的生育功能受到了国家的强力干预。同时，随着社会经济的发展，生儿育女不再是出于"传宗接代"、"养儿防老"这类的考量，更多的则是出于情感上的诉求。生育率在改革开放之后迅速下降，这在前文已有论述。

有所削弱的不只是生育功能，还有家庭的养老功能。一方面，由于家庭结构的核心化和家庭规模的小型化，削弱了家庭养老的功能。随着社会养老机制的逐步完善，家庭的养老功能正在一步一步地由社会接替。但社会养老不会完全替代家庭养老，父母可以独自生活，同时保持与其子女的来往，或与一个已婚子女组成主干家庭。形成"同居养老"（主干家庭）或"分居养老"（分而不离）的养老方式。

家庭的教育功能很难说被削弱或者弱化。虽然随着社会经济的不断发展，我国对教育事业逐渐重视，个人所受的大部分教育是在学校中度过的，这样看起来，家庭教育的外化或被替代十分明显。但自改革开放以来，计划

---

① 朱秋霞：《网络家庭与乡村私人企业的发展》，《社会学研究》1998 年第 1 期。

生育政策使独生子女非常普遍,"子女优先"的观念开始影响家庭关系,家庭重心逐渐下移。从胎教到家教的出现都体现出了家长对子女教育的重视。而家庭的辅助教育功能也在社会化教育之外发挥着重要的作用。

2. 家庭结构的变化

总体来看,改革开放30余年来,家庭结构的变化呈现出多样化、核心化、小型化的趋势。首先来看家庭结构类型的多样化。改革开放之后,随着社会经济的发展,高效快捷的生活方式成了现代人的首选。传统的聚族而居的大家族逐渐消失,取而代之的是核心家庭,即由一对夫妇及其未婚子女组成的家庭,这在后面家庭结构的核心化部分会详细论述。除了核心家庭比例不断上升之外,还出现了丁克家庭、空巢家庭、单亲家庭、单身家庭、非婚同居等多种家庭类型。

随着社会经济的发展,社会竞争的加剧、观念的变化,双收入、无子女的丁克家庭越发增多。丁克家庭的出现首先是工作的原因,生活节奏的加快和社会竞争的加剧使得人们更加关注自身的生存和发展,不愿意为下一代过多操心。观念的变化,受西方发达国家的影响,倡导不生育的文化,这都是年轻夫妇自己选择"计划不生育"的原因。当然也有由于生理上的原因无奈选择丁克家庭的夫妇。而空巢家庭是由于子女外出工作、学习等导致的未婚子女脱离父母独立生活的家庭类型,使得原先的家庭中只剩下老夫妻两人。此外,社会巨大转型对夫妻双方造成心理压力,两性矛盾激化之后,强调个性独立使得离婚率不断攀升,导致由父母其中一方与子女组成的单亲家庭逐年增加。有数据显示单亲家庭以每年2.3%的速度增长(可凌玮、郭学贤,2003)。

随着单亲家庭的增多,家庭残缺将会给未成年的子女造成心理、生理等多方面的不良影响。费孝通在论述家庭关系时曾指出:在过去的历史中,人们似乎找到了一个比较最有效的抚育方式,那就是双亲抚养。而一旦夫妻一方从家庭中分离,孩子从父亲或母亲那里得到的爱抚和教育便会是不完整的,甚至是畸形的。单身家庭也有上升趋势。改革开放以来社会流动的加速,个人因为工作等原因而选择地域迁徙,由此,出现了越来越多的单身独居的家庭。在乡村中,这样的情况更加普遍。我国的大多数农民选择到经济发达的省份地区打工,甚至通过各种方式出境打工。由于种种原因有时难以全家迁徙,所以在广袤的农村地区形成了大量的留守家庭。形成所谓的"386199"部队(38代指妇女,61代指儿童,99代指老人)。非婚同居家庭在改革开放之后也日益增多。男女非婚同居正冲击着已有的婚姻制度,并对当代婚恋观念、行为等产生不小的影响。这类非婚同居从形式上和实质上看似与现实生活中的婚姻家庭并无太大差异，但是同正式的婚姻家庭相比，这类非婚同居的家庭稳定性极差，感情上也并不稳固。

家庭结构的第二个变化是核心家庭比重在我国家庭类型中不断攀升。这一点从马春华等人（2011）对广州、杭州、郑州、兰州和哈尔滨五城市的研究报告中可以看到（如表 5-1 所示）。

表 5-1　中国五城市的家庭结构

家庭结构	2008 年	1993 年	1983 年
单身家庭	10.40%	1.78%	2.44%
夫妇家庭	20.00%	12.07%	66.41%
核心家庭	50.20%	54.34%	24.29%
主干家庭	13.90%	25.28%	2.30%
联合家庭	0.20%	2.19%	—
隔代家庭	2.70%	2.17%	—
同居家庭	0.80%	—	4.56%
其他	1.70%	1.73%	—

资料来源：马春华等（2011）。

马春华等人（2011）的调查结果与刘宝驹（2000）研究的结论相似。在刘宝驹（2000）的研究中，他引用了 1982 年、1993 年、1997 年中国五城市（北京、天津、上海、南京、成都）的追踪调查，通过调研数据可以明显感受到中国家庭的核心化趋势。在 1982 年、1993 年、1997 年三个时点，北京、天津、上海、南京、成都五个城市核心家庭的比例都是最高的。均在 50% 以上。相应的，除了核心家庭之外，主干家庭的比例排在第二位，比例在 15% 到 32% 之间波动。以 1997 年的上海为例，核心家庭最多，占据了 71.88%；其次是主干家庭，占据了 19.63%；接下来第三位的是空巢家庭，达到了 4.88%，可见空巢家庭的比例并不低。其余的家庭类型为单身家庭、未生育家庭、联合家庭、隔代家庭以及其他类型，分别占据了 0.38%、1.5%、0.63%、0.88% 和 0.25%。

家庭结构的变化不仅体现在核心家庭数量和比例的上升，还体现在家庭规模的变化上。总体来看，家庭规模日趋小型化。据相关数据显示，20世纪 70 年代初，中国人平均家庭规模为 4.74 人，1982 年降低到 4.43 人，

1990 年下降到 3.97 人,2004 年为 3.36 人,这些数据反映的是户籍登记时每户家庭的平均规模。通过这些数据可以清晰地看到改革开放以来家庭的小型化。对家庭小型化而言,有学者研究指出改革开放 30 余年实行的独生子女政策是其主要推动力,这同样可以从 2000 年我国的人口普查中得到佐证,其时,25% 的家庭只有一个孩子,这与传统乃至近代的家庭都有着很大的差别。

3. 家庭关系的变化

家庭关系的变化可以从纵向和横向两个方面分析。从纵向上看,由于祖传遗产的消失以及年轻人受教育程度的提高,使得在现代家庭中高权力距离逐步消失,由家长制转向更为民主的氛围。在我国改革开放之后 30 余年,家庭结构的核心化、小型化以及"四二一"家庭生活的出现对代际关系产生了不小影响,代际层次减少、代际关系简化成为当今家庭的新特点。传统家庭的代际关系是较为单向的,上一代对下一代体现为抚育、训诫。而改革开放之后,随着家庭核心化、小型化的发展趋势,这种单向的决定模式演变成了父母、子女之间的双向互动模式,父母对子女的成长具有塑造力,而不是以往意义上完全的影响决定力。下一代对上一代的影响进行自主能动的加工,在其自己的社会行动上,是自我决定者。家庭关系变得更加平等、包容。一方面,虽然父母仍对子女的求学、就业和择偶十分看重,但随着年轻人独立性的增强,父母在家庭事务中的话语权并不是如传统那样的权威。根据对全国九大城市 7000 名老年人的调查表明,父母在"经济开支"、"处理大事"、"子女婚姻"、"子女学习和职业"等方面起决定作用的分别为 54.1%、43%、12.2%、11.2%(关颖,2010)。可以发现,父母在决定子女个人婚姻、学业和职业等问题上的作用明显减弱,而更多的是要由子女本人起决定作用。

传统的家庭关系是以父子关系为核心的纵向结构,纵向联系重于横向联系,横向联系受到纵向联系的支配。角色定位一般是"男主外,女主内"、"男耕女织",即男性主要通过从事社会性劳动获得物质报酬和非物质报酬,女性则是把更多的精力放在家庭和下一代之上,这必将影响她们从社会获得的报酬和地位。女性在传统的中国家庭中大多扮演为家庭利益牺牲、弱化自我的角色。而其改革开放之后,随着工业化和城市化的进程,核心家庭的大量出现以及家庭规模的日益小型化,先前的纵向关系逐渐转向以夫妻关系为核心的横向家庭纽带。随着社会经济的发展,行业、职业的多样化为新时代的女性提供了更加公平宽松的空间,家庭关系由纵向转为横向,一个明显的变化是女性在家庭内部地位的提高,两性角色分配的平等意识加强。如反映在家庭角色的分派上,两性共同分担家务的意愿加强,家庭账务"AA制"、男女双方共同参与家庭管理等成为更多家庭的共识。

1995年中国人民大学女性研究中心有关家务劳动实际行为调查中,以丈夫从事家务劳动为主的家庭比例仍很微小。其中,在做饭的分配上,以妻子或丈夫为主的分别是45.4%和11%;室内打扫为18.45%和6.67%;服侍老人为32.85%和5.35%;教育子女为19.15%和10.15%(可凌玮,2003)。而到了2008年,夫妻双方共同承担家务的情况十分普遍。夫妻在家务劳动和掌握实权的分工如表5-2所示。

表 5-2　夫妻在家务劳动和掌握实权中分工的历史变迁

	调查内容	2008 年	1993 年	1983 年
家务劳动	丈夫为主	4.60%	8.16%	—
	丈夫较多些	5.10%		—
	夫妻差不多	26.80%	23.60%	—
	妻子较多些	28.50%	68.24%	—
	妻子为主	32.10%		—
	其他家庭成员做家务	2.50%	—	—
	保姆/小时工做家务	0.50%	—	—
	合计	100%	100%	
谁掌握实权	丈夫掌握实权	19.77%	20.43%	—
	妻子掌握实权	18.99%	30.68%	—
	夫妻共同掌握实权	60.57%	44.11%	—
	长辈掌握实权	0.58%	3.47%	—
	子女掌握实权	0.09%	1.30%	—
	合计	100%	100%	

资料来源:马春华等(2011)。

4. 中国家庭遇到了前所未有的挑战

自改革开放至今的30余年,中国社会经济发生了剧烈的变革,中国家庭在多重因素的冲击之下处于激烈的嬗变之中。家庭的经济生产功能在改革开放之后得到了恢复和加强,而家庭的生育、养老等功能则出现了不同程度的削减。中国家庭的结构出现了多元化的特征,大家族、联合家庭解体,核心家庭比例急剧上升,其余的家庭类型诸如单亲家庭、空巢家庭、未婚同居家庭等也并不罕见。中国家庭的规模一直在缩小的过程中。一个个大的家庭在现代化冲击下"四分五裂"、天各一方的诸多温州家庭就是一个有力的例证。为了生意而奔波,一家人在空间上被分割,难以团聚。中国的家庭前景堪虞、前途未卜。那么,我们不禁会问,中国家庭还是社会的细胞吗?据《浙商》杂志 2010 年 8 月号,一位在新疆阿克苏地区做生意的温州人给杂志寄来了一封家信,流露出作为生意人的苦恼。在来信中,他讲述了自己常年颠沛流离的"游牧"生活,由于常年在外做生意,导致家庭"四分五裂",与妻女难以团聚,这让他在收获事业成功喜悦的同时,却没有感到丝毫的快乐。在信中,他称自己很笨。《浙商》就是用"温州人笨吗?"这样的标题挑战一般被人们称赞为中国最精明能干的这个群体。这位温州商人的烦恼也引起了众多在外温州人的共鸣,同时也可以看出改革开放高速经济增长的看不见的巨大成本,这是千千万万普通人在每时每刻的压力下所承担的心理成本,具体体现在温州商人抛妻别子,无法过平常的家庭生活。

数据显示,温州 700 多万人口,230 多万人常年在外为事业奔波,遍布于全国和全球 90% 的国家。为了生意,许多温州人无法享受一个正常家庭所能带来的快乐。"四分五裂"的温州家庭示意图(见图 5-1)可以说明这样的状况。戚雪玲(化名,以下均为化名)的父亲戚永杰,离开温州到河北吴桥县谋生,因此戚雪玲出生在吴桥。1986 年,戚永杰举家搬迁到甘肃的武威,戚雪玲 13 岁时自己回到了温州。这个家庭到现在不能团聚:父母仍在武威,哥哥五年前跑到东北开了家鞋厂,剩下嫂子和戚雪玲在温州,戚雪玲的弟弟戚光达则到广东做起了服装辅料生意。再看温州一蔡姓家族"四分五裂"的家庭情况。蔡家兄弟 3 人,共有 9 个孩子。老大蔡修明有 3 个孩子,大女儿和二女儿分别在上海和杭州上大学,小儿子叫蔡松涛;老二蔡修能有一儿一女,老三蔡修通有三女一儿。兄弟 3 个如今都在做生意,蔡修明在甘肃平凉,蔡修能在宁夏固原,蔡修通在甘肃庆阳。三兄弟是每年轮流回家。兄弟三人还有 5 个堂兄弟,也都在西部做生意。三兄弟的孩子都跟着父母从小在西北生活、上学,只有蔡修通的二女儿蔡亚妮在老家跟着爷爷奶奶住,如今在老家的三合中学上初一。

实际上,妻离子散的不仅仅是外出做生意、当老板的温州人,许多背井离乡的农民工也是常年家庭难以团聚,由此造成更多的社会问题。保守估计,进城务工的农民工超过 2 亿。据 2008 年 5 月 13 日新华网的报道,由于父母外出打工而造成的农村留守儿童已达 5800 万之多。父母常年外出打

浙商研究

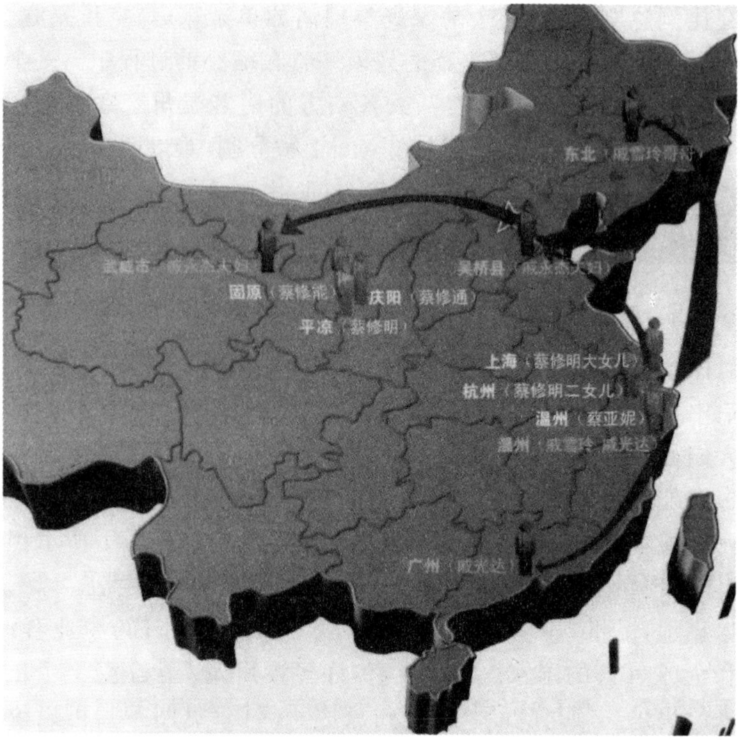

图 5-1　"四分五裂"的温州家庭示意图

资料来源：引自《温州人真的笨吗?》，《浙商》，2010 年 8 月刊。

工，家庭难以团聚，孩子长期得不到父母的关爱和教育，孩子的健康成长缺乏基本的环境。北京师范大学社会发展与公共政策研究所的一项调研表明，留守儿童中，父母都打工的占 55.3%，一方打工的占 44.7%，和祖父母居住的占 37.98%。同时 60% 的教师认为，父母出去打工的孩子情绪很不好。在这篇报道中，记者例举了一个极端的个案，安徽省太湖县一位年仅 12 岁的少年章某与爷爷告别后，自缢身亡，在留下的遗书中，他透露了父母每次打工离去都会使他很伤心，这也是导致他自杀的原因。由此可见，家庭的支离破碎并不是一个少见的现象。

5. 家族观念和活动的逐渐恢复

社会经济发展的同时，催生了越来越多的社会组织机构，如学校、医院、社会福利保障机构等。以往传统家庭中的许多职能由于这些组织机构的出现而逐步外化，许多社会的生产活动以及社会生活都逐渐脱离家庭，变为由相应的社会机构完成。社会的稳定不仅仅取决于家庭的稳定，更多的则取决于社会和经济发展的部门机构。学校的建立使家庭的教育职能外化,社会福利保障机构的设立使家庭的保障职能减少。在社会凝聚力增强的同时,家庭凝聚力则不断减弱。社会经济的迅速发展使得人们的社会交往急剧增加,人际交往突破了亲缘、地缘关系,向业缘等方面扩大。与此同时,个人的生活也更加依赖于社会活动而不是家庭生活,个人的生活方式更易受到社会传媒的影响,个人的人生目标、成就感、人生价值等都是在社会活动中实现,而不是在家庭中实现的。此外,当生产活动和家庭生活分离之后,人们的主要活动场所是其生产单位。工作之外的社会闲暇活动场所也不断增多,如公园、影院剧场、茶座等成为了人们享受八小时之外的娱乐和社交的场所。在现代化的进程中,个人的社会地位不再像传统社会中那样取决于家庭,而更多的是取决于个人的教育、职业、努力、收入等因素。当然,家庭对个人社会地位的"起跑线"影响仍旧存在。但总体来看,家庭的社会地位对个人社会地位的影响由强变弱,影响的方式和手段也由直接变为间接。以上种种,不可避免地会导致在社会对个人的吸引力增大的同时,家庭对个人的吸引力缩减,现代人也更加产生非家庭主义的观念,未婚同居、单亲家庭等家庭类型的出现和上升成了人们不依赖家庭的表现。

家庭不再是一个一成不变的群体,而是一个处于不断变动中的社会组织。家庭的社会地位可能有两种发展的可能性,一种可能性是,随着社会经济的变革,家庭的社会地位已然发生变化。家庭功能、家庭结构以及家庭关系的变化是其社会地位发生变化的外在表现。在这样的情况下,只有正确认识当今社会中的各种家庭现象,才能制定出更合时宜的家庭政策。另外一种可能性是家庭在社会中的地位并未发生本质的变化,它仍然是社会的细胞,只是因为社会经济的发展变迁,家庭的非核心的一些要素为了适应外部的变化而发生了演变。写信给《浙商》杂志的那位温州商人也是在对家庭和事业反思的过程中才有上述行为的。而温州人重修祠堂、修家谱的行为就是一个有力的佐证。这些修祠堂、修族谱的温州人大多是企业家,在富裕起来之后希望光宗耀祖、名扬故里,这些行为客观上促进了家族主义的复归,回归传统文化。家族除了血缘的联系,又多了经济上的连带。

按照冯尔康教授的观点,18世纪以来的300年,是中国社会剧烈变化的现代化转型的时代,家族在社会变革中受到严重的冲击。清代家族活动较为活跃,热衷者企图实现"尊祖敬宗收族"的理想,团结族人,实现自我管理,依附于政府,成为忠诚的民间群体。家族在20世纪上半叶迭遭舆论的批判和政治力量、战乱的冲击,呈现衰败之象,下半叶的前30年被政府视为

浙商研究

异己力量而受到打击。20世纪70年代末期以后家族有了一定的复活。面对社会的变革和自身的遭遇，家族显示出较强的适应能力，不断地进行自我调整与革新，也随着社会的现代化，向着现代社会的民间团体方向演变，经历着从宗法性的、血缘的、集体本位的群体，朝着个人本位的血缘群体或同姓社团这样两个方向演化或异化，但是这一过程远远没有完成。① 中国家庭未来命运如何，我们拭目以待。

第三节　中国大陆家族企业的产生与发展：以慈溪茅氏家族为例

在本节介绍中国大陆家族企业的典型代表茅理翔先生和他创办的企业之前，我们先介绍他的家庭背景和父母亲。茅理翔的父亲茅长明，1909年出生于浙江余姚县历山乡黄沙湖村一个世代以小商人为生的清贫而又有点书香气氛的家庭，祖父茅尔桢任职于粮行。黄沙湖村原本是一块荒无人烟的自然岭地，元末明初茅氏家族迁入该地，从此茅家祖辈在这里繁衍20代合计600余年。靠山吃山、靠水吃水，每年秋季族人合伙上山修枝砍柴，多余山柴拿出村落换取盐和其他生活日用品，另外山多地少，还利用山地开辟桑园养殖，湖里放养鱼虾，自然经济，自给自足。新中国成立后才陆续有少量异姓迁入。

茅长明兄妹7人，他排名第六。适逢晚清明初军阀混战经济凋敝，他在13岁那年离开父母，去百里外的宁波一家叫"奇香居"的糖果蜜饯店当学徒，并且还与店主签订协议，三年不准回家，在商店烧水、端饭、看门、打杂、睡地板。他勤奋好学，可以同时左手算盘、右手书写，甚为得力。学徒期满，他又帮工一年，此后在三阳南货号、庚记草帽行、房昌记商号等商店做店员兼记账。因其快速算盘和漂亮的小楷，人称茅先生。在庚记做账房的茅长明24岁时，在父母亲操办下迎娶张鹤卿为妻，后育有茅理荣、理开和女儿理英。而在茅长明成婚当年和第二年，父母先后病故，1938年妻子张鹤卿突发伤寒病也去世，留下7岁、5岁和3岁的三个孩子。此后，茅长明从黄沙湖村搬去岳父家长河镇帮助照料老人，也方便在长河工作。1940年，小他10岁的孙亚娥克服世俗偏见，与茅长明组建家庭，承担其养育三个幼子的

---

① 冯尔康：《18世纪以来中国家族的现代转向》，上海人民出版社2005年版，第6页。

重担,后又生育茅理翔、理梅和理军三子。抗战前后,草帽原料金丝草产地菲律宾被封锁,长河草帽行关门停业,茅长明脱下长衫务农。抗战结束后,他带着15岁的长子茅理荣,依托兄长前往上海谋生,先后在化妆品厂、灯芯绒厂做记账员,甚至租店面做零售水果生意,但因后来内战爆发,物价飞涨、货币贬值,上海作为战场之一,经济动荡,只好歇业返乡,留下理荣在工厂当学徒。

直到全国解放和土地改革后,茅长明一家分得瓦房两间,从此才告别居无定所、四处租屋的困境。而茅长明回长河镇后继续失业,收入无着,全靠妻子孙亚娥白天做针线、晚上编草帽和织布,养活另外五个未成年的孩子。茅长明二子茅理开成年参军后,茅家成为军属。茅长明被安排到县民政系统组建的泗门荣属福利工厂,任主办会计、兼业务主管,包括跑销售。工厂开工之初,用手工棉纱,染成彩色纱线,织成五彩床毯,但苦于无法销售。茅长明跑到上海,住澡堂、吃街头阳春面,通过已经扎根于上海的长子茅理荣,找到交易所,最终与来自甘肃兰州的供销社接洽,以每条5.99元的价格成功推销出第一批产品。1961年,工厂生产的土帆布又面临滞销,工厂资金周转都困难。茅长明交接了会计工作,又跑到数千公里之外的河北去推销。接待方热情好客,按照当地习俗,要通过喝酒的方式表明生意的诚意。茅长明最后硬是没有喝酒,但最后还是谈成了生意,把滞销的帆布卖了出去。生产效益逐步改善的福利工厂,成了令人羡慕的好单位,亲朋好友托茅长明进这个工厂,但都被讲究原则的他婉拒了。工厂离家很远,茅长明作为主管会计,又是物料保管,最早上班,最晚下班,并且住在工厂,除了留一点生活费之外,大部分的钱都汇回家。在这家福利厂,颠沛大半生的茅长明一干就是20年,直到71岁时因为跌倒骨折才正式办理退休,离开工厂。茅长明退休生活中不离身边的是一个收音机和一个闹钟,与儿子茅理翔一家同住。

1941年11月出生的茅理翔排行第四。在他的记忆中,勤劳的母亲给予他的不仅仅是生命更是勤劳与乐观的生活态度,父亲在外工作,收入不稳定,母亲接了一些裁缝和女工的活补贴家用,有时候整个晚上不睡觉就在一针一针地给人家缝衣服。对于茅理翔来说,20世纪40年代是个充满着饥饿与恐慌的童年时代,接着是一个缺少依靠和兄弟自强的少年时代。茅理翔记得有一个夏天的晚上,他与伙伴晚上玩清兵捉强盗的游戏,他和其他一个伙伴黑夜里奔跑撞在了一起,自己头上当时起了一个很大的疙瘩,而人家个子小,头给撞破了,缝了12针,在地上打滚哭闹,人家的医疗费外加营养费,茅家要赔人家 150 斤谷子,这个数字几乎是父亲一年的收入。母亲第二天一早去了四户要好的人家,才凑到这些谷子。回来后母亲狠狠地打了茅理翔一顿,但打完以后母子俩抱头痛哭,母亲说:"以后你要好好为家争气。"直到现在茅理翔还记得这句话。

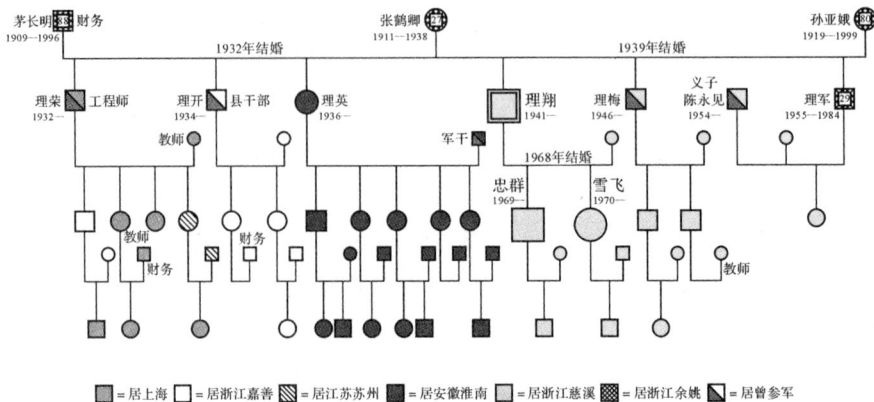

图 5-2　茅理翔家族关系图

无论是在社队企业跑供销还是后来在 80 年代创办乡镇企业,茅理翔 20 多年来几乎天天都在全国各地跑,千方百计接生意、找市场,以销售指挥着当时企业的生产。1979 年在从上海到北京的火车上,作为供销员的茅理翔在与旁边座位的陌生人的聊天中了解到对方是无锡无线电厂的采购员,这个采购员刚从上海星际无线电厂通过关系拿到自己厂里急需的、用于电视机高频头上的定触簧片。看着对方说到采购了 50 万只定触簧片时的那种得意洋洋,茅理翔觉察到商机,马上联想到了自己企业的出路,于是他先套交情,再讲缘分,最后用两盒香烟向对方换了 10 个定触簧片。本来是要到北京的,茅理翔在无锡就下车,然后连夜赶回上海,他要再次确定产品是否真的紧俏。他一早就到上海星际无线电厂供销科假装去订货,又跑到上海金陵无线电厂,拿出香烟换来的定触簧片,假称是自己生产的,人家对产品非常有兴趣,也不管是国有企业还是乡镇企业,说有多少他们要多少。这就是当时的中国经济,国有企业不能满足所有的市场需求,这给勤奋的草根企业们以源源不断的订单。茅理翔回慈溪社队企业,马上拍板生产定触簧片,克服技术和材料关,试制成功,以更低的价格,大批量生产,国内该产品很快被他的乡镇企业垄断。茅理翔成了地方上的"能人"。

1985 年,乡镇企业实行厂长聘任制,选拔有能力、善管理的人担任企业负责人,一批大胆进取、有市场开拓精神的乡镇企业家阶层逐步形成。茅理翔开始了第一次创业,创办慈溪无线电九厂,产品还是定触簧片。这个工厂,从创办之初就冠之以乡镇企业的"红帽子",但地方政府没有出过一分钱。恰恰是在成立工厂之后的第二年,国家实行了宏观调控,乡镇企业一下子陷入举步维艰的境地,连续八个月发不出工资,刚创业不到一年的茅理翔身边一下子走了赖以信任的副厂长和八个技术员,创业失败的阴影笼罩在茅理翔身上,也笼罩着茅氏家族。茅理翔的妻子张招娣原来在针织厂当技术副厂长,企业生意红火,工资收入高。后来她决定支持丈夫,辞职后担任了慈溪无线电九厂的副厂长,管理工厂的生产事务。这一下子,两个人都拿不到工资了。将全家的身家性命全部压在企业的茅理翔四处寻找商机。在当时计划经济的年代,国有企业生产什么、生产多少都要按照政府的计划安排,产、供、销都在计划体制内,乡镇企业很难参与其中。茅理翔找到了国有企业不愿生产、国家计划又无法覆盖的产品——为传统煤气灶配套的电子点火枪。学技术,挖工人,找销路,当年投产就获利 20 万元,并获得浙江省名优特新产品金鹰奖。这对于当时名不见经传的无线电九厂这样的小型乡镇企业来说是巨大的成功和鼓励。

国内有限的市场制约着企业进一步做大。国际市场的开拓,对于当时国内的民营企业来说还尚属探索阶段。首先,民营企业无法获得自营出口的资格,要出口必须交给国有的外贸公司来操作,利润被瓜分;其次,不了解国际市场信息,就连广交会的门对民营企业来说也是紧闭着。跑过 10 年销售的茅理翔在 1989 年第一次进广交会还是偷偷溜进去的。茅理翔从海外拿到的第一笔订单来自于会讲中文的马来西亚华商。外国客户原本以为只有韩国或中国台湾才能生产的点火枪,在中国也有生产,而且价格更便宜,所以第一次参加广交会,茅理翔就带着 8 万美元的订单满载而归。

1994 年,生产点火枪并连续 6 年产销量世界第一的飞翔集团面临恶性的价格竞争,前一年点火枪平均单价还是 1.2 美元,可这一年广交会上的单价只有 0.3 美元,茅理翔的企业亏损越来越大。情急之下,跑供销找市场的茅理翔想到了更换产品。当时整个宏观经济又处于从紧的调控中,乡镇企业内忧外患,焦头烂额的茅理翔此时想到了儿子,他相信这位理工科高材生的眼界和踏实肯干。"打虎亲兄弟,上阵父子兵",家族企业的优势再次显现。当时,在茅氏家庭,性格外向的女儿和女婿放弃了医院和银行的"铁饭碗",接收点火枪业务,技术副厂长出身的妻子在帮助筹备和管理新上马的工厂。但是这次产业转型和家族再创业需要儿子。

儿子茅忠群是上海交通大学的工科硕士研究生,原本准备赴美国继续

浙商研究

攻读博士学位。作为一个自中学开始就成绩优秀的他对学术兴趣甚浓，研究生中同学多数都是出国继续深造，当年小茅还没有想过回慈溪这个小地方发展。在寒假回家的一个月，茅忠群了解了做企业的不易和父亲的辛劳，也感受到企业目前面临的困境和作为茅家长子身上担当的责任。研究生的最后一个学期做论文之余，他就干脆回到了慈溪家里，在父亲的工厂下车间，陪父亲去银行、跑客户，多听多学。有自己思想的茅忠群明白了目前企业产品的前景后，和父亲母亲做了一次详谈，26岁的茅忠群正式同意毕业后回家，在父亲的飞翔集团担任一年的副总经理。茅忠群认为点火枪业务必须转型，新的业务核心市场需要认真调查后再确定，并毫不含糊地向父亲提出了三个要求：一是公司必须搬出长河镇；二是基本不带老员工，三是重大决策由自己说了算。茅忠群经过认真的市场调研、分析研究和与父母的多次交流，决定上马油烟机。当时油烟机市场上尽管有国际顶级品牌厂家如西门子公司的产品，国内品牌有帅康、玉立、老板三足鼎立，另外还有250家大大小小的油烟机公司，但是小茅认为这些产品与中国消费者的需求都有距离。现有国内企业的技术都是模仿国外产品，而符合中国煎、炸、炒容易产生大量油烟的厨房用品还没有，如果能够创造符合中国烹饪特色的吸油烟机，前景非常看好。于是，茅忠群与父亲合作创建了方太集团，向抽油烟机行业进军。方太集团产生和发展的事实说明这些分析判断是非常有远见的。通过10多年的努力，方太油烟机成为年销售额22亿元，品牌价值超50亿元的国内著名品牌。

对于家族内部的产权安排，茅理翔提出口袋理论——口袋与口袋之间要分清楚，防止家族纷争。在茅理翔看来，夫妻俩和唯一的儿子茅忠群是同一个口袋，而女儿成家独立后，家里就变成两个口袋，分开经营，对于茅氏企业，女儿可以持股方太的股权，但不能参与经营，不能来做副总经理。由茅氏夫妻和儿子茅忠群构成的是完整的一个口袋，拥有方太集团的大多数股权，另有6%由从方太创办伊始就任职的高管持有。2001年，茅董事长的夫人张招娣为顾全大局，辞去副董事长、副总经理、工会主席的职务，将生产权、采购权放给了生产总监和采购部长，完善了管理体制和预算制度，互相监督，通过授权提高经理人的管理职权，提高职业经理人的自我管理能力。2002年，茅董事长对公司内部所有经营方面的决策也不再管，彻底交权。他提出当兄弟姐妹变成两个口袋时，如果双方均有能力、有意愿去独立经营，最好分开经营。对于家族企业来说，其他家族成员自己去创业是好事，但是必须要有保障和保险机制。如果创业失败，一般来说不合适再回归企业,否则又会重归原来状态。口袋不清楚了,会影响企业经营。目前,茅理翔是公司的董事长,夫人张招娣是公司的监事长,但都不直接参与公司的经营指挥,否则容易形成多中心,导致经营管理不畅。茅理翔说:"坚持家族所有,但要淡化家族制管理。淡化即是对原有亲戚朋友温暖情感的舍弃,引入冰凉的规则,事实上会导致家族情感的破坏,影响家族团结。千万不要激化家庭矛盾,以一些补偿方式摆平其他家族成员的诉求,否则会影响企业的发展。淡化家族制的时机要稳妥,把握火候。中国传统文化中有树大分枝的说法,兄弟姐妹还是应该要分立开来。这对生产力将是一种极大的解放。"目前的方太,除了董事长和总裁由茅氏父子担任外,其他中高层管理人员没有一个家族成员和亲戚,都是外聘的专业人才。

茅氏家族在经营方太集团过程中在所有权上坚持家族制,在管理权上淡化家族制;虽然只有一子一女,还是用"口袋理论"来分清兄妹的产权。这些做法虽然与后面介绍的中国港台和东南亚国家的华人家族企业的做法有很大不同,但是"口袋理论"在中国大陆依然有一定的实用价值。在后面的章节中,我们将讨论中国内地的家族企业的基本状况和面对的挑战。

浙商研究

第六章　中国家族企业的发展现状及其贡献

第一节　中国家族企业的发展状况和特点

一、中国家族企业发展的概况

1. 家族企业规模小数量大

中国家族企业长期隐没在私营企业的庞大群体之中，对其比重一直缺少准确的估计。最近根据第九次私营企业抽样调查推出的《中国家族企业发展报告》揭示，绝大多数中国私营企业由企业主及其家族控制。此次调查的大样本中家族企业（由自然人及其家族绝对控股的企业）数量占私营企业数量的 85.4%，①提示从总量上估计家族企业是一个数量庞大的群体。然而总体来看，这是一支主要由小舢板组成的大舰队，大多数家族企业属于小微型企业。在第九次私营企业调查抽样家族企业中，所有者权益在 1000 万元以下的家族企业占 75.2%，销售收入在 1000 万以下的企业占到了 58.4%，有近 70% 的家族企业全年雇用的员工在 100 人以下。家族企业数量大规模小的一个重要原因是大部分企业还处于创业成长阶段。

外部融资渠道长期受阻也限制了家族企业的成长。近年来资本市场的放开，将助推家族企业规模的成长，有助于中国家族企业未来在规模结构上渐趋均衡。2004 年中小板和 2009 年创业板的先后启动，以及境外上市通

---

① 考虑到此次抽样调查访问的绝大多数企业为未上市的中小企业，该《报告》采用了家族控股作为判断家族企业的标准，即个人及其亲属所持有的股权大于等于 50%。

道的打开,给予了中小家族企业借助资本市场获取外部资本、迅速做大规模的机会。据《福布斯》杂志的最新统计,有 188 家家族企业在 2005—2010 年间(统计截止到 2010 年 9 月)进入资本市场,其中 145 家在中小板上市,37 家在创业板上市,而且 IPO 的家族企业呈逐年递增趋势,2008 年有 29 家,2009 年有 43 家,到 2010 年截止统计时已有 69 家。① 资本市场也助推了家族上市公司市场价值的提升,根据《理财周报》2011 年 7 月发布的家族财富榜,上榜家族都控制着上市公司,处于第 100 位的蒋仁生家族股权市值亦有 71.79 亿人民币。上市的财富效应也吸引了更多家族企业借助上市融资谋求发展,当然更多的优秀家族企业还是选择了远离股市的策略。

2. 家族企业多属创业型企业

家族是创业企业的理想孵化器,在企业初创和早期成长阶段企业从家庭或家族获得人力资本、财务资本和社会资本等多方面的支持。正是由于这个原因,家族企业在年龄和地域分布上都体现出与创业活动密切关联。在第九次全国私营企业调查的家族企业子样本中,企业平均经营年限为 8.8 年,一半以上的企业(占 59%)成立于 2001 年之后,表明样本中多数家族企业处于初创和早期成长阶段。相似地,创业活动活跃的东部地区也成为家族企业最为集中的地区。第九次私营企业调查的家族企业样本企业中有 56%集中在东部沿海省份,中部省份占调查样本的 24%,西部省份占 20%,仅江苏、广东、浙江、山东、上海和湖北 6 个省市的家族企业就占了样本企业总数约 41%。

由于相当多的创业企业背后都有家族的支持,家族对创业企业股权的控制亦表现得十分明显。根据刘纪鹏对 212 家创业板上市公司的分析,其中 200 家企业都是家族企业,发行上市前第一大家族股东平均持股比例高达 54%,持股超过 70%的有 51 家,50%~70%的有 64 家,30%~50%有 61 家,30%以下的仅有 23 家,其中雷曼光电公司李跃宗家族,发行前持股 99%,发行后持股 74%。②

---

① 《福布斯》杂志采用的家族企业定义较严,包括对上市公司的"实际控制"和控制者的"家族性"两个指标,如果仅从股权控制来考察,上市家族企业的数量应多于该杂志的统计。

② 刘纪鹏:《创业板问题实质是家族上市公司一股独大》,《经济参考报》,2011 年 5 月 23 日。

3. 家族企业集中于劳动密集型行业

中国家族企业的成长路径受到政策环境的约束,一方面战略性行业和大多数资源性行业未向民营资本开放,或存在无形的政策壁垒,另一方面企业在创业成长的过程中缺少外部资本的支持。这使得中国家族企业不得不走上更多依赖自身积累求发展的战略路径,从劳动密集型行业切入,逐步积累起资本后再向资本密集型行业发展,或在具备相当的资本积累后尝试进入政策壁垒较高的行业。

当前家族企业的行业分布既反映了政策环境的约束,也反映出家族企业群体资本积累的状况。第九次私营企业调查的数据显示,样本中家族企业的主营业务主要集中在制造业、批发零售、农林牧渔、建筑业和住宿餐饮等竞争性和劳动密集型行业,其中主营业务属于制造业和批发零售业的企业分别占 40.7% 和 24.8%。不少企业积累起一定的资本后,主营业务开始多元化,向资本密集和政策壁垒较高的行业进军。在第九次私营企业调查的家族企业子样本中,有 22.2% 实现了主营业务的多元化(进入两个及以上行业),对民营资本开放且资本密集的房地产业成为家族企业业务多元化的重要选择,主营业务跨两个行业的企业中有 12.1% 涉足房地产业务,而主营业务跨三个行业的企业中有 31% 从事房地产业务。当然这也与房地产业近年来利润较为丰厚有关。销售收入均值达到 1 亿以上的家族企业主要分布在采矿业、建筑业和房地产业,其中房地产企业的销售收入最高,均值为 63391.61 万元。在净利润方面,房地产和采矿业是利润最高的两个行业,均值分别达到 3774.95 万元和 1689.65 万元。

还有一些家族企业寻求业务"重型化",进入资本壁垒和政策壁垒都较高的行业,如东方希望由饲料业进入电解铝行业和长期由国有企业垄断的氧化铝行业,均瑶集团进入了航空业。预计未来随着"非公 36 条"的深入贯彻落实和家族企业的业务转型,家族企业的行业分布会更为均衡。

二、现阶段中国家族企业的深层特征

1. 渗透着创业精神

现阶段大多数中国家族企业仍由第一代创业者控制和管理,他们基本上都是从白手起家的状态开始创业,亲历创业艰辛,对企业有强烈的感情。这使得他们具有非常强的事业心和奉献精神,也构建了中国家族企业的竞争力。第九次私营企业抽样调查的数据显示,超过九成的家族企业主在企业成立时超过 25 岁(剔除了改制的企业),暗示了大多数企业主是企业的创办人。数据同时揭示他们对企业非常投入。家族企业领导人用于管理、联系业务和经营关系的时间平均达 10.4 小时,用于个人休息的时间还不到 8 小时。创业者们对所创立企业的强烈情感,让他们的心与企业的发展紧紧联系在一起,这在一些典型的创业者身上体现得尤为明显(见方框 6-1 创业者黄富强)。

因此,中国家族企业能否保持竞争力很大程度上取决于继任者是否能够延续第一代的创业精神。在优裕环境中成长起来的第二代,并非都是社会舆论普遍贬抑的"富二代"(纨绔子弟),其中不乏能够承接前辈创业精神的精英,引领了企业的二次创业,开拓新业务,给家族企业提供了战略转型的契机。方太的茅忠群和李锦记的李惠森是其中典型的例子。茅忠群与父亲合作创建方太,实现了业务由打火枪向抽油烟机的转型;李惠森创立无限极(原南方李锦记)也让家族拓展了更富成长潜力的健康产品业务。由于家族具备教育后代的社会功能,并在传承文化价值观上具有优势,认真的培养和继任计划有利于发挥企业家族在延续创业精神方面的优势。联想集团的董事长柳传志就曾说过:"联想要做一个没有家族的家族企业,因为家族企业更能让继任者有事业心。"

【方框 6-1】

创业者黄富强

有学者曾用父母与子女来比喻创业者与自己所创办企业的关系,这个比喻恰如其分地描述了创业过程所形成的创业者对自己企业的强烈心理所有权和深厚情感。广州黄振龙凉茶有限公司创办人黄富强的心理体验生动地诠释了创业者与企业之间这种紧密的心理联系。黄富强在接受访问时谈到:"'黄振龙(这个企业)'就是我的儿子。他发烧感冒,我就着急,就全身不舒服。""我真真正正把它当作我的生命,它就是我自己。"

为事业黄富强牺牲了自己的休息时间,"应该说做了黄振龙凉茶之后我都没有休息过","除了工作之外,在这十几年间我完全将我人生最有用的都投入到里面了。所以我现在没什么朋友,不可以像以往(指未创办黄振龙凉茶之前),我们每个周六坐在一起打麻将,一起玩"。媒体的报道也描述,"平时不到晚九时,他不会离开办公室,他时刻关注着全公司方方面面,包括人们往往会忽略的细节。他如此钟情于工作,因为工作连接着他的理想和追求,因此工作对他永远意味着快乐"。黄振龙凉茶发展到今天,已有1000多家门店,黄富强仍坚持走访每一家门店。每天第一个品尝工厂熬制出来的凉茶,是他创业精神的生动写照。

(引自《中国家族企业发展报告》,中信出版社即将出版,有删改。)

2.管理决策权集中于创业者

管理决策权集中于领导人是创业者控制和管理企业的典型特征,这在中国家族企业中体现得尤为明显。由于大多数中国家族企业尚处于创办人的控制之下,两权合一和控股地位使企业主能够免受企业内、外部的约束,而创业者对企业强烈的心理所有权亦使他们更重视控制企业的管理决策。在第九次私营企业抽样调查的家族企业子样本中,由企业主亲自担任总裁或总经理的企业占据了有效样本数的绝大多数(84.2%),只有占有效样本数的7.9%由职业经理人担任总经理。企业主在管理决策中的集权也显而易见。在超过一半(57.6%)的家族企业中重大决策由企业主个人做出,在73.5%企业中日常经营决策是由企业主个人做出。虽然这种情况有利于企业快速做出决策,但同时也容易加大决策错误的风险。株洲太子奶倒闭就是一个典型的例子,创办人李途纯一手把持着企业的经营决策权,排斥外部投资者的管理参与,为追求高速成长做出了激进的扩张决策,却无人能劝阻,最终导致太子奶在剧烈变化的环境中崩盘。李途纯的专权与光明乳业(一家大型国有上市公司)王佳芬对集体决策的重视形成了鲜明的对照。

企业主的过度控制也可能阻碍企业实现"管理革命"。雷丁(1993)对此曾有深刻的评论。他指出华人家族企业中的普遍观念是只有老板才拥有最终的权威,而这导致了权力不可分享性,导致华人家族企业向管理职业化的过渡变得更为艰难。调查中绝大多数中国家族企业都未聘请职业经理人,也缺少相应的意愿,在未聘请职业经理人的家族企业中仅18.1%的企业有意在近期聘请职业经理人。企业的决策权高度集中于企业主个人,无法分享和授出,当企业对管理能力的需求超越企业主自身能力时,企业主自身就成为企业进一步成长的障碍。在香港上市的汇源果汁就遇到了这样的问题,在上市前后的急速扩张过程中,过于集权的朱新礼不堪管理的重负,只好寻求将自己一手带大的汇源像"猪"一样甩卖。

3.管理团队家族化和泛家族化明显

家族涉入管理较普遍是现阶段中国家族企业的又一个重要特征。对于绝大多数尚处于创业成长早期的中国家族企业,家族成员参与管理不仅为企业提供了稳定的低成本人力资本,也在一定程度上缓解了企业成长中的管理能力供应问题。第九次中国私营企业抽样调查的数据显示,家族成员参与管理(即企业董事会或高管团队中除企业主以外至少有一名家族成员参与)的企业占私营企业的55.5%,而样本中有34.6%的家族企业将"成本过高"作为不聘请职业经理人的主要原因。这暗示家族或家庭生产功能的发挥在企业成长的特定阶段可能具有积极意义。

中国社会的文化和制度环境导致了不少家族企业停留于家族式管理。现阶段中国法律制度环境尚不完善,合约实施的成本较高,代理人背叛的潜在成本高昂,加之中国人对陌生人信任不足,人际信任在家族内外差异明显,不少家族企业主选择让亲属出任管理职务,并保持着对关键岗位的家族控制,上述样本企业中38.1%企业的财务负责人、40.1%企业的采购负责人、28.2%企业的销售负责人仍由企业主家族成员担任。这种安排的潜在问题也很明显,即家族成员的能力很可能无法满足企业成长对管理能力的需求。

家族企业解决控制与代理能力冲突的方式是泛家族化,即邀请与企业主有较近连带关系的人,如朋友、同学等加入管理团队,并通过关系运作活动进一步密切与他们的关系,从而在利用其管理能力的同时避免企业失控。在第九次中国私营企业抽样调查的家族企业样本中,有7.3%的企业由企业主的朋友和同学等主管企业的销售,6.7%的企业由这类人主管研发,7%的企业由这类人出任生产经理。家族企业领导人往往非常关心自己重视的非家族经理的个人生活,借此加深与他们的情感联系。

【方框 6-2】

不是家人的"自家人"

香港李锦记集团有着深厚的家文化,家族企业领导人对员工的关心并不局限于家族成员,而是延伸到企业内的非家族成员。李锦记集团群体事务部负责人黄秉玉先生常驻北京工作,一次他偶然提及不习惯吃北方的大米,于是李惠森先生等家族成员到北京出差,常常会顺便看望他,给他捎去他喜欢吃的南方大米。家文化的渗透给通常冰冷的组织关系增添了家庭般的温情,不仅增强了非家族成员对组织的认同感,也拉近了他们与家族之间的情感距离。黄先生曾谈到,虽与李锦记家族在血缘身份上有别，但感情上就像是一家人。黄秉玉先生从加入李锦记后，就留在这里并工作到年近七旬才退休。

4. 成本控制力与企业绩效

家族企业的重要特征是所有权和管理权的统一，这使得家族成员的利益与企业的利益紧密联系在一起，为企业节省了代理成本，能够帮助家族企业实现更好的经营绩效。现阶段的中国家族企业不仅节省了代理成本，更获得了创业者的管家精神（stewardship spirit），因而具有很强的成本控制力，能够在不利的经济环境中保持良好的绩效。从家庭或家族的功能来看，这意味着其生产功能仍在某些条件下具有效率优势。在中国东部发达地区的产业集群中，市场网络将大企业和众多的中小家族企业联系起来，大企业接到订单后会将相当部分的生产活动和支持性服务外包给这些家族企业，这种协作网络反应快速而富有效率。在这个意义上，以家庭或家族为基本生产单元的网络化资本主义也在某种程度上支持了中国私营企业的竞争力。

从第九次私营企业抽样调查的数据来看，样本家族企业非生产性的成本——公关招待费平均控制在销售额的 3% 以下，而非家族企业公关招待费占销售额的平均比重超过了 8%，从一个侧面反映出了家族企业更强的成本控制力。卓越的成本控制力可以解释为什么大量家族企业能够在餐饮、零售等强竞争、低利润率的行业中存活下来。这种成本控制力也可以解释为何家族企业能够在不利的经济环境中生存发展。第九次全国私营企业抽样调查的结果显示，虽然经历了 2008 年全球金融危机，家族企业在经济的巨大波动面前仍然显示出了顽强的生命力和成长活力。从 2007 年到 2009 年，样本家族企业的销售收入均值和净利润均值都实现了增长，销售额均值由 5413 万元增加到 8078 万元，增长近 49%，净利润均值从 281 万元增加到 463 万元（增长率 64.7%），中位数从 20 万元增加到 25 万元，增长了 25%，有 52% 的家族企业资本规模实现了增长。

根据《福布斯》杂志中文版对中国上市家族企业的调查，上市家族企业整体表现优于其他上市企业。从成长性角度来看，上市家族企业最近 3 年（2007—2009 年）加权销售增长率达到 17.24%，而上市国有企业同期销售增长率仅为 7.04%，上市民营企业整体也仅为 8.64%。从赢利能力角度看，上市家族企业也表现突出，3 年加权平均净利润率达到 12.53%，上市国企只有 2.85％,而上市民营企业中的非家族企业也只有 5.69％。①

三、中国家族企业主的社会特征

1. 男性创业者仍为主体

在传统中国家庭中,男主外女主内是主流的分工方式,而且在旧式的家庭伦理观念中,丈夫的地位也高于妻子,因此更为常见的是家庭支持男性创业。在家族企业密集的福建泉州、广东潮州等地,男性在外创业,妻子照管家务和孩子更是当地人普遍认同的角色分工。根据第九次私营企业抽样调查的数据,家族企业主中男性占比为 84.7％,男女比例为 5.53：1。但从趋势上看,随着家庭内性别角色渐趋平等,女性获得了较以往更多的职业发展机会,女性企业家的比重在逐步上升。与之相对照,在 1997 年的私营企业调查中,私营企业主中男女性别比为 11.2：1,有 91.2％的企业主为男性。

家族企业主的平均年龄为 45.9 岁,97％的企业主的年龄集中在 30～60 岁之间。排除改制而来的企业,有 91.1％的企业主在企业注册时年龄超过 25 岁,据此推断绝大多数家族企业处在第一代创业者的控制之下,这种状况有助于理解为何企业主倾向于采用集权管理的形式。

2. 企业主的人力资本日渐提升

家族企业主的人力资本决定了其企业家能力,从而影响企业的成败。戴建中(2001)曾依据 2000 年的私营企业抽样调查数据,发现企业的发展状况与企业主的文化程度存在明显关联,破产组的企业主文化程度明显低于规模成长组,前一组中初中文化程度最多,占 48.7％,后一组中拥有大学学历的最多,占 50.3％。

家族企业主的人力资本水平在持续提升。一方面,家族企业主的文化程度比以往有了大幅度的提高。在 1993 年第一次私营企业抽样调查中,拥有大专以上学历的私营企业主仅占 16.6％,到 2000 年第四次调查时这个比例已达到 38.4％。② 而最新的第九次私营企业抽样调查的数据显示,具备大专及以上学历的家族企业主占到了 41.3％。另一方面,越来越多的家族企业主在创业前拥有了相关的工作经历,借助实践提升了个人的人力资

① 参见《福布斯》杂志中文版,2010 年 9 月 15 日。家族企业的认定标准如前所述。

② 数据来自戴建中(2001)。由于 1993 年和 2000 年的调查未区分家族企业与私营企业,而家族企业又在私营企业中占极高比重,因此采用私营企业的数据作为对比对象。

本水平。在第九次私营企业抽样调查中，相当比例的企业主在创办企业前在其他企业有过工作经历，其中有 24.3％ 的企业主之前在国有企业工作过，17.1％ 的企业主在集体企业工作过，27.7％ 的企业主在其他私营企业工作过，而在 1997 年的调查中，这个比例总共不过 23.5％。

家族企业主文化水平的提升既得益于国民教育的发展，也受到经济改革进程的深刻影响。在 1992 年之前，家族企业主主要来源于体制外的和边缘化的群体（戴建中，2001），而 1992 年邓小平"南行谈话"之后，大批机关干部下海创业，上世纪末互联网创业热潮兴起后一批受教育程度高的创业者加入，这些都使得家族企业主群体的文化程度构成发生了较大的变化。家族企业主在创业前较多具备企业工作经验的事实，一方面反映出企业主能力提升方式的变化，另一方面也反映了企业竞争日趋激烈，对企业主人力资本要求也日趋提高。

3. 地位不平衡与政治参与

家族企业主对个人地位的自我评价从一个方面反映了这一阶层在社会中的地位。从以往的调查结果来看，家族企业主倾向于将自己划为社会的中间阶层，但他们对于自身经济地位、社会地位与政治地位的认知并不匹配，对自身政治地位的评价低于前二者。根据第九次私营企业抽样调查揭示的信息，自认为自身的经济地位、社会地位和政治地位处于社会中层（在由高到低的 10 级阶梯中处于 5、6 两级阶梯）的家族企业主比例分别为 44.5％、43.8％ 和 35.8％。企业主政治地位自评均值为 6.07，经济地位自评为 5.42，而社会地位自评为 5.45（数值小表示地位高）。这可能与当前中国政府强势、对私有产权的保护不完善的社会现实有关，在一定程度上可以解释家族企业主积极参与政治的原因。

企业主对自身地位的认知与改革进程中的变化密切相关。在改革开放之前，企业主的社会地位受政治地位影响较多。根据戴建中（2001）的研究，在 1989 年前开办私营企业的企业主中，相当部分来自于体制外的群体和边缘群体，甚至有 10.7％ 的人家庭成份是所谓的"黑五类"。改革开放后，大量企事业单位职工下海经商和社会价值观念的变化，私营企业主的社会地位随经济地位的提升而提升。在 1997 年的调查中，私营企业主对自身经济地位、社会地位和政治参与程度的评价均处于中上水平，均值分别为 4.68、4.39 和 5.32。与 1997 年调查的信息相比，企业主对自身三方面地位的评价都有下降，这可能与近年来政府对经济领域管控加强，国有企业对经济资源的控制加强，官员和国有企业高管经济收入和社会影响力提升有关。

在私有产权保护不足、政府经济干预较强并控制大量经济资源的情况下,家族企业主积极谋求政治参与以密切与政府的关系,其中既有谋求政治合法性和规避侵害的需要,又有谋求政治租金和趋利的目的。入党和参加人大、政协是企业主参与政治的主要方式。在 2002 年以前,虽然党组织规定私营企业主不能入党,但实际上仍有不少企业主保留了党员身份。在 2000 年的私营企业抽样调查中,有 19.8% 的私营企业主是党员,还有约五分之一的企业主有意入党。自 2002 年中国共产党允许吸收私营企业主入党以后,党员比例显著提高。2010 年的私营企业抽样调查的数据显示,在受访家族企业主中有党员 1250 人,占家族企业主总数的 39.3%,还有 3 成左右的家族企业(814 家)建立了党组织。任职人大、政协是家族企业主参与政治的另一种重要形式。家族企业主参与人大、政协的比例也保持在高位,约 24.8% 的家族企业主任乡级以上人大代表,36.57% 的家族企业主任县级以上政协委员。

4. 企业主的社会资本

企业主的社会资本与其企业的成功具有较大的关联。石秀印(1998)指出,企业家的成功经营要依赖外部资源,高质量的社会网络更有助于取得这些资源,作为社会选择的结果,具备更高质量社会资本的人更可能成为成功的企业家。他对 1995 年私营企业抽样调查数据的研究发现,原来职业为政企干部,或其关系密切的亲友为政企干部的私营企业主比例大大高于按人口比例折算的理论概率,原职业或紧密社会关系人职业为专业技术人员、专业户和个体户的私营企业主比重也明显高于理论概率。这暗示企业主拥有上述两类社会资本的企业更容易存活下来。石秀印(1998)分析了不同职业的社会关系可能带给私营企业的资源,政府干部可以提供市场准入并帮助获得经济资源,企业管理人员则转移自己企业的经济资源为私营企业输血,专业人员、专业户和个体户则能提供有助于改善企业经营的技术、技能和经验。进一步的考察发现,企业主紧密社会关系中有机关干部和企业管理人员的私营企业能够成长到较大的规模。

四、公众视野中的企业主和第二代

1. 家族企业主的社会形象

公众对家族企业主的看法是混合的,有时甚至是矛盾的。他们白手起家创造财富的创业经历和精神常为公众津津乐道和推崇,但同时他们也给公众留下了缺乏长期战略和管理观念落后的印象,而相当部分企业主富裕后对传统家庭价值的背弃(比如"包二奶",指非婚两性关系)以及对慈善的消极态度也让一部分公众对他们的道德留下了负面印象。

根据《中国企业家》杂志 2007 年发布的中国企业家公众形象调查报告,传统的大众传媒,如报纸、电视和杂志是公众了解企业领导人的主要信息渠道。从总体上看,受访者对民营企业领导人的认同比例(45.7%)与对国有企业领导人的认同比例(48.6%)相差不大,而超过六成的受访者认为外资企业领导人更称得上是企业领军人。虽然调查并非针对中国家族企业主,但受访者对于中国企业领导人的评价亦能在一定程度上反映家族企业主的社会形象,有 33.7% 的受访者认为中国企业领导人富有远见和深谋远虑,22.5% 的受访者认为中国企业领导人具有艰苦奋斗的精神,但对他们的道德存在一定的负面印象。中国企业领导人与国外企业领导人的社会形象差距主要存在于三个方面:战略和视野、管理观念和慈善参与。61.5% 的受访者认为外国企业领导人管理观念新,仅有 12.9% 的受访者认为中国企业领导人具备此素质;有五成受访者认为外国企业领导人具有长远的战略目标和开阔的视野,但仅有一成的受访者认为中国企业领导人具备这两种素质;43.8% 的受访者认为外国企业领导人经常参与公益慈善活动,仅有 20.4% 的居民认为中国企业领导人经常参加慈善活动。[①]

上述调查结果与公众对近期典型焦点新闻事件的态度较为一致。不久前,香港家族上市公司国美电器上演的创始人黄光裕家族和职业经理人陈晓之间的控制权争夺备受社会关注,在公众舆论中黄光裕家族得到了近乎一边倒的支持,人们对艰苦创业带领国美成长壮大的创业者可能失落对公司的控制权普遍感到同情,但也有一部分的评论反思了黄光裕专权和不顾中小投资者利益的问题。真功夫出现的控制家族内乱曝光了创始人蔡达标的非婚两性关系和对联合创始人利益的侵害,增加了公众对家族企业主和家族控制的负面印象(具体见后面的方框)。在社会责任方面,中国家族企业主并非不参与慈善,但多数企业主的慈善行为似乎带有较强的工具性质,更多地将其当成了与政府密切关系的工具,而对自发的慈善活动消极。去年巴菲特和比尔·盖茨在中国举办的慈善晚宴受到了不少知名家族企业主的冷落。这一事件也反映了当今企业主对慈善和捐赠的不同想法。

---

① 参见《企业家公众形象调查报告》,《中国企业家》,2007 年第 4 期。

2. 公众视野中的家族第二代

中国家族企业代际传承的高峰期正在到来,也将不少企业家族的第二代推到了媒体的聚光灯下。由于在创业过程中家庭的生产功能被强化,教育功能则被弱化,企业家们给子女提供了优裕的条件,却忽视了对第二代的言传身教,导致企业家族第二代中出现了一批只知享乐的纨绔子弟。"富二代"这个贬义的词语代表了公众对这个群体的负面印象。

客观而论,只知享乐和挥霍的"富二代"并不能代表企业家族的第二代的整体形象,甚至只是很小一部分。近几年,随着不少第二代走上前台接班,除已被广泛报道的已接班的第二代企业家外,一个有事业心的第二代准接班人群体开始走入公众的视线,其代表性群体是"接力中国青年精英协会",目前这个民间组织已有 100 多名会员。接力中国秘书长陈雪频向记者介绍了这个群体成员的相似背景:家境优越,其父(母)辈的家族企业资产为几千万元至 100 亿元不等;大多为 80 后,拥有良好的教育背景,为人低调,许多人都有在国外求学的经历,目前回到中国,在父(母)辈的企业中逐渐开始独当一面或选择自己在外创业;他们都愿意接班,普遍有强烈的责任心。[1]

一项由广东省工商联发布的调研结果显示了家族企业接班人的一般状况:广东省"民营企业家二代"接班整体尚未形成规模,受访企业主的子女已担任高层管理职位的有 21%,已由子女接班负责管理的有 12.6%,少数在政治上也随之"接班"。调查中,接班子女已担任各级人大代表、政协委员、工商联职务的有 4%。国家或省百强民营企业、规模以上民营企业的接班人大都拥有大学学历,且有出国留学经历的达 40%。这使他们有机会具备较深厚的知识基础和广阔的视野,接触先进的经营观念、管理方式,从而有可能在事业上超越父辈。调研同时发现,一部分私营企业主第二代接触大量新潮事物,不愿过早进入家族企业,不愿意回到家乡,而希望到更广阔的天地去闯荡。他们对父母从事的传统产业不感兴趣,或认为传统产业太辛苦,希望搞创意产业。在第二代中,由父母出资另外创业的达 13.4%。目前对家族第二代接班人的普遍印象是,教育背景好、视野开阔和观念较新,然而缺少艰苦奋斗精神,缺乏经验,经不起挫折和考验等。[2]

---

[1] 贺莉丹:《"富二代"精英调查》,《新民周刊》,2009 年第 36 期。

[2] 林亚茗、陈枫、张胜波、李强、雷辉:《广东 30% 富二代将接班 工商联建议党校轮训》,《南方日报》,2010 年 1 月 28 日。

第二节　中国家族企业的影响力以及对国民经济的贡献

改革开放以来，中国民营经济从无到有、从小到大，创造着令世界惊叹的"中国速度"。作为最具有活力的增长极，民营企业从原本依附于国有企业只能走街串巷、小打小闹的家庭手工业，到现在已经具有相当规模的产业化发展。

一、中国家族企业对国民经济的贡献

关于中国家族企业在国民经济中的贡献，国内定量研究较少，毕竟我国现阶段的家族企业都是改革开放后才成立的，规模还不能和国有、集体经济相比，再加上国际学术界至今没有公认的方法去界定家族企业与非家族企业，而这个定义明显影响到对中国家族企业经济规模的估算，另外可获得的家族企业经营信息往往非常有限，除了上市公司的信息披露之外，很少有家族企业主动向外公布和透露，对于非上市公司的情况，往往要依托抽样数据来近似估算。

在学术界，关于家族企业范畴界定的争论还在继续。过去，凡是家族控制的企业就被认为是家族企业，是家族系统和企业系统的交集部分，但此定义很难用于定量研究。家族企业的范畴往往要从家族、企业和所有权三个维度共同把握。近些年来，学术界认为还要从家族意图来更加明确地限定和缩小家族企业的概念，使家族愿景通过企业的家族控制者得以在企业中实现。在这样的思路下，有学者认为必须将两代家族成员都在企业经营管理作为家族企业的判断标准之一。基于以上的研究，判断是否家族企业的标准可以汇总为以下几类：(1)所有权比重；(2)投票权比重；(3)家族对企业战略的影响力；(4)管理权；(5)是否多代家族成员参与。以任何单一标准去区分家族企业也有争论。比如所有权比重，一般认为个人或者所在家族拥有50％企业的公司股权才为控股，但是就上市公司而言，随着家族企业上市之后的股权稀释，很少有上市公司仍由某家族拥有50％的控股权。所以，有学者提出20％甚至15％的股权也能相对控股，这样的上市公司也可以成为家族企业。有美国的学者提出家族控股权5％左右的上市公司也可以被认为是家族企业，这也许是基于美国公司法允许上市公司发行优先股和普通股的考虑。优先股一般没有投票权，但分红派息的时候，则排在普通

股之前,这就出现同股不同权的情况,比如福特汽车公司的股权结构中,福特家族成员只拥有 4% 的流通股,但另有 40% 的投票权,这样保证了家族对企业的控制和影响力。

结合我国的法律规定,以及改革开放 30 多年来家族企业发展历史还不长的现实,这里提出对家族企业的三种不同范围的定义(见表 6-1)。

广义的家族企业是指那些个人或者家族拥有 50% 及以上控股权的经营单位。根据第九次私营企业抽样调查数据,根据控股权的条件,有 85.4% 的私营企业是家族企业。狭义的家族企业是指不仅有 50% 及以上控股权,还要家族参与管理。根据私营企业抽样调查数据,既满足控股权条件,又要求企业董事会或管理层中除企业主之外至少有一名家族成员参与企业的经营,那么有 55.5% 的私营企业是家族企业。除了企业法人之外,个体经营户的经济行为更是有家族成员涉入和帮助,也就无法避免家族意图对个体经营的影响,有其他家族成员在这里被无薪雇用或有薪雇用。因此常见的个体经营户,是一种规模较小的经营单位——"夫妻老婆店",有学者认为也是家族企业。[①] 严格意义上的家族企业不仅具备以上两个条件,还要求多代传承,持续经营。所以,国际学术界对严格的家族企业定义是特指那些至少完成一次传承的企业。但考虑到我国家族企业是在改革开放后才发展起来的,完成换代的企业数量不多,因此本研究将主要基于更宽泛定义对家族企业的国民经济贡献进行分析。

表 6-1　家族企业的三种范畴

定义	区分是否家族企业的标准	实质
广义	条件一:企业由家族所有; 条件二:家族对企业战略方向有影响力	所有权
狭义	除了条件一、二之外,还有条件三:无论是创始人或家族成员,要参与企业运营	所有权＋管理权
严格定义	除了条件一、二、三之外,还有条件四:"子承父业",后代参与企业运营	所有权＋管理权＋传承

---

① 英文里的家族企业是"family business","business"是营利性组织和经营单位的意思。以赢利为目的的个体工商户也可以列入家族企业的范畴,尽管个体工商户不是采用企业法人的形式注册。

浙商研究

　　除了私营企业和个体经营户，公司制企业中也有较大的比例是家族企业。目前，虽然没有公司制企业的抽样调查数据，但有上市公司中家族企业的比重。在证券管理的具体分类上，往往根据主要控制人的性质，大致把所有的上市公司分为个人、境外、大学、地方国有企业、地方国资委、地方政府、国资委、集体企业、职工持股、中央国家机关、中央国有企业和其他共 12 种类型。考虑到我国民营上市公司存在一股独大的特点，几乎所有民营上市公司的主要控制人或实际控制人可以最终追溯为自然人或者家族，都是家族企业。根据 WIND 资讯数据显示，截至 2009 年 4 月 30 日，共有 1602 家 A 股上市公司公布了 2008 年的年报数据，其中 562 家是民营企业。[①] 本书认为 2008 年年底家族企业上市公司在 A 股的比例为 35.1%。2009 年底，1718 家 A 股上市公司中，民营企业上市公司达到 640 家，家族企业在上市公司中的比重为 37.3%。2010 年年底，2063 家 A 股上市公司中，民营企业上市公司达到 762 家，家族企业在上市公司中的比重为 36.9%。[②] 应该说，如果将这个数据应用到我国所有的公司制企业中，则家族企业的比重是保守的。一方面，近些年来，随着中小板和创业板的扩容和发展，民营或者家族上市企业比重将进一步提高；另一方面，哪些企业能够上市？这里有"靓女先嫁"的现象，即未上市的公司相对于已上市企业，往往规模较小，而小规模的企业采用家族制的比重更高；或者有不少公司制家族企业正是因为不想被稀释控制权而选择不上市，因此由上市公司中家族企业的比重来替代所有的公司制企业中的家族企业比重，是一种保守和低估。

　　根据第二次全国农业普查主要数据公报：2006 年年末，全国共有农业生产经营户 20016 万户，农业生产经营单位 39.5 万个，全国共有农业从业人员 34874 万人。如果参照美国等西方发达国家的统计办法，农场作为以家庭为核心的经营与核算单位，美国等家族企业研究专家也将之列为家族企业。但是在我国学术界，投入辛苦劳动的农户究竟是一种营利性组织，还是仅仅为了满足家庭消费需要而作为非营利性组织，一直存在着争论。另外，为了与我国约定俗成的分类一致，本研究的家族企业中不包括农户。

---

　　① 数据来源：黄孟复主编《中国民营经济发展报告 No.6(2008—2009)》，社会科学文献出版社 2009 年版，第 132 页。

　　② 从目前上市公司中家族企业的比重推广到全国公司制企业中家族企业的比重，存在有统计学的问题。尽管全国私营经济抽样调查数据是全国民营经济总体中的一个分布较广的大样本，但在统计意义上仍不能作为家族企业总体的无偏估计，因此根据本报告数据估计中国家族企业的总体情况要注意可能存在而无法估计的偏误。

1. 中国家族企业的数量

根据第二次全国经济普查数据,[①]2008 年年末全国共有从事第二、三产业的法人单位 709.9 万个,其中公司制企业(包括有限责任公司和股份有限公司)64.8 万个,私营企业 359.6 万个。按照抽样数据情况,家族制集中出现在私营企业中,所以可以通过私营企业的数据推测家族企业数量。按照全国第九次私营企业抽样调查数据,按照广义家族企业定义有 85.4% 的私营企业是家族企业,这是第一部分的家族企业。如果按照国家工商总局每年进行的企业和个体工商业登记基本情况的数据进行统计,私营企业的数量达到 740.2 万家,个体工商业企业的数量是 3197.4 万户。[②]

家族企业除了在私营企业中集中出现外,还出现在公司制企业中。2009 年年末,在 A 股上市公司中家族企业的比重占到 37.3%,这是第二部分的家族企业。

另外,按照广义或狭义家族企业定义,根据第九次全国私营经济抽样调查数据,东、中、西部各地私营企业中家族企业的比重分别如表 6-2 所示,可以发现私营企业中采取家族制经营的比重相近,西部略高、东部次之和中部稍低。

表 6-2　我国各地私营企业中家族制经营的比重[③]

比重	东部	中部	西部
广义家族企业	85.4%	84.3%	86.7%
狭义家族企业	56.0%	53.2%	56.6%

---

①　数据来源:国务院第二次全国经济普查领导小组办公室、中华人民共和国国家统计局主编《第二次全国经济普查主要数据公报》,中国统计出版社 2010 年版,第 2 页。

②　数据与经济普查数据在各种经济单位类型的数据存在较大差别,原因如下:(1)表 6-2 是依据全国第二次经济普查数据计算得到,数据时间为 2008 年年底,而表 6-3 来源于国家工商总局登记数据,时间为 2009 年底;(2)表 6-2 是按照企业法人和有执照的个体经营户的口径统计的,而表 6-3 是按照企业登记数据和个体工商业企业登记情况,所以包括了大量的非法人企业以及分支机构。

③　本数据来源于第九次全国私营企业抽样调查。东、中、西部的划分如下:东部包括 11 个省(市),即北京、天津、河北、辽宁、上海、江苏、浙江、福建、山东、广东和海南,中部包括 8 个省,即山西、吉林、黑龙江、安徽、江西、河南、湖北和湖南,西部包括 12 个省(市),即内蒙古、广西、重庆、四川、贵州、云南、西藏、陕西、甘肃、青海、宁夏和新疆。

第六章　中国家族企业的发展现状及其贡献

2. 家族企业吸纳城镇就业人口的情况

根据《中国统计年鉴 2009》数据，2008 年年底我国城镇就业人口为 30210 万人，扣除在机关、事业单位、社会团体等法人就业人口，在企业法人就业 16889 万人。在这些企业法人中，国有与城镇集体企业就业 7109 万人，港澳台资与外商投资企业就业人数为 1622 万人，而私营企业就业 5124 万人和公司制企业就业 3034 万人。家族企业的就业吸纳能力就集中体现在这些私营企业和公司制企业中。

如果把城镇的范畴扩大到全国，那么家族企业吸纳劳动力的能力更显重要。因为中国改革开放的历程本身也是"农村包围城市"，民营经济在国有企业密集的城市之外首先发展起来，在国有经济的夹缝中成长，所以考虑到广大农村户籍劳动力在传统农、林、牧、副、渔业之外的二、三产业就业，那么家族企业提供的就业岗位就比只计算城镇就业人口要更多。按照第二次全国经济普查数据，2008 年末全国第二、三产业单位和有证照的个体经营户从业人员数为 35507.0 万人，单位从业人员有 27311.5 万人，个体经营户为 8195.4 万人。按照普查数据，法人单位就业中主要吸纳劳动力的部门依次是工业、建筑业、公共管理和社会组织、批发零售业、教育和其他，在以上各部门中私营企业比重分别是 44.3%、37.0%、0%、54.1%、2.3% 和 35.9%，公司制企业比重分别是 21.8%、41.9%、0%、24.2% 和 0%。依据第九次全国私营企业抽样调查数据中各行业家族企业占民营经济的比重，以及公司制企业中家族企业的比重，可以大致看出家族企业吸纳全国劳动力的能力。

3. 家族企业的规模和在各行业的比重

尽管我国改革开放已经有 30 余年，家族制经营为主的民营经济正逐步摆脱体制的束缚，但企业往往还处于创业阶段或者发展的初期，规模普遍较小。正如在上文所介绍的，我国家族企业数量占我国全部经济单位总量的比例很高，也有像广厦控股、新希望、海航集团、雨润食品、娃哈哈、比亚迪等知名家族企业营业收入超过 400 亿元大关的企业，更有沙钢集团、苏宁电器等营业收入超过 1000 亿元的家族企业，但家族企业经济总量和规模相对于国有企业和外资企业仍显稚嫩。

随着企业营业收入规模指标的扩大，家族企业的占比出现了明显下降。

按照限额以上企业数据，①营业收入在 500 万～1000 万元之间的私营企业数量占全国企业数的比重 60.1%，营业收入小于这个规模的全国企业数量中，私营企业的比重也是在 57%～59% 之间，即营业收入小的企业超过一半（将近 60%）都是私营企业这种注册类型，而按照全国私营企业抽样调查数据显示私营企业多数是家族制经营，所以家族企业多出现在营业收入低的企业中。另外，随着营业收入规模的上升，在各种所有制类型企业中私营企业的比重开始明显下降。在营业收入超过 1 亿元的企业中，私营企业只有 30.6%。有理由推测我国目前的家族制经营主要存在于规模还不大的企业中。

也可以从工业企业来推测家族企业的比重和地位，②在我国 42.6 万家规模以上工业企业中，民营企业数量占到 57.7%，超过了 24 万家，但资产总额只有 17.6%，主营业务收入只占全部的 26.3%，利润总额只占 27.2%，税金总额占 23%。这个数据，一方面显示了民营企业规模较小，但另一方面也表明民营企业以较小比重的资产却向国家缴纳了更大比重的税金，创造了更多的利润。

家族工业企业在我国工业的比重一方面说明，上世纪末期我国进行"抓大放小"的国企改革，给家族企业和非家族的民营企业提供了生存和发展的空间，非国有经济从小到大，稳步发展，如表 6-3 所示，在规模以上工业企业的各种法人企业类型中，从 2004 年开始，以家族制经营为主体的私营企业工业增加值的增长速度遥遥领先于国有经济和外资企业。

表 6-3　2004—2008 年规模以上工业企业工业增加值增长速度

	2004	2005	2006	2007	2008
工业增加值	16.7%	16.4%	16.6%	18.5%	12.9%
其中:国有及国有控股企业	14.2%	10.7%	12.6%	13.8%	9.1%
港澳台和外商投资企业	18.8%	16.6%	16.9%	17.5%	9.9%
私营企业	22.8%	25.3%	24.4%	26.7%	20.4%

①　资料来源:全国工商联研究室编《中国改革开放 30 年民营经济发展数据》，中华工商联合出版社 2010 年版，第 29 页。统计分类依据 2007 年营业收入规模。

②　资料来源:全国工商联研究室编《中国改革开放 30 年民营经济发展数据》，中华工商联合出版社 2010 年版，第 40 页。

第六章　中国家族企业的发展现状及其贡献

另一方面值得一提的是，家族制经营的企业在进一步发展过程中，可能会开始面临国有和集体企业以及外资企业的强有力竞争。此外，面对大型企业时，我们研究家族企业所采用的控制权比重 50% 的标准限定，需要适时做出调整。家族企业在逐步壮大过程中，正逐步实现传统家族制的现代化转型，包括控股家族股权的稀释、管理的现代化、家族和企业治理结构的完善等变革。

另外，根据家族企业占本行业全部城镇固定资产投资比重来看，制造业、批发零售、住宿餐饮和居民服务四大行业中家族企业比重在 40%～50% 之间。① 在公共管理、公共设施、电力煤气水、交通运输、信息服务、金融、教育和卫生等传统上由政府或者国有企业经营的行业中，仍然很少能够看到家族企业的身影，家族企业占比都没有超过 10%。这些行业或者体现了资本密集，或者体现了进入壁垒，再或者如信息技术行业体现了人力资本密集，使得家族制经营目前还没有得到足够的发展。但 2006 年、2007 年、2008 年连续三年，私营控股的比重已经开始在各行业出现明显的增加。这意味着随着"非公 36 条"的逐步落实和政策壁垒的取消，家族企业资本会进一步增强，在这些行业中家族制经营会有较大的成长空间。

4. 家族企业在整个国民经济中的比重

按照国家工商总局 2009 年年末登记的数据，国有及城镇集体企业注册资金总额为 54651 亿元，私营企业为 146447 亿元，公司制企业（不包括自然人设立的私营公司）为 206229 亿元，另有股份合作等其他企业 3191 亿元，以及港澳台商和外资企业 95577 亿元，还有个体工商户注册资金 10857 亿元。通过汇总私营企业、公司制以及个体工商户，可估算家族制经营单位的注册资金情况。

如果不是依据注册资金数据，而是通过资产总额估算家族经营的企业法人比重，那么从全国第二次经济普查数据可推家族企业的比重。2008 年年末全国第二、三产业企业法人单位资产总额为 207.8 万亿元，比第一次全国经济普查时的 2004 年年末增加 111.1 万亿元，增幅是 114.8%。其中，国有企业资产总额 47.7 万亿元，比 2004 年末增加 17.6 万亿元，增长了 58.5%；集体企业资产总额 4.4 万亿元，减少 0.8 万亿元，下降 15.1%；股份合作企业资产总额 4.5 万亿元，增加 2.6 万亿元，增长了 141.1%；私营企业

---

① 数据来源：全国工商联研究室编《中国改革开放 30 年民营经济发展数据》，中华工商联合出版社 2010 年版，第 35 页。

资产总额 25.7 万亿元,增加 17.0 万亿元,增长了 194.9%;港、澳、台商投资企业资产总额 8.0 万亿元,增加 3.8 万亿元,增长了 89.8%;外商投资企业资产总额 13.5 万亿元,增加 7.3 万亿元,增长了 118.0%。通过这些数据可以发现,2008 年的私营企业资产总额,相对于 2004 年的第一次经济普查,增长幅度达到近 200%,为各种所有制之最。

如果考虑到实收资本,①且不包括个体工商户,那么各种类型出资主体中,个人资本以及个人通过法人出资的家族企业占全国第二、三产业企业法人单位实收资本的比重可能接近或者超过国家与集体资本。

不仅仅从资产存量能看出家族企业的作用,也可以通过固定资产投资这个流量数据看到,随着经济的发展,家族企业比重将在未来的数年内显著提高。从 2006—2008 的三年里,国有及国有控股企业投资比重相对下降,而民营企业的比重在上升,这为今后几年家族企业资产规模的进一步提高奠定了基础。

5. 家族企业税收贡献

根据全国工商联的《中国民营经济发展报告》,②2008 年全国合计税收收入将近 5.8 万亿,其中私营企业贡献了 10%,个体工商户贡献了 3%,其他民营企业贡献了 45%。这些民营企业中仍然有很高的比例是家族企业。

值得一提的是,2009 年家族企业的税收贡献持续增加,增幅超过了国有企业和外资企业。自 2004 年 7 月 1 日开始,为了进一步消除重复征税,降低企业设备投资的税收负担,国家税务总局在我国东北和中部部分地区进行增值税改革试点。2009 年 1 月 1 日起,在全国推行了增值税转型改革,允许扣除购入机器设备所含的增值税,一般纳税人的增值税负担总体下降,同时工业小规模纳税人原征收率 6% 和商业小规模纳税人原征收率 4% 统一降为 3%,促进了中小企业,特别是规模较小的家族企业的发展。民营企业(很大比重是家族企业)向国家缴纳的税款比 2008 年有很大幅度的增加,而同期国有企业的纳税额却出现了 1.7% 的下降。

① 数据来源:国务院第二次全国经济普查领导小组办公室、中华人民共和国国家统计局主编《第二次全国经济普查主要数据公报》,2010 年 1 月出版,中国统计出版社,第 9 页。

② 数据来源:黄孟复主编《中国民营经济发展报告 No.6(2008—2009)》,社会科学文献出版社 2009 年版,第 11 页。

二、中国家族企业的经济影响力

按照前文的研究，民营企业中采用家族制的比重非常高，因此我们可以通过中国民营企业500强与中国企业500强的数据分析中国家族企业的经济影响力。按照中华全国工商业联合会2011年8月22日发布的中国民营企业500强数据，华为技术有限公司、江苏沙钢集团有限公司、苏宁电器集团、联想控股有限公司位列前四位，也是该排行民营企业中营业收入超过1000亿元大关的唯一四家企业，其中领头羊华为技术有限公司营业收入1851亿元，但只有中国企业500强之首——中国石油化工集团营业收入1.96万亿的10%不到。如果按中国企业500强排序，华为只能位列第39位。排名之前各企业全部为国有中央企业，其鲜明的特征是这些央企集中在资源与能源、重化与重工、金融等典型的垄断行业，它们利用国家给予的市场资源以及排他性限制，才获得了相应的市场地位，因而他们不能完全反映最真实的经营能力与核心竞争力。中国企业500强名单中，除了中国石油化工集团之外，中国石油天然气集团和国家电网分列榜单的第二位和第三位，接下来工商银行、中国移动、中国中铁、中国铁建、建设银行、中国人保和农业银行位列4到10位。这些大型央企看似强大，但没有让普通民众感受到其快速发展带来的实惠。就目前来说，民众争议声最大的恰恰是来自榜单前十位的部分央企。比如，银行乱收费的问题，国内汽柴油价格"涨多跌少"的问题，铁路运输安全问题，等等。

入选我国民企500强的企业，首先在地区分布上仍然是以浙江、江苏、山东和上海等东部沿海地区为聚集地，主要从事于劳动密集型的竞争性行业。毕竟，民营企业在资源、技术、抗风险能力、经营历史以及政策环境与政策支持方面与国企存在较大差距，但在机制、企业家创业精神、市场嗅觉等方面有较大优势。民营企业主要从事制造业、批发零售、建筑业等三个行业。值得一提的是，伴随着商品房价格的一路攀升，从事房地产开发的民营企业突飞猛进，利润总额仅次于制造业。但随着宏观紧缩的政策环境和政府抑制房价上涨的措施落实，它们与国有房地产企业在土地与资金方面相比存在着诸多不利因素，前景变暗。从各行业的经营效率看，餐饮业的资产净利和销售净利率都是最高的，而餐饮业主要都是民营企业。相对于国有企业，民营企业的竞争激烈程度和经营业绩的波动更大，每年大约有三分之一的新入围企业。

如果将民营企业500强与中国企业500强从分布地理位置做比较的

话,浙江、江苏是民营企业500强的集中地,但中国企业500强的聚集地则在北京,其中有100家企业依托北京的政治优势而将总部首选北京,绝大多数都是中央直属的国有企业。另外,入选中国企业500强的门槛是110亿,而中国民营企业500强最后一位的企业营业收入只有36亿。由此我们可以看出我国民营企业的规模还比较小,而且所从事的行业也被局限。虽然《国务院关于鼓励支持和引导个体私营等非公有制经济发展的若干意见》早在2005年就已经面世,但在一些资源与能源、燃气及水的生存和供应、金融保险、公共事务、市政服务、公共设施与管理等企业,很少能够看到民间资本的身影,"玻璃门"仍然阻止民企进入这些垄断性行业。就中国2010年500强企业所在行业来看,最赚钱的要数银行业、邮电通信业和石油、天然气开采及生产业。比如中国工商银行股份有限公司以1293.5亿元的赢利荣登榜首,但民营企业华为技术有限公司该年利润只有182亿。不过,如果扣除那些民营企业不容易进入的国家基础设施建设领域、垄断性行业和资金密集的金融行业,就经营效率看,中国民营企业500强的各项经营效率指标,如销售净利率、资产利润率、人均营业收入、人均利润等都要好于国有企业占多数的中国企业500强。因此全国工商业联合会发布的《中国民营经济发展报告No.6(2008—2009)》认为中国企业500强利润之所以大幅高于民营企业500强,主要是垄断性因素造成的。[①] 当然,发布中国企业500强榜单的主办方中国企业家联合会与中国企业家协会本身就是国有企业的代表,其旗下会员大多为国有企业。而且,从其身份到统计样本等各方面,都存在一定局限,比如,统计数据就是来自国家统计局和各个企业自己上报的数据。

另外,从《财富》英文网发布的2011年《财富》世界500强企业的最新排名中我国大陆入选企业的分布情况也可得出类似结论。沃尔玛以年收入4218亿美元再次成为《财富》世界500强排行榜的榜首。同时在2011年的榜单中,中国大陆共有61家公司进入《财富》世界500强排行榜,比上一年增加了15家公司,这是中国上榜公司数量连续第8年上升。其中,中国石化、中国石油、国家电网三家央企进入前10名,三者分别位列第5、第6和第7位。大陆的民营企业只有两家上榜,即华为公司(第351位)和沙钢集团(第366位)。而且该年新上榜的15家是清一色的国企。从这个角度上

浙商研究

---

① 黄孟复主编,全哲洙主审:《中国民营经济发展报告No.6(2008—2009)》,社会科学文献出版社2009年版,第188页。

来说,《财富》500 强的榜单更是一张中国"国进民退"的见证单。

【方框 6-3】

"中国模式"到底有多独特——和印度的比较

中国人拥有自主创业的热情。全球咨询公司 Kelly Services 与中国智联招聘在中国区进行了联合调研,结果显示:与全球相比,中国人的个人创业意识居世界前列。23%的中国区受访者认为自主创业极具吸引力,这一数字远高于全球 12%的平均水平;49%的中国区受访者表示计划自主创业,而全球平均水平为 24%。同时,中国很多行业也具有创业的潜力。一些服务行业,比如特色餐饮、健身美容和汽车保养,在中国还有很大的市场。另外,一些为不同年龄段的人提供服务的行业,如婴幼儿产品、儿童早期教育、成人在职教育和老年人用品等也有很大的创业空间。除此之外,加工、批发和零售业在中国还有很强的增长势头。

可是,中国却未能产生一个强劲的创业企业(或者说民营企业)集团。这一点在中国非常奇怪:一个经济总量突飞猛进的国家,自身的民营企业却非常孱弱。具体说来,中国的民营企业整体规模较小,运作也不规范,与拥有高新技术的外资企业和拥有垄断资源的国有企业相比,几乎毫无竞争力。中国民营企业的弱小,主要原因在于国家法律和金融体系对民营企业的限制:国家政策为外资提供了超国民待遇,却让民营企业沦落为二等公民;国家扶持大型国有企业,却让民营企业在艰难环境中参与边缘竞争。正是国家对民营企业的政策性歧视,造成了这些企业发展的举步维艰。中国的媒体表现出了对中国经济和印度经济进行比较的浓厚兴趣。这种兴趣最主要的原因是印度经济发展的良好态势,但也有一部分原因是由那篇由我和哈佛商学院的韩泰云(Tarun Khanna)教授合写的题为《印度能否赶超中国?》的文章引起的。这篇文章于 2003 年 7 月发表在《外交政策》(Foreign Policy)杂志上。在这篇文章中,我们提出了这样一个观点:印度有一些被很多人忽视的优势,比如它所拥有的能更有效地促进企业和经济增长的"软件基础设施",即有效的法律和金融制度。这些"软件基础设施"会给印度带来长期的竞争优势。相比而言,中国虽然在硬件基础设施方面以及外商直接投资的数量方面具有优势,但"软件基础设施"却落后于印度,这造成了中国经济增长的质量不高。

必须强调的是,我们并不是说印度一定会超越中国。而且在我个人看来,如果中国政府加快制度改革,印度应该是很难超越中国的。在四五年前,几乎没有人认为印度有可能会超过中国,而现在我们能提出这个问题,就表明印度在经济领域的某些方面取得了一些重大进步,而中国却有所滞后。印度具有两个"软件基础设施"方面的优势,一是它有保护私有产权的法律体系。要知道,包括中国在内,世界上最有效率的经济组织形式就是民营企业。另外一个优势就是它的金融体系能够根据效率原则分配资源。

批评者争论说,我们忽略了很多印度落后于中国的关键领域,比如印度的基础设施很差、文盲率很高、有对社会具破坏性的种姓制度,以及持续的种族关系紧张。但事实上正好相反。正是因为我们认识到了印度的缺陷,我们才会对它取得的成就更加印象深刻。我的第一项针对印度经济的详细分析是 2001 年为哈佛商学院完成的案例研究。在这项关于印度的医药工业的研究中,我注意到了印度制药行业的三个特点。第一,印度最成功的医药企业都是印度民族工业,并由印度人自己经营。第二,最成功的印度公司绝大多数都是民营企业,而不是政府所有的。印度在这两个方面与中国形成了尖锐的对比。在中国,跨国公司主导着医药行业,并且一些跨国公司通过兼并苟延残喘的国有企业取得了对行业的统治地位。第三,我们无法将印度企业在医药行业的成功单纯地归因为语言因素。虽然印度具有英语方面的优势,但这种优势在医药行业并不像在软件行业那么重要。因此,造成这种差异的原因是多方面的,这远远不是文化和语言的差异所能解释的。我很早就指出了这样一个有趣的经济现象:中国经济已经起飞,但中国的企业却没有起飞。与印度相比,在经过 20 多年持续的经济增长后,中国还是没有世界级的企业,而印度正好相反。印度经济规模不大但其企业规模却很大。[①]

三、从家族企业排行榜看家族企业的社会贡献

2011 年 7 月 25 日,《理财周报》依据上市公司的公开数据发布了 2011 年"中国家族财富榜"。近年来国内外很多机构都在推出有关于中国企业家

和他们家族财富的榜单。中国的家族企业越来越受到关注。因为家族企业往往不为外人所知，但一些家族控股的上市公司公开的信息为研究一个国家家族企业的发展状况提供了重要的依据。以《理财周报》的排行榜为例，生物技术、信息技术、新能源技术以及制造业领域是今年冒出最多黑马群的领域。根据榜单统计，制造业富人总量达到了 2018 个家族；生物技术行业出了 1236 个富人家族；信息技术领域上榜家族惊人，高达 3789 个，但财富数据比起生物技术和新能源、制造业相差甚远，100 亿以上的只有歌尔声学的姜滨家族和海康威视的龚虹嘉家族。这次排行榜的变化，表明了中国参与世界分工中的地位，也表明了新兴产业的崛起以及可能构成中国经济的强大支撑。通过这些榜单也看到我国的家族企业与国际著名家族企业存在的差距，也反映出我国经济转型的成果。这次排行中值得关注的趋势是从事地产的富人家族整体衰落，其背景就是房地产行业在宏观调控压力下的整体不景气，更体现了房地产公司缺乏核心竞争力的客观现实。这个排行榜还明确指出选择行业、选择代表未来的行业作为创富第一要素的重要意义。

排行榜体现了激烈的市场竞争，体现了商场残酷的优胜劣汰，最终上榜的都是富有创新、创业精神的企业家。在其背后还有千千万万个勤劳的不安于现状的创业者。在欧洲，超过晚上 8 点仍然营业的，肯定是中国人开的商店；在中东，在超过 50℃ 的气温下仍然在工地上干活的，肯定是中国来的工人；在中国有孩子的父母们在一起谈得最多的是子女教育。吃苦耐劳的精神以及重视下一代教育，是中国人财富背后的支柱。财富榜体现的是对知识和人才的尊重，是对创新和创业精神的尊重。不愿意回到大锅饭时代的中国人也开始重视家族对企业发展的重要作用。

面对越来越吸引眼球的榜单，有很多民营企业家争先恐后地争取进入榜单，也有很多企业家大隐隐于市，低调发展企业，不希望成为公众关注的对象，特别是近些年入选排行榜的一些企业家因为违法而锒铛入狱，因此有人戏称财富排行榜是"杀猪榜"。的确，排行榜增加了知名度，成功的企业家成为了公众人物，是创业者们的榜样，但中国传统文化有"人怕出名、猪怕壮"，"木秀于林风必摧之"的观念，企业家特别是家族企业家，往往不希望自己成为关注和监督的对象。"有人辞官故里，有人星夜赶考"，也有那些希望进入排行榜的企业家，想增加自己和企业的知名度。排行榜变为"杀猪榜"，也显示了中国企业家在成长的道路上，合法经营的重要性。一些企业家看到体制和机制的缺陷，离经叛道，试图走捷径实现创业梦想。改革开放以来民营企业家的资本积累也引起了资本原罪的讨论。随着曾经入选中国首富的黄光裕的入狱，在贫富差距持续扩大的社会里，人们容易将所有的创业财富都简单归为用不正当的手段行贿而牟取暴利，甚至武断地认为民营企业都是靠侵吞国有资产发展起来的，进而把一切不规范的行为，包括在国外市场经济成熟条件下也可能出现的问题和政策失误导致的问题，都统统加在民营企业头上，把"原罪"的概念无限扩大。而了解改革开放历史过程中的人们知道，从中央到地方，大家都是摸着石头过河。我们要看到中国官僚权利过大且权利界定不明，中国民企生存空间有限；也要看到中国司法程序不透明、不独立，容易被权利操控，但更要看到民营企业家的创业本身是在国有企业的缝隙中凭借千辛万苦、走过千山万水开拓市场的辛勤劳动，在遭受体制歧视的白眼中突围出来，经受着现在看上去是非常荒唐的旧有体制束缚，他们的成功不是偶然的，"站着就是尊严，忍着就是机会，活着就是胜利，不倒就是奇迹"。我们相信，中国企业家们完全可以在历史的混沌中走出原罪的阴影，以持续创业承担更大的社会责任。

第七章　家庭、家族与家族企业遇到的挑战

第一节　中国家庭与家族企业的现代化历程

一、家庭的现代变迁

改革开放 30 多年来，中国社会发生了巨大的变迁，逐步从农业社会走向工业化城市化社会，从相对传统的社会走向现代化社会。家庭变迁作为社会变迁的一部分，家庭现代化理论虽受到一些批评，仍是跨文化意义上对此问题最有解释力和影响力的理论，但其因带有浓重的进化论和结构功能主义色彩而不断被挑战和修正。① 家庭现代化理论经常被认为是带有家庭小型化、核心化和亲属关系削弱等标准，西方和美国家庭的发展过程一直被当做其他国家家庭现代化的范本。经典的家庭现代化理论认为"现代"总是优于"传统"，传统社会带有庞大亲属群体的父系扩大家庭是落后的，而现代社会中与亲属群体切断联系的孤立的核心家庭是相对进步的，家庭变迁的趋势是从传统的扩大家庭转变为现代的核心家庭。不过，许多后发国家不断展现出的多种家庭变迁模式促使经典的家庭现代化理论不断完善，发展后的家庭现代化理论认可了传统和现代的兼容性和多种家庭变迁路径的存在可能性。马春华等（2011）对中国五大城市的家庭调查（广州、杭州、兰州、哈尔滨、郑州）发现，中国的家庭变迁应是传统与现代博弈的结果，并非完全

---

① 唐灿：《家庭现代化理论及其发展的回顾与评述》，《社会学研究》2010 年第 3 期，第 199—222 页。

的从家族主义转向个人主义,且在不同地区也会有明显的差别。① 正如台湾学者杨国枢认为,一个中国的现代人可能会是从自己的传统人演变而来,适应自己的社会变迁的,可能与发达国家的趋向一致,也可能有所不同。

在传统的中国社会里,家族是农耕生活的核心,家族的保护、和谐、团结及其延续是极其重要的,因而形成了中国人凡事以家为重的家族主义的想法与行为。在中国传统的家族中,"服从与被服从"的集体意识发挥着不可替代的作用,这种意识就是家族权威的体现。如果合理权衡,这些中国传统家族文化在企业的运营中是可以起到显著的正向作用的,这也正是传统性与现代性在家族企业中的体现。但是随着现代社会的发展,"家族"因素正在因为各种客观原因,逐渐失去了影响作用。现代社会物欲性的价值导向盛行,工具理性的泛滥在家族中同样不能避免,家族成员对于自身角色和权利义务所持有态度已经急剧改变,"凡事以家为重"已经很难继续成为维持家族凝聚力的有力保障。其实不用学者们大力"鼓吹"向所谓的西方现代化企业迈进,中国家族企业中的家族元素自身已经开始式微。但是当下最糟糕的是,中国家族企业在极力褪去家族色彩,换取"社会合法性"外衣,希望通过"嫁接"西方契约精神指导下的管理制度换取超越性发展时,却陷入了令人尴尬的"四不像"境地。西方契约化治理的水土不服,同时伴随的是传统家族文化优势的丧失,两头不到岸。其实在企业发展的任何阶段,对于"家族"元素的合理组合管理,都能够为家族企业提供区别于其他类型企业的特殊性优势。

二、中国家族企业的现代化

众所周知,家族企业在中国社会走向现代化必然是非常复杂的一个过程,它体现在传统并不阻碍现代化,传统是可以和现代化有机地结合在一起而且有利于现代化发展的。作为家族与企业的契合体,家族企业是中国传统文化和现代经济组织的交集,而且也是典型的企业家控制的企业。韦伯曾经提出了一个重要的命题:中国传统的家族制不利于经济组织的形成。著名学者冯友兰也表示了与韦伯相似的观点:如果中国要走工业化道路,那么家族主义必然寿终正寝。中国今日的经济格局的确从直观上对以上命题提出质疑,但是理论上的探讨还需深入。家族主义是华人传统文化最核心

---

① 马春华,石金群,李银河等:《中国城市家庭变迁的趋势和最新发现》,《社会学研究》2011 年第 2 期,第 182—216 页。

的表现，彼得·伯格(1993)指出，韦伯认为亚洲的文化和宗教传统远不合宜于现代化这一论断现在看来的确是错误的。萧新煌(1993)在对前人研究的总结后指出，文化的确是一个背景，并且是一个必要的背景，因为文化不是一种静态的媒介物，而是一个真正的、能动的契机。

家族企业并不是一种落后的企业形态，中国家族主义也不是企业现代化的绊脚石。目前中国大部分家族企业正处于向现代家族企业过渡的过程之中，而在这个演变的过程中必然充满了原有的家族观念、制度安排、企业文化所形成的路径依赖与现代企业制度的冲突，家族企业的演化过程正是新旧制度不断博弈的过程。金耀基通过对香港家族企业的研究发现，香港的家族企业主对亲属的雇用多半是出于理性上的考虑，并不是完全受儒家家族文化影响的结果，对亲属的雇用并不只是出于"偏私化"或者人情、面子，而主要是企业主为了经济目的对于"文化资源"的一种运用。金耀基称之为实用主义支配下的"智性选择"，是一种"理性传统主义"。所以，中国家族企业的现代化，应该是中西文化、中西理性碰撞下的产物。

就家族企业来说，它是家族与企业的结合体，家族给企业带来了重要资源，包括人力资本、社会资本、耐心财务资本、生存能力资本等方面。而中国家庭的现代化变迁使家庭、家族及家族企业都面临新的趋势，也影响着家族企业的独特资源。

家族人力资本是家族企业的独特资源之一，包括家族特有的知识、亲密合作的关系、有限的人力资源市场等正负面因素。家族关系有利于家族成员亲密关系的维持，增强对家族事业的忠诚，但也会弱化对优秀职业经理人的吸引力和发展空间。具体而言，由于家族成员往往很早就进入企业，而且长期在企业工作，因此与非家族成员员工相比，他们能够在更深的层次上熟悉和掌握企业的隐性知识。同时，很多家族把家族企业当作为家族成员提供就业机会的平台，从而限制了家族企业能够获得的人力资本的数量和质量。一方面，内部优先的用人思想常常造成次优的选择结果；另一方面，家族企业的用人方式难以吸引和留住更加优秀的外部经理。由于家族企业内部的人际关系常常会受到家族关系的影响，因此，专业化发展的空间比较有限，财富的转移受到限制，在传承问题上往往会出现排斥外人的倾向，从而导致外部人才常常认为家族企业缺少职业发展空间，不愿到家族企业任职。

家族成员的社会资本往往是能为家族企业做出贡献的最容易获得的资源，尤其是对新创阶段面临"新创弱性"或"缺乏合法性"的家族企业的机会与资源获取具有重要价值，但也会受到家族狭窄网络的局限。家族企业在发展到一定阶段以后,必须借助企业主的关系向外拓展社会网络,或通过泛家族化来吸纳拥有更多社会资本的外部人,以便获得更多的外部资源和机会。

或由于外部投资者嫌家族企业经营不透明而不愿投资于家族企业,或由于家族企业因担心所有权被稀释,不愿意接受外部人的投资,家族成员参与家族企业管理,常常是与家族投资联系在一起的。家族企业,特别是中小型非上市家族企业的资金来源相对比较单一,主要集中在家族内部,这种长期不会遭遇流动威胁的投资通常被称为耐心财务资本。① 一般情况下,在家族企业发展的初期,参与管理与家族投资的紧密结合能够促进参与管理的家族成员当好企业的管家,在企业发挥主人翁的作用,体现内部代理的优点。一旦家族成员的能力与企业发展的需要发生冲突,部分家族成员不得不退出企业,他们的长期投资承诺就可能因此而发生变化。由于家族企业的资金主要来源于家族成员,资金的投入往往伴随着对权力的主张,因此,家族企业"耐心资本"的价值在家族企业发展的过程中也常常是动态变化的。

家族企业的生存能力资本主要表现为家族成员不计报酬的劳动、追加投资等,它们是帮助企业渡过难关的重要资源。生存能力资本与家族成员的共同愿景、承诺和奉献精神有关,那些参与企业经营管理的家族成员往往为家族企业贡献出更多的生存能力资本。由于家族与企业紧密关联,因此,家族企业的失败对于家族成员来说成本奇高,不但会使他们丧失已经投入的投资,损失组织资本,而且还会损害在供应商及客户心目中的家族信誉,导致自己和家人失去生计。因此,每当家族企业在经济不景气时期遇到困难,或者在扩张和开拓新业务中遭遇挫折时,家族成员更愿意做出额外的奉献。生存能力资本充当着家族企业安全网的角色,常常能帮助家族企业度过艰难时期。

三、家族企业现代化进程中的若干具有中国特色的问题

1. 独生子女政策与家族企业

对于家族文化的式微,中国的独生子女政策产生了一定的客观影响。家族企业因为其天生的对于家族成员的"选择亲和力",造成家族企业人力

---

① Dobrzynski, J. H: Relationship Investing. *Business Week*, 1933, 33(9): 68—75.

资本市场的有限性。而独生子女政策的实行，无形中更加缩小了家族企业对于内部人力市场的选择空间。独生子女政策的实行，提前了家族主义困境的出现时间。因为随着家族企业阶段的变化，其对于异质性人才的需求日渐迫切，而如果没有计划生育政策，家族可以在后代中有意为异质性内部人力资源的构成做战略性安排，如将子女派到其他企业实习锻炼，在实干中学习；或安排子女学习与家族企业经营相关的不同专业，优势互补；还可以在家族内部的多子女之间形成良性的竞争环境，提高内部人力资源市场的质量，并且通过提高质量来延长或者直接消除人力市场的有限性问题。特别是在一些具有一定资产规模和发展优势的家族企业中，根据企业发展需求针对性地对子女学习发展进行战略性安排的例子已经不少见。目前中国处于接班时期的家族企业准接班人这一代（上世纪 80 年代前生人）来说，计划生育政策还没有严格执行，所以子女数量似乎还没有成为家族企业目前的重要问题。但是，随着 80 后逐渐成长的家族企业准接班人来说，这个问题会骤然严重。

2. 女性角色转变与家族企业

在家庭变迁过程中，女性的地位得以逐渐提升，伴随着的是女性创业者和女性接班人的大量出现。尤其是在中国计划生育政策下，许多家族企业面临着女儿作为唯一接班人的挑战。据统计，上海市独生子女家庭约有305 万个，占全市家庭户总数的比例为 60.2%。在中国，不论是在历史传统上，还是当下，重男轻女之风仍然不减。在独生子女政策的约束下，对于希望家业长青的家族企业来说，更是迫切地希望有男性继承人出生。但是愿望归愿望，还是有很多家族企业的唯一继承人是女性，所以对中国家族企业的持续性发展进行研究的过程中，女性对于家族企业的影响的变化值得引起重视。在中国传统家族企业观念中，只能通过男性血脉的延续才能保持家族的延续。而且对于绝大多数中国家族企业主来说，通过企业的延续实现家族的延续，是他们最根本的家族意图所在。当唯一继承人成为女性时，又将如何？ 翟学伟（2001）提出通过过继和入赘方式的泛家族化可能是一种缓解没有男性继承人问题的途径。① 女婿不再因为是没有血缘关系的"外人"，而被排除在家族企业核心权力之外，毕竟他的子女是与这个家族有血缘关系的。在我们的田野调查中，很多家族企业主都表达出了这种"变通"

---

① 翟学伟：《中国人的行动逻辑》，北京：社会科学文献出版社，2001 年。

的理性思维。其实,现实中也有许多表现优异的女性二代,如碧桂园杨国强的女儿杨惠妍、宗申集团左宗申的女儿左颖、新希望集团刘永好的女儿刘畅、万事利集团沈爱琴的女儿屠红燕,都在其父(或母)的引导下有条不紊地继续着家族创业的征程。随着女性地位和教育的提升,传统的"传男不传女"的思想需要家族企业主重新审视,无论是儿子、女儿、还是女婿,只要有利于家族持续创业和成长的,就应是家族企业成功传承成长的可取之道。

3. 代际价值观与家族企业传承和转型

中国家族企业的发展与中国特殊的社会政治变迁路径是息息相关的。在改革开放的"黑猫白猫论"的指导下,未经受过高等教育的家族企业父辈创业者,凭借敢闯敢干的精神和发掘创业机会的独到眼光,在时不我待的政策利好下开创了家族事业。如今,新一代身处与父辈异样的环境中,随着社会现代化进程的发展,也形成了不同于以往关于家、家族及家族企业的价值理念。尤其是在父辈创业后积累一定财富后,大多选择将自己的子女送往国外留学,寄望其接受海外良好教育后,回来接手家族企业事务。然而,现实经常事与愿违:许多二代出国留学后,或者不愿回来,或者回来后不愿走父母的老路。留学的二代更易受西方个人主义思想的影响,主张个性与自由,弱化了家族的概念,对企业的发展也多形成了不同于父辈的价值理念。浙江大学城市学院曾举办的"创业人才孵化班"招收了 29 名有家族企业背景的二代学员,但无一人选择接班,多数表现出对纷繁复杂的家族亲戚关系的困扰,也有一些对家族企业所在行业不感兴趣或发展空间不看好。新一代家族成员与老一代的成长环境、教育方式和价值观理念方面产生诸多错位,他们多数更偏好不带有复杂亲戚关系的现代企业制度和新兴高科技行业,这无疑对现有家族企业如何实现成功传承和转型提出了挑战。如浙江方太厨具的茅理翔、茅忠群父子在二次创业中不断磨合,在家族企业的转型的同时,实现了传承。不过,综观现在已经接手家族企业的二代们,我们也会发现,新一代往往钟情投资多于实业,或者实现家族企业同时做实业和投资的"双轨制"。如浙江万向集团鲁冠球的儿子鲁伟鼎、新希望的刘畅在集团内主要掌控企业的资本运作。家族企业二代们多接受过专业知识的教育,国际化视野也更为宽广,与传统父辈创业的制造业等附加值较低或面临发展瓶颈的行业相比,更加热衷于资本的运作。新一代价值观形成过程中受到的更多的是所谓"华尔街精神"的熏陶,而不是老一辈吃苦耐劳精神的倡导。因此,代际间差异又为家族企业成长和发展带来新的挑战,如何在传承中转型或在转型中传承是每位家族企业主都要考虑的问题。

四、小结

所谓传统,是从历史上得到的并经过选择的这样一种东西。也就是说,并不是历史上发生的一切都是传统,有些东西很快就死亡了,有些东西过了一个阶段后就死亡了。没有传下来,被我们选择掉了,或者没被我们选择来,那些就不是传统。传统就是各种文化类型里面的基本核心,或核心精神。①

中国的家族主义和现代经济组织之间究竟是否存在一种契合的关系?中国的家族主义中是否能生成出理性的、契约的关系?如果存在,这又是一种怎样的理性呢?我们讨论中国家族企业的现代化进程,可能应该更致力于研究中国传统文化与现代契合的过程和机制:传统是如何影响现代性的?现代性又是如何反过来影响传统的?两者之间的契合过程与机制究竟如何实现?② 因为只有这样,我们讨论的才是"中国的"家族企业。

第二节　家庭结构多样化与家族企业稳健经营

"家族企业好比火,而家庭则好比氧气。家族企业的创业和成长不可能发生在真空中,就犹如火不可能离开氧气一样。"Rogoff(2003)的比喻形象地说明了家庭、家族的支持与家族企业成长的密切关联。大多数家族企业从创业开始就源源不断地从家族吸收物质资源、财务资源、人力资源甚至成功创业所必需的受教育背景和价值观等"氧气"。可以说,家族的影响始终不离每一位家族企业创业者左右,几乎渗透到了创业和成长过程的各个阶段。

但家族企业是由家族系统与企业系统互相重叠、互相影响的复杂系统,这导致家族企业通常要比非家族企业有着更为复杂的问题。无论是在动力机制、生命周期、运行规则、人事关系、价值观等方面,家族系统和企业系统都存在非常显著的区别。家族系统和企业系统的区别如图 7-1 所示。

在家族企业里,由于家族的情感和纠葛进入企业,使企业需要处理的问

---

① 庞朴:《稂莠集——中国文化与哲学论集》,上海人民出版社 1988 年版。

② 何轩:《家族意图与家族企业治理模式的选择:中国本土化的探索性研究》,中山大学博士论文,2009。

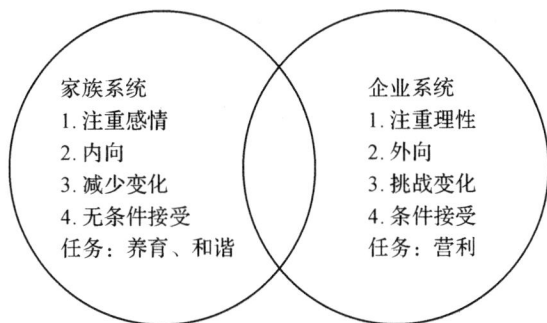

图 7-1　家族系统和企业系统的差别

题更加复杂。家族企业里代际混杂、股东既有参与经营的也有置身事外的,雇员中有家里人也有外人,合作尤为艰难。家族系统的渗入增加了企业系统的复杂性,家族同事们可能将家庭内的矛盾在企业中得以延续,工作彼此较劲和相互拆台。执掌企业的亲属可能独断专行、自以为是,对未参与经营的家族股东们的意见不理不睬;非家族成员感到自己是差序格局中的外人,可能先入为主地感到家族雇员享有格外的优待,如果自己在贡献和荣誉之间非常明显的不平衡,逐步产生出公平的诉求,工作努力的积极性逐步丧失。家族企业的氛围甚至会随着女婿或者儿媳的加入而产生微妙变化。原本看似统一的家族价值观也会因为二代、三代甚至四代家族成员的扩大而被稀释。所以家族企业不但面临更多的内部冲突,而且冲突涉及的层面也更为复杂。同时,家族企业自己独特的权力动力系统都使得家族企业的治理更为特殊和复杂。忽略家族系统内部关系的治理以及家族与企业之间的关系治理对于家族企业的危害很严重,有时甚至是致命的。兰德尔·卡洛克和约翰·沃德在论述家族企业战略计划时,就认为家族企业的失衡包括家族至上和企业至上两种情况。过度重视家族会侵害企业沟通、企业关系、业绩评估、战略决策等;而过度重视企业则会损害家族的沟通、家族忠诚感、家族情感等。①

　　而现实生活中,父子成仇、兄弟反目的例子也并不少见,由家族失败导致企业失败的案例比比皆是。如曾经风靡全国的傻子瓜子,由于年广久与儿子不和,各自都推出自己的"傻子"牌瓜子,父子纷争导致曾经的好品牌毁于一旦。而曾经的民营企业 500 强,温州远东皮革有限公司由于王氏三兄弟的股权纷争,企业也是大伤元气、四分五裂,而在谈及自己的亲兄弟王怀

---

① 卡洛克、沃德:《家族企业战略计划》,中信出版社 2002 年版。

和王楚的时候，创始人王敏说道："我做梦都想不到，会被自己最亲的人算计"，并用了"背叛"、"残杀"等极端的词语。实际上，这些个案并不罕见，许多家族企业都存在着产权纠纷、经营战略的分歧、家族成员的不一致等家族内部问题。应该说这不仅是改革开放以后中国大陆家族企业遇到的困难，而且是华人家族企业普遍遇到的问题。下面我们以新加坡杨协成以及我国大陆的真功夫为例来说明家族冲突是如何导致企业失败的。

【方框 7-1】

家族失和导致企业失败

案例 1　杨协成

1900 年杨景连以 40 个大洋在老家福建晋江开创杨协成酱园。1927 年，杨景连逝世，长子杨天恩开始独立主持"杨协成"的事业。1937 年，日本侵华战争爆发，杨天恩被迫南下东南亚，在新加坡买下一块地皮，开始筹建新厂。后来，其弟杨天球、杨天成、杨天赐、杨天华也先后来到新加坡，协助杨天恩开展业务。杨景连的长子杨天恩和次子杨天赐，在早年就随父亲一起推销产品，有较多的管理经验，分别负责新加坡杨协成酱园和漳州杨协成酱园的管理工作。三儿子杨天求和孙子杨至杰出外推销，四儿子杨天成管理账务。后来，五子杨天华在厦门大学获商学士之后也到了新加坡，任酱油厂营业部主任。新一代杨至德在厦门大学化学系毕业后，负责酱油厂实验室工作。自此以后，杨家兄弟长期携手合作，共同发展家族事业。杨协成酱园因此得以渡过一次又一次的难关。在第二次世界大战期间，日军占领了新加坡达 3 年零 8 个月，许多酱园因缺人缺物而相继停业。杨协成酱油厂虽屡遭敌机轰炸，但杨氏兄弟仍然竭力苦撑，惨淡经营，终于保住了杨协成酱油厂在客户心目中的地位。杨天成回忆当时的情景说："制成和推销人手短缺，大家非常忙碌。我们实行全家总动员，家中不分男女老幼，凡是有工作能力的都到工厂里去工作。每天从晨光曦微工作到午夜时分，精疲力竭，但是一家人毫无怨言。""协成"二字生动体现了杨家父子兄弟协力求成的创业精神。经全家人的同心同德、苦心经营，"杨协成"逐渐发展成享誉东南亚乃至全世界的企业集团。

1987 年，杨家产业传到第三代杨至耀手中。杨至耀是杨天恩的三子。上任之后，他大胆地进行一系列改革，推行杨家一贯的多元化、国际化战略。但他的一系列旨在推动"杨协成"进步的举措都未达到预期效果。1989年，先是养虾厂因连年亏损而不得不出售，后又因收购重庆公司业绩欠佳而使集团首次出现亏损。一系列的事件给"杨协成"企业集团带来几乎致命的冲击。家族内外对杨至耀责难四起，家族矛盾日益严重。1992年，不满杨至耀的杨至伟、杨至喜、杨至平、杨天成等相继辞去董事职位。杨家内部逐渐形成泾渭分明的两派：天华、至兴、至耀为一派；天成、为理、至伟为另一派。正当杨家内部纷争达到白热化时，杨至耀多年的挚友郑维强收购杨家股票，导致家族矛盾全面爆发。不久，杨协成私人控股公司解散。1994年8月，杨协成董事局成立执行委员会，加入另一大股东新加坡房地产大王黄廷芳。1995年2月，黄廷芳之子黄志祥被推上"杨协成"执行主席的位置。马来西亚的实业巨子郭令灿也大量收购"杨协成"的股权。郭、黄二人都有"杨协成"近30％的股权，并都提出了全面收购计划。而杨氏家族的股权已经分散，大部分成员已卖掉股票，重振"杨协成"已遥遥无期。兄弟相争，终让渔翁得利，"杨协成"的控制权落入了家族外人之手。在市场竞争中所向披靡的"杨协成"，却因手足相残而毁于一旦。（资料来源：笔者根据《富过三代》（李秀娟、李虹编著，上海人民出版社2007版）等相关资料整理。）

案例2 真功夫

俗话说，夫妻本是同林鸟，大难临头各自飞。真功夫快餐创始人蔡达标的家族内讧，虽然尚未走到"大难临头"的地步，但蔡达标和潘敏峰夫妇二人从开始相濡以沫，到现在反目成仇，让人们见识到了在创业和守业路上家族内讧的可怕。

蔡达标和潘敏峰夫妇1994年投资4万元到潘敏峰弟弟潘宇海的168甜品屋，并改名为168蒸品餐厅，店铺开在东莞长安镇霄边村107国道旁。餐厅生意逐渐红火，168蒸品餐厅开始有了公司的味道，三人之间的分工也变得明确起来：蔡达标负责品牌总体策划，潘宇海负责产品质量管理，潘敏峰负责餐厅财务记录。

1997年底，他们共同注册了"双种子饮食公司"。据说，当年潘宇海与蔡达标在东莞某制衣厂参观时，偶然发现了一款蒸汽炉，就邀请华南理工大学教授在此基础上研制出了"电脑程控蒸汽柜"等一系列设备。设备的研发成功，实现了中式快餐的标准化、规模化加工。当时潘宇海占50％的股份，蔡达标和潘敏峰各占25％股权。2003年，蔡达标提出出任公司总裁，潘宇海基于认可蔡达标的策划才能，为了有利于公司全局发展，便让位给了他，而自己则以副总裁的身份承担起了全国各地的门店开拓工作。2004年，经过品牌专家策划，经营了7年的"双种子"正式更名"真功夫"，并就此开始大规模地在全国各地开分店。

真功夫内部权力斗争主要是从2006年9月蔡达标夫妇感情破裂开始的。当时就有传言称蔡达标在初期就开始包养情妇，直到2009年3月此事才浮出水面。一名贵州籍女子胡某称其与蔡达标相处11年，并生有一子现年9岁。蔡达标、潘敏峰夫妇感情破裂后，潘敏峰起诉蔡达标重婚。据悉，为了获得子女的抚养权，当时潘敏峰将自己在真功夫25％的股权让渡给了蔡达标。加上原来的25％，蔡达标拥有了与时任副总潘宇海对等的股权比例。

2007年开始，蔡达标在企业内部开始了为期一年的"去家族化"改革。他推行标准化管理，并从肯德基、麦当劳等引进一批高管，如CFO洪人刚、CMO张帆等。此举使得真功夫早期的创业元老先后离去，并进一步削弱潘宇海在公司内部的势力。到2007年年底时，潘宇海在真功夫内部被架空，他跟蔡达标的矛盾也越来越严重。2008年初，出于平衡权势的考虑，真功夫成立一个名为"哈大师"的子公司，主营牛肉面，完全由潘宇海打理，而蔡达标继续负责真功夫品牌，二人各司其职互不干涉。但一年后，潘宇海要求蔡达标兑现当初承诺的第二笔投资时，蔡达标为了优先确保真功夫门店的扩张而拒绝了潘。2009年，蔡潘二人的矛盾开始升级。2009年，真功夫欲收购福记食品借壳上市，但因涉及股东间的利益分配问题，两大家族股东的内讧使得真功夫错失了一次上市良机。

2011年4月22日，广州市公安机关证实前董事长蔡达标等人涉嫌挪用资金、职务侵占等犯罪行为，对蔡达标执行逮捕。自从蔡达标被捕以后，真功夫董事长一职就出现了空缺。不过很快，董事长接任者就浮出水面。就在蔡达标被捕傍晚，真功夫公关部以公司的名义发表声明，称公司暂由真功夫副董事长、蔡达标前小舅子潘宇海代为履行公司董事长职务。但在蔡达标小妹蔡春红看来，这项声明违背公司章程，完全无效。她以《真功夫餐饮管理有限公司章程》第4.2条有关规定作解释，"董事长应由股东甲（蔡达标先生）任命"。而事发至今，蔡达标从未任命潘宇海担任董事长一职，潘宇海是自封的董事长。"求求你们了！放过我家人吧，不要赶尽杀绝啊！大家一家人，何必自相残杀呢？"，这是事发后真功夫创始人蔡达标的女儿蔡慧亭通过微博在公众面前向其家人发出的哀求。

（资料来源：笔者根据《家族内乱是功夫之殇》(2011 年 5 月 27 日《中华工商时报》)等相关资料整理。）

如何解决企业经营过程中的这些矛盾甚至冲突,成为家族企业持续成长的关键所在。家族企业在实现公司治理的同时,更应重视对自身的治理,即家族治理,且要走上制度化的道路。第一种机制是结构性的正式程序,包括澄清协议、公证程序、股权转让协议、企业的用人机制、意见的表达程序以及反馈机制、家族议事会等。其中,把家族利益的相关者都吸收到家族议事会上来,在那里实现直接的沟通已经越来越成为解决家族矛盾的一个有效机制。例如家族委员会可以用来讨论企业未来的发展方向,决定亲戚必须具备何种资格才能进入家族企业工作。家族委员会也是一个用来分担和表达嫉妒、伤害、敌对或冲突的论坛,有助于家人讨论共同的问题、成就、梦想、担忧和恐惧,避免出现失控的局面,它还能帮助家族制定一份价值观申明、战略计划和家族行为规范,能够帮助家族成员就任何重要的问题上达成董事。这些结构性的解决冲突之道是一个逐步健全的过程,对于防范未来的冲突带来长期的收益。第二种途径就是直接沟通,把问题摆在桌面上来,分析问题到底出在哪里。试着把身份界定清楚,以家人的身份讨论我们该怎么做与作为股东和经理人我们该怎么做显然效果不同,最早把立场暴露出来反而有益于问题的解决。善于谈判的人都明白一个道理:为了得到对方的认可,对方的利益必须得到满足,所以凸显的共同利益有助于当事人的妥协。失于交流的矛盾会日积月累,从而引发长期的、毁灭性的家族仇恨和法律纠纷。家庭企业冲突的解决往往不能一劳永逸,特别是矛盾日积月累甚至积重难返,需要家族成员们有着敏感的警觉、有效的交流技巧和积极的换位思考。共同的价值取向和血浓于水的血缘纽带相信有助于成员之间的沟通。

第三节　家族企业发展与传承

一、是"富不过三代"还是百年老店

家族企业作为家族与企业的结合体,不仅追求企业赢利的最大化,还具

浙商研究

有代际传承实现"家业长青"的需求。对于华人家族企业而言,企业能否在家族几代人之间实现代际传承的愿望甚至超越了企业本身的经营目标。然而,麦肯锡一项关于家族企业的研究结果表明:全球范围内家族企业的平均寿命只有24年,其中只有大约30%的家族企业可以传到第二代,能够传至第三代的家族企业数量还不足总量的13%,只有5%的家族企业在三代继续生存。中国大多数的民营企业是在实施改革开放政策后才获得迅猛的发展的。30多年过去了,当初叱咤商场的企业家大多过了知天命之年,成功的企业家正在悄悄地功成身退,中国家族企业也陆续进入换代高峰。然而,国内有关调查则显示,由于找不到合格的接班人,超过300万的中国民营企业中有95%以上难以摆脱"富不过三代"的宿命。目前国内富人家族的孩子中,只有约10%的子女继承了父母的优良品质,成为积极向上、勤奋好学的人。因此,对不少中国的富有家族及企业来说,不是富过三代的问题,而是能否富过两代的问题。正如Astrachan和Bowen(1999)所言:传承决策犹如悬在每一位家族企业所有者及其家族成员头上的达摩克利斯剑,随时都可能给企业造成灾难性的打击。并且,对于家族企业来说,继任还远远不只是一般企业老领导人的退出和新领导人的进入这么简单,代际传承的整个过程需要运用到所有权、家庭及公司的发展原理(盖尔西克,1998),其领导人的继任显示出独有的复杂性,而且影响也会更为广泛。

按照美国学者兰斯贝格、盖尔西克等人所构建的企业所有权发展进程、家庭发展进程和企业发展进程这一家族企业的三极发展模式,家族企业的代际传承涉及对继任者的培养,对其他家庭成员、创始人和非家族经理人的影响,权杖交接手段和方法以及对企业的影响等问题(陈凌,应丽芬,2003)。概括地说,传给谁、传什么、怎么传这三个问题将是关系家族企业代际传承成败的关键。这些问题解决得好,则是基业长青,解决得不好,企业可能从此走向破裂衰败。下文将对代际传承的这三个问题进行深入分析。

二、"传子"还是"传贤"

家族企业代际传承首先需要解决的问题是接班人的选择,即从家族内部还是外部选拔接班人。从中国大陆家族企业的传承案例来看,"子承父业"仍是国内许多家族企业首选的交接班模式(韩朝华,陈凌,应丽芬,2005),如鲁伟鼎接替鲁冠球,出任万向集团总裁;徐永安接替徐文荣,担当横店集团董事长;梁昭贤接替梁庆德,出任格兰仕总经理;周海江接替周耀庭,出任红豆集团董事长等。华人家族企业选择"子承父业"的传承模式的原因在于华人家族传统文化中对血缘的重视和信任,以及华人社会具有低信任度文化的特点(福山,2001)。依照中国人的文化传统与心理,自身辛苦创办的企业若非子女或本家族中人接班,是很难让家族企业创业者所接受的。再者,正如 Lansberg(1999)所言,对父母来说,将他们的希望和梦想永续的最好方式,就是将他们一生所从事和建立的事业传递给他们的子孙,并代代相传,这是人类的天性。

　　然而,需要指出的是,在实行独生子女政策的背景下,家族企业的接班人选择范围也大大缩小,传承困境更为突出(窦军生,贾生华,2007,2008)。子女是否愿意接班、其能力能否掌控企业等问题将直接影响家族企业代际传承的成败。王安电脑的传承案例则是其中的一个典型。王安电脑曾是全球红极一时的品牌,其创始人王安曾被列为美国第五大富豪,成为华人世界的奇迹。然而他钦定的接班人——儿子王烈上任后,王安时期的老部下纷纷离职,在不到 6 年的时间里公司即落入破产的凄惨田地。因此,有不少学者经常讨论的另一个热门话题是有关引进职业经理人和家族企业逐渐转化为公众公司的过程。从理论上讲,当家族内部并无合适继任人选时,从外部寻找能力强的职业经理人是一个次优的选择。然而,陈凌和应丽芬(2003)敏锐地指出,家族企业引入职业经理人存在管理的合法性问题,即由于职业经理人不拥有企业股份,不是企业所有者,除非他们具有异常的管理能力,否则企业员工可能会出于感情或其他原因很难产生认同感,从而造成管理失效;而企业所有者的干预和介入进一步制约了职业经理人,而使其能力无法完全施展。其次,由于信息不对称,在中国当前不完善的职业经理人市场中,经理人的能力强弱也是难以分辨的,如兰州黄河集团引入职业经理人后,集团差点被经理人所颠覆,而后董事长杨纪强又重新把他的几个儿子安排在高层管理岗位上(储小平,2002)。从当前部分家族企业的发展历程来看,通过企业内部逐步培养职业经理人,而后由优秀的职业经理人集体接班,家族成员退居幕后可谓是风险较低的传承模式之一。以下方框中的美的集团何享健给出了一种有益的尝试。

【方框 7-2】

美的集团何享健的退出之道

　　如何通过把企业的经营权逐步交给职业经理人从而使创业家族全身而退,美的集团的创始人何享健显然深得其中要义。上个世纪 60 年代，何享健带领广东顺德北滘公社 23 位居民每人集资 50 元，另外通过其他途径共筹得资金 5000 元，以"生产自救"的方式开始创业。谁能想到，这个以生产药用玻璃瓶和塑料盖的"北滘街办塑料生产组"在 40 多年后会成为中国家电业的巨头。2009 年 8 月 26 日，何享健在美的电器董事会上宣布辞去上市公司美的电器董事局主席及董事职务，其职务改由原董事局副主席、总裁方洪波继任（并兼任总裁），美的集团董事、副总裁栗建伟、黄晓明同时担任董事局副主席，财务负责人赵军则被提名为董事候选人。对于自己最新的高层人事安排，何享健表示，此次调整只是美的进一步放权，完善职业经理人的授权经营和企业管治模式，而他本人并未因卸任上市公司董事局主席就退休。今后，他将继续担任美的集团董事局主席。随着何享健的退出，美的电器的董事会成员完全由职业经理人担任。对于这在民营上市企业中极为罕见的一幕，业内分析人士认为，何享健显然为公司规划了更长远的未来，这符合现代企业管理的大趋势，也为美的及时地清除了家族企业产权不清的"定时炸弹"。

同时何享健也表示，退位后的他将继续以大股东和实际控制人的身份支持美的电器的发展。美的的职业经理人培养制度不会改变，将逐步实现股东、董事会和经营团队的"三权分立"。将来家族只是一个股东，不是经营者，管理层则在董事会作出决策后负责执行。而当美的集团所有赢利业务全部登陆资本市场后，创始人将在合适的时候减持股份。"我想什么都不理，依靠家族管理、老板管理来保持公司的发展，并不是我想要的。""美的集团最后的 CEO 都会是职业经理人，家族只是一个股东。""企业运作靠团队，我现在没有什么不放心的。因为美的一直以来不是靠个人的权威命令，而是靠制度流程和团队，他们不用等我命令去干事。美的也不存在谁接班的问题，谁有能力谁坐这个位置。"

（资料来源：《时代周报》，2009 年 9 月 11 日；《IT 时代周刊》，2009 年 9 月 27 日）。

值得指出的是，与中国许多民营企业创始人所面临的第二代子女的资质、能力难以有效接班的情况所不同，何享健可谓是"虎父无犬子"，儿子何建锋在业界早已是名声在外。然而，从种种迹象看来，何建锋自身的接班意愿似乎并不强烈。从何剑锋的创业历程来看，他的修炼也一直不在美的内部进行。1994 年，他在顺德创办现代实业公司，专门从事小家电的贴牌生产。经过8年奋斗,现代实业公司于2002年更名为"盈峰集团",拥有5个实业公司和2个经贸公司,员工5000多人。何剑锋创业主要是通过给美的代工获益,如果不是这样,他不可能生存下去,由此可见何享健的护犊之心。但是,何剑锋却给自己规划了另一个发展领域——资本市场和金融产业。据接近何剑锋的人士称,尽管何享健很想儿子回到美的,甚至那些对儿子旗下企业的并购也有施压的味道,但何剑锋却不想生活在父亲的光环之下。何剑锋自知不可能在美的内部有其父一样的威信,方洪波等一帮美的老臣的能力也是业界有目共睹的;另一方面,他不希望继续其父亲在制造业上的成功,转而关注资本市场和金融产业。2007年3月,何剑锋成立深圳市合赢投资管理有限公司,随后从美的电器手中收购了易方达基金管理有限公司25%股权。去年9月,其掌控的"广东盈峰集团有限公司"正式更名为"广东盈峰投资控股集团有限公司",实现从实业公司向投资公司的转型。虽然外界数次盛传何剑锋将在其父退位后出任集团董事局主席,但业界的猜测都未能言中。时至今日,何剑锋从未进入过美的集团的管理层和董事会。[①]

中外许多家族企业交班的历程都表明,创业企业家自身的传承理念极为关键,其将企业视为是无生命的财产,还是独立的生命体将直接影响接班的模式。倘若创业企业家把企业仅仅看做是家族财产,关注的是财产安全以及实现家族的延续,那么,在这样的传承理念指引下,多数家族企业选择了"子承父业"这种交班模式。但若创业企业家认为企业是一个独立的生命体,其更关注的是能否实现基业长青,那么接班人选择的标准就应当是有能力者居之,是否自己子女并不重要,重要的是接班人的能力是否足以让企业基业长青,发展得更好。

从美的这一案例可以看到,美的集团创始人何享健的愿望是将美的事业打造成长期健康、稳健发展的百年企业。因此,与其他家族企业"传内不传外"不同,何享健选择了这样的一条传承道路:即将企业经营交给成熟的职业经理人团队,将公司职业经理人的授权经营体系进一步完善,通过制度的保证实现企业做大、做强、做长。这一传承理念与欧美国家许多家族企业的演变是共通的。在这些国家的经济中占据重要地位的家族企业,大多数实现了经营权和所有权的分离,由职业经理人掌管企业运营,而家族成员则退居幕后。对他们来说,经理革命早已实现,企业已经通过逐步引入管理资

① 资料来源:《IT时代周刊》,2009年9月27日。

源,形成职业管理团队,进而增强了企业的组织能力,实现企业可利用资源的最大效度的吸纳和整合。然而,需要指出的是,美的集团的传承模式虽然反映了家族企业代际传承的一种趋势,但美的的这一传承模式并非适用于所有家族企业。基于中国文化背景、当前职业经理人市场还有待进一步发展完善的现实环境以及家族企业本身发展特点,中国大多数的家族企业在继任过程中还不宜过急考虑实现所有权与经营权分离(陈凌,应丽芬,2003)。

近期所发生的国美创始人黄光裕与职业经理人陈晓对企业控制权的争夺则是一个突出的案例。这一事件不仅引起了学界和企业界的极大关注,也深刻地影响当代家族企业创始人群体和职业经理层的价值观。这一事件过后,许多企业家普遍持这样的观点:在这人心不古的"企业江湖",职业经理人始终是不可靠的,对经理人的信任与授权也应当保持在一定限度以内。值得指出的是,对职业经理人有所防范本无可厚非,但企业家对整个职业经理人群体的信任度下降在我们看来是极为危险的,这将阻碍家族企业从封闭走向开放,阻碍家族企业内部治理机制的完善,阻碍家族企业的持续成长。家族企业要实现持续成长,委托—代理链条必须要不断拉长,逐步突破家族管理资源的封闭性,要吸纳外部职业经理进入企业,并有效地对人力资本进行整合(储小平,李怀祖,2003)。因此,我们也呼吁,应当正确地解读"国美黄陈之争"这一个案,"一朝被蛇咬,十年怕井绳"的态度是不可取的,这将不利于家族企业进一步吸收外部人力资本,做大做强。另一方面,家族企业也应当进一步完善内部制度及规范,既要给予职业经理人足够的激励,给予他们发挥能力的舞台,又必须对其不当行为进行约束。并且,通过一系列"泛家族化"的措施(如增加工作以外的家庭交往,邀请经理人参加家庭聚会等),努力使外部经理人成为"自己人",这才是防范职业经理人道德风险的治本之策。

三、代际传承的实施:传什么? 怎么传?

除了家族企业接班人选择这一难题外,代际传承如何实施(即应当向接班人传什么,怎么传的问题)也是家族企业挥之不去的阴霾。一般来说,家族企业创业企业家向接班人传的就是位子和股份。传位子就是把企业的经营管理控制权传给接班人,但是否能一下子传过去?传承过程中会出现哪些问题?创业企业家是否舍得把权力转让给接班人?很多案例表明,即使是把位子传给自己的儿子,很多老板也都很不爽快。因为权力转让了,会使人感到失落。方太董事长茅理翔也曾谈到这方面的问题:"在宁波有个著名的家族制大企业,老子都70多岁了,至今都不肯交权。他把自己已经40多岁的儿子放在企业中一个技术部门里做领导。要知道在那样的位置上是不可能培养接班人的能力的。就我所知,至今那位公子还不能在公司里树立起权威来。"(宋继文,孙志强,文珊珊,蔚剑枫,2008)。

另外,创业老板也会考虑,位子传过去了,接班人能不能坐得稳呢? 能不能与管理班子的其他成员,特别是与创业元老们很好地协调配合呢? 传股份是老板或老板与家族成员的一个内部决定,是一个法律过户的手续,但股份传过去了,能否守得住呢? 传股份涉及股权结构与企业治理结构这一大问题,传位子涉及控制权的配置和管理班子的稳定与有效持续运作的难题。

【方框 7-3】

李嘉诚的接班人培训

香港的李嘉诚一直被看做是华人企业家的代表人物,他在接班人培训上也是煞费苦心。为了培养孩子独立生活的能力和掌握现代科技,李嘉诚将2个儿子都送到了美国留学。次子李泽楷的零用钱是他通过课余兼职挣来的。兄弟俩人完成学业后,李嘉诚并没有让他们直接回到自己的企业工作,而是让他俩去了加拿大。他们一个搞地产开发,一个去投资银行,在异国他乡小有业绩后才回到香港。之后,兄弟俩先后进入李嘉诚的长实、和黄,并逐渐担任重要职务。长子李泽钜先后担任执行董事、副董事长、总经理等职,而李泽楷则在和黄工作一段时间后,出去另创电讯盈科,并在之后的收购战中一举成名。

可见,家族企业的传承远不止是传位子或传股份那么简单,还涉及接班人的栽培等问题。创业企业家必须有意识地训练接班人,"苦其心志,劳其筋骨,饿其体肤,行弗乱其所为",并且让接班人早入江湖,建功立业,只有这样才能让人心服、口服。窦军生和贾生华(2008)通过对 41 则媒体报道资料的结构化分析和对来自 60 家面临传承问题的家族企业调查数据的统计分析发现:企业家默会知识、企业家关系网络和企业家精神是家族企业代际传承过程中企业家个体层面需要传承的三大类要素。与此相一致,储小平(2011)对家族企业传承要素进行了深入的分析,并构建了一个传承要素的系统图，如图 7-2 所示。

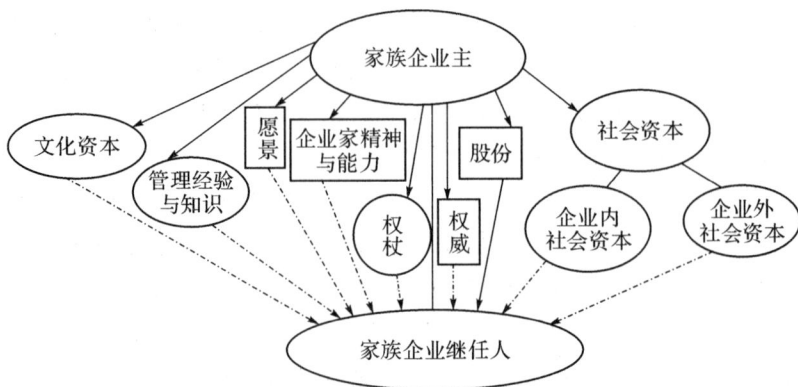

图 7-2　家族企业传承要素

　　从图 7-2 看，传承是多种要素组合系统的传递与承接的过程。要想使位子与股份传承顺利，还得想到与传位子、传股份紧密关联的其他要素的传承，如：企业家精神和能力的传承，企业家权威的传承，企业家在企业内部与外部的社会人脉资本的传承，企业家的经营管理经验、知识和技巧的传承，企业长期形成的企业文化的传承，家族和企业愿景的传承，等等。图 7-2 中表明，只有股份与权杖即位子的传承是实在的，是可以通过法律或企业内部的行政命令来实现的，因而全过程用实线来标示。而其他要素都不能量化并精确地予以传承，所以用虚线来标示，说明这些要素并不能够完完整整地传承过去，或者说继任人受各种因素的影响不一定能或完全愿意承接过来。

1. 企业家精神和能力的传承

　　在各种要素的传承中，首先最难传承的可能是企业家精神和能力。因为有些人可能天生对商机特别敏感，胆大且异想天开，甚至有"泰山崩于前而色不变"的心理素质。这种能耐很难通过后天的学习和训练来完全获得。后天的学习和历练可能会把这种能耐潜质发掘得更多，使之发挥得更出色。这种对商机的直觉识别和敢冒风险的能力，对投资与经营不确定性风险的心理承受力，制定战略、整合各种资源并有效实施战略的魄力等，不是创业企业家们能够那么容易、那么有效地传递给接班人的。因为这种能耐是企业家特有的一种专用性人力资本，是附着于活生生的企业家个体身上而难以分离的，它体现为一种神气活现的行动与身影，体现为洞察本质和未来的见识，体现为纵横捭阖的现场发挥的表演能力，体现为一种经过市场检验和认证的声望。要把这种能耐从成功的创业企业家身上剥离出来传给接班人,一是要看继任者是否是那块料,二要看上一代如何培养继任者,三还要看继任者本人的意愿。当然,天赋的因素是不能事先设计的,那只能交给上帝去掷骰子,创业企业家所能做的自然是给后代良好的教育和恰当的历练。

2. 企业权威的传承

企业与市场交易的重大区别之一是:企业是通过行政权威来配置人力和物力等资源的。若企业领导者的权威树立不起来,或权威不充分,或其权威未能被下属充分认同,则领导者的领导效能就不能有效发挥。一般而言,创业企业家是在市场竞争和世事风波中滚打历练出来的,拥有企业的资本所有权,自然就形成了所有者权威、职权控制权威和个人魅力权威,并能有效地行使这些权威。这些权威中随着股权和权杖的传递,可以让继任者拥有所有者权威和职权控制权威,但个人魅力权威就很难传承。因为个人魅力权威主要是由魄力、品德、仁爱、知识和专业能力、领导艺术等要素构成,这些要素难以通过股权和职权的转让传递给继任者。个人魅力权威不足,那么所有者权威和职权控制权威的效能就会打折扣。

另外,家族企业的权威有着特殊性,其中既有企业理性规则的要求,也有家族伦理规则的内涵。一旦继任者的企业家能力不足和/或不能遵循家族伦理规则,他就难以拥有必要的权威,甚至会失去在企业中的权威。以台湾最大的家族企业之一台塑集团王永庆为例,1995 年台塑集团董事长王永庆的长子王文洋与女明星吕安妮的关系暧昧,并且已经到了不得不对外公开的地步,导致公司股票大幅下挫。王永庆当机立断,将王文洋的名字从台塑集团所有公司中剔除。2008 年,香港新鸿基集团郭得胜的长子郭炳湘身边的一位红颜知己在公司扩张势力,甚至挑战老臣子,令郭家担心利益名誉受损,三兄弟因而失和,最终由德高望重的郭家掌门人郭老太邝肖卿出面,力劝长子在江山、美人中两者择其一。此后郭老太更是亲往国金中心邀四叔李兆基出面相劝,但仍无法令郭炳湘回心转意,郭老太唯有亲自出手,将爱子拉下台。王文洋和郭炳湘都是因为其行为不符合家族伦理规则,因而在集团中失去权威。因此,创业企业家要有效地进行企业权威的传承,不仅要给后代良好的教育培养的条件,而且要给他们历练、建功立业的机会,否则,德不高、才未成、功未立、望不重,那么权杖与权威就难以有效传承了。

3. 社会人脉资本的传承

一般来看,成功的创业企业家都有一些长期的追随者,这些人钦佩、信任创业老板。在长期追随老板的创业与发展过程中,这些人也得到老板的很深的信任，与老板之间的合作非常默契，成为老板的自己人或者是哥们，分享着企业的控制权和很多企业内部的商业秘密，也是企业中的既得利益群体。这是老板的企业内部的社会人脉资本。另一方面，成功的创业企业家大多是关系高手，无论是和与企业投资经营有联系的商家，还是和政界官场及社区各方，他们大都能长袖善舞、精于应对。他们深谙"经商要学胡雪岩"的门道，从企业外部的各种人脉中得到各种资源、信息和关照。当然，关系运作有得有失，其中甘苦，也是冷暖自知。

从传统与现实看，中国就是一个"关系本位"的社会，大量的资源和信息都存在于人脉网络之中的，都是通过人脉网络流动的，企业的运营在很大程度上就是嵌入在各种关系网络之中的。企业外部的社会人脉资本是老板创业成功和维持企业持续发展的重要基础。创业企业家要把他在企业内外部的这两种社会人脉资本传给接班人，也是不容易的。俗话说：看什么人办什么事，人在人情在，人一走茶就凉。少帅一接班，元老们不认同，社会各界不买账，企业就难以为继了。台湾三阳工业公司的现任董事长黄世惠于1981年其父黄继俊去世后接任父职。5年后，黄世惠将其父的老部下、老朋友，担任总经理多年，同时也是三阳工业股东之一的张国安免职，改聘为最高顾问；将副总经理赖富峰免职，改聘为高级顾问。黄世惠并且言明，最高顾问和高级顾问待遇虽照旧，但不必再来公司上班。张国安受此打击后转任丰群企业总裁，由此出现了三阳工业公司内部关系网络的断裂，社会资本的传承受阻。

因此，创业企业家不仅要使继任者受到良好的专业知识和技能的教育训练，而且尤其要注重后代待人接物、为人处世的能力的培养；不仅要把继任者带进各种人脉关系中，而且要培养其素质以使他获得尽可能多的认同，其中关键的是真诚领导力的锻造和人际关系技巧。

4. 特有的经营管理经验、知识技巧的传承

常话道：世上失败的原因往往是相同的，但成功的原因往往是独特的。成功的创业企业家在创业与成长过程中往往形成自己独有的一些经验、技巧和知识，其中最主要的可能是企业家默会知识，如诀窍知识、心智模式、特有的人情关系规则技巧、与各方合作的心理承诺等。这些知识和经验技巧有的沉淀转化成企业特有的组织知识，甚至成为企业独有的难以被竞争对手模仿的竞争利器。这其中，有的可以传授，有的要靠观察揣摩，要接受组织的熏陶，要心领神会，要靠实践中的精巧掂量和艺术拿捏。在这一过程中，更需要有效的传、帮、带。

5. 企业文化的传承

成功的创业企业家往往把自己的个性风格、理念价值观等深深烙印在自己的企业组织中,所以有"企业文化就是老板文化"的说法,特别是成功的家族企业主在企业中往往就像教主,长期追随他的管理团队往往就成了他手下的一批传教士,而他们希望把员工都变成老板的信徒。在这样的过程中,企业的使命、宗旨、愿景,老板个人独特的管理风格,老板与员工、领导和部属之间的心理契约,公司内部长期形成的行为模式,交往沟通的规则和组织氛围等等,企业文化因素就渐渐定格了。这些企业文化因素,有些是明确以文字形式表达的,有些是无形的,也是企业主和领导群体身体力行的活文化。

企业文化的传承也是非常微妙复杂的,有些宗旨理念具有相对的恒久价值,如强生公司的四个信条"第一关注用户、第二关注员工、第三关注社会、第四关注股东",李锦记的"我们大于我"和"思利及人",方太集团倡导的"人品、企品和产品"三合一等。但任何企业文化的形成都与特定时期、特定环境有关,在彼时彼地行之有效的企业文化,到时过境迁的此时此地,可能就不能促进企业的生存和成长了,如20世纪90年代初期,IBM公司长期行之有效的"精益求精、不裁员、一致性决策"等企业文化因素就成了企业成长的桎梏,于是郭士纳上台不得不大刀阔斧地进行全面的变革。所以,企业文化的传承一方面要继承,另一方面要扬弃一些不合时宜的内容。现在,中国家族企业文化的传承又面临时代环境的巨大变迁,全球化进程和传统文化的复苏使各种思想观念在交汇冲撞,而相当一部分家族企业老板的子女往往有国外学习的经历,其中有些少帅是"80后"、"90后"的人,他们的思想价值观与上一辈的代沟会很大。因而,创业企业家所创立、倡导的企业文化,在新一代看来,可能过时了,因而得不到他们的认同。这样,企业文化就难以传承下去了。为此,企业文化中的精华部分、有着持续生命力的要素是不能丢弃的,很多优秀企业有着良好的企业文化,如诚实守信等,但后来的继任者往往忘记了、违背了一贯坚持的诚实守信的商业伦理,甚至违反法律,结果导致了企业的衰亡。10年前,有着88年历史、曾为全球五大会计事务所的美国安达信公司及其他为之提供审计业务服务的庞大的安然、环球电讯和世界通信三家公司都因为未能坚守诚信的商业伦理和法律准则而轰然倒塌。这一事件不仅震动美国,也震动全球,至今仍然是一面警钟。另外,为使企业文化不断能扬弃创新,创业企业家不能仅仅注重对继任者灌输"术",更重要的是灌输"道"的理念。因为"道"是企业文化的灵魂,不闻道不足以明理,不悟道不足以成器,不行道不足以立大业,不明道不足以善终身,不秉道不足以传基业。李嘉诚先生曾说过这样的话:"建立个人和企业良好信誉,这是资产负债表中见不到,但却是价值无限的资产。""因为我公道公正,很多年来,很多机遇都是跟我合作的人送来、追来给我的。这一点是我的一个秘密。"新希望公司的 CEO 刘永行说过:我们办企业主张诚实经商,一开始就把商誉看得很重。我们新津厂有块牌子,内容是到了结账的时候,如果付不出款的话,甘受每天千分之一的罚款。这么多年都一直坚持。他说:"我严守商誉,人家就会把我看得很高,会更加信任我,我就获得了更多的商业机会。"从他们的言论和掌领企业的发展不难洞悉商道的实质内涵。

6.愿景的传承

通过创办和发展企业把家族共同的愿景和梦想一代一代传承下去,应该是家业长青的最深层次的心理动力源。2005 年,商务印书馆翻译出版了伊万·兰兹伯格《家业永续——家族企业如何成功完成代际传承》一书。作者在书中阐明的核心见解是:一切成功换代的驱动力就是对未来的愿景或共同的梦想,这种愿景经过多年的磨砺,不断地激励家族企业中的一代又一代人。家族企业的延续需要将每一代企业接班人的个人梦想凝结成一个共同的、集体的梦想。这种共同梦想为所有权和管理权的有效转移提供了背景。接班是一个旅程,其终点由家族的共同梦想所决定。当后代的家族成员失去了家族的共同梦想,那企业就失去了传承的力量。这种愿景的传承关键是:创业企业家形成家族的共同梦想,不断地把家族成员个人的梦想凝结成家族的整体梦想,把家族共同的梦想不断在代际传承中巩固、强化和持续下去。这当然也是一件不容易的事,因为家族企业代际传承难以避免会遇到"家族意图淡化律或递减律"。正因为如此,李锦记公司在第三代至第四代期间,重视制定"家族宪法",注重家族后代的情感和家族意图的培养。

以上分析表明,家族企业代际传承是要素系统的传承,其中每种要素的形态、内涵是不同的,而且各种要素之间也有着内在的关联;每种要素传承的方式、路径既有关联,但也有不同;各种要素传承的效果往往是相辅相成的。创业企业家需要对企业的代际传承要素有一个系统的认知和把握,需要有一个缜密的传承计划,需要有一个周密的有效执行并时时反馈优化的传承实施方案。这些都需要在已有的大量研究基础上结合我国社会经济文化转型的情境继续深入探讨。这里的分析并不表明,接班人一定要把所有的要素都原封不动地全部承接过来,正如前面所分析的,时代与环境的快速变化,创业企业家的成功要素有些在时过境迁中也会不合时宜。何况有些家族企业由于制度环境因素的影响和企业自身的原因,往往是机体不健全的,甚至带有病毒基因。这需要新的一代在传承中一方面要能因时因事因地创新性的承接,另一方面,要增强后天的免疫力和清除病毒基因的能力。

四、中国家族企业中的代际传承:方向与启示

在对家族企业传承中的三个问题进行分析后,本节将结合中国家族企业的代际传承实践,对未来中国家族企业代际传承的方向与启示进行阐述。

1. 子女少(一个或一男一女)

当家族企业主子女较少(一个或一男一女)时,接班人的可选范围也随之缩小,此时代际传承模式主要有以下三种:

第一,少帅接掌,由他组阁,传承创新。少帅组阁这种模式有其两面性。一方面,少帅可以大展拳脚,企业的战略发展充分体现少帅的意图,突破父辈的经营模式,在企业多个方面实现创新。另一方面,以少帅为核心的管理层也有可能存在经验尚浅、战略冒进等问题,倘若处理不当,有可能将企业带入衰败。可见,这种传承模式对少帅的能力素质要求较高,除需具备一定的企业家精神和管理能力外,也需要经验的逐步积累。因此,对少帅的传、帮、带必不可少。此外,还应让少帅独自操盘部分业务和分支机构,使得其企业家能力经受市场的检验和提升,老帅则是在旁观察指导。在其他企业的历练也是非常有价值的,这将增加少帅的行业经验,使其企业家能力进一步得到提升。

第二,少帅接掌,老臣辅佐。与少帅组阁的方式相比,此种传承模式对少帅的能力素质要求相对较低,对企业的冲击较小,使得企业得以平稳过渡,因此为许多家族企业所接受。老臣通常具有多年的企业经营管理经验,对企业内外的关系运作也是烂熟于心。更为重要的是,这些老臣子是极为忠诚于创业家族或是创业企业家的。在老臣的辅佐之下,少帅可以逐步掌握生产经营诀窍,犯错误的概率也是随之降低。

第三,后往不济。此种情况大多是由于子女能力较差,无法掌管企业。在后续无人的情况下,创业企业家可能将企业交由经理人团队打理,家族成员则是持有一定的企业股权。此外,企业家也有可能索性将企业卖掉,颐养天年。

2. 多子女或家族成员接班

当企业家子女较多,家族较为庞大时,其传承模式主要有以下几种:

第一，大权独揽型传承。由于子女较多选择范围较大，所以企业家能够在众多子女中挑选出最具企业家能力的后代，并将企业的经营控制权传给其中一位子女。这种传承模式在一定程度上避免了企业的分家，保证了企业的规模效益及稳健经营。但是，如同古代帝王之家太子之争一般，子女之间的明争暗抢在所难免，将影响家族的团结与和谐。

第二，控制权共享型传承。所谓控制权共享，是指企业家将企业的所有权与领导权在众多子女之间平均分配的管理模式。一般而言，此种传承模式缺乏一个接班人核心，容易引致子女之间的争权夺利，并且决策效率也较低，因此失败概率较大。倘若众多子女拥有对家族及企业的共同梦想、对家族基业长青的愿景的强烈追求，讲求奉献、妥协、谦让，"我们大于我"，那么，控制权共享型传承也是可能获得成功的。

第三，控制权集中与分享协调型。所谓控制权集中与分享协调，是指后代中由一位子女掌有控股权及大部分的经营控制权，其余的股份与控制权则在其他子女之间共享协调，类似于小北斗与群星拱卫。在家族成员人力资本能够实现互补，相互依赖度高的家族企业中，这种传承模式较为有效。此外，这种传承模式要求众多子女对家族产业及常青意愿的高度认同，并且具备一定的家族规则，用以协调家族成员的利益纠纷和防止家族意图的淡化。

综上所述，家族企业作为家族与企业的结合体，不仅追求企业赢利的最大化，还具有代际传承实现"家业长青"的需求。对于华人家族企业而言，企业能否在家族几代人之间实现代际传承甚至超越了企业本身的经营目标。因此，代际传承既是当前众多本土家族企业亟待解决的问题，也是值得理论工作者深入探讨的议题。我们期待中国大量的家族企业在代际传承中能再创辉煌。

第四节　中国家族企业治理结构

家族企业的治理不同于一般私营企业的治理，由于家族企业同时受到家族和企业两个系统的影响，家族企业的治理既包括企业的治理，也包括家族自身的治理，前者解决的是家族外部的代理问题，后者解决的是家族内部的代理问题，因此对中国家族企业治理结构的透视也需要从企业治理结构和家族治理结构两方面着眼。

一、家族企业的治理结构

家族企业的治理结构可从股权、董事会和控制权三个层面来考察。在中国家族企业中,控制家族在三个层面都保持着有力的控制,其特征表现在以下几个方面。

1. 家族高度控股

现阶段,中国家族企业的股权集中度很高,虽然随着企业规模的成长和公开上市,家族的持股比例有所下降,但大多数企业中家族仍保持着控股地位。从公司治理的角度看,家族小心地保持着控股地位,也是为了在投资者保护不足的制度环境中保障自身的利益,避免沦为小股东而遭受大股东的盘剥。从第九次私营企业抽样调查的数据显示,样本企业中企业主家族平均持股 91.0%,其中企业主个人平均持股 72.2%,其家族成员平均持股 18.8%。股权的集中还反映在股东人数上,样本企业平均自然人股东人数只有 2.97 人,平均法人股东数为 0.84 家。家族上市公司中家族的股权比例虽有下降,但家族持股仍然很高。金燕华、赵雷(2007)[①]在对《新财富》杂志 2005 年家族上市公司的考察发现前 10 名的家族上市公司家族平均所持控制权比例为 56.17%,前 20 名的家族上市公司家族平均所持控制权比例为 55.28%,前 50 名的家族上市公司家族平均所持控制权比例为 50.93%。上述数据均明显高于我国 A 股上市公司第一大股东平均近 40% 的持股比例,而且在 100 家样本企业中,家族绝对控股的企业有 38 家,占三分之一。近期集中上市的创业板公司家族一股独大的情况亦很明显,根据刘纪鹏(2011)对 200 家家族上市公司的统计,发行上市前平均第一大家族股东平均持股比例高达 54%,持股超过 70% 的有 51 家,50%~70% 的有 64 家,30%~50% 有 61 家,30% 以下的仅有 23 家,其中雷曼光电公司李跃宗家族,发行前持股 99%,发行后持股 74%。[②]

家族对股权的高度控制与企业主的家族意图存在着密切的关系。在第九次私营企业抽样调查的家族企业子样本中,有 46.6% 的企业主赞成家族对企业绝对控股,而不赞成的企业主只有 27.1%,企业主的家族控股意图

---

① 金燕华、赵雷:《我国家族上市公司股权结构与盈余管理》,《集团经济研究》,2007 年 10 月。

② 刘纪鹏:《创业板问题实质是家族上市公司一股独大》,《经济参考报》,2011 年 5 月 23 日。

与家族股权比例在 0.01 的水平上显著正相关。对比样本企业开业时与 2009 年年底的股权结构，可以发现，开业时非家族自然人平均持有企业 8% 的股权，但到 2009 年他们的平均持股比例下降到了 7.5%，其比重的下降恰可对应家族持股比例的上升。这种状况暗示在当前中国不完善的制度环境下，家族企业中非家族小股东的利益不易得到保障。

由于家族重视保持控股地位，家族企业利用外部财务资本的积极性不高。从第九次私营企业抽样调查的数据来看，2008—2009 年只有 13.1% 的家族企业引入了自然人投资者，仅有 7.6% 的家族企业引入了法人投资者。在所有者权益高于 1000 万且未进行股份制改造的家族企业中，只有 31.4% 的企业有股份化打算，暗示受访家族企业群体 IPO 上市的意愿不强。

2. 家族控制弱化了董事会治理

由于大多数家族企业规模小且由家族控股，董事会这一正式治理结构尚不普及。根据第九次私营企业抽样调查的数据，样本家族企业中未设立董事会的还有 44.6%，规模较大（所有者权益超过 1000 万元）的家族企业中，也有 31.2% 的企业未设立董事会。即使在成立了董事会的企业中，相当一部分董事会也是所谓"橡皮图章董事会"，这从董事会人数上可见一斑，有 23.6% 的企业董事会不足 3 人，这种所谓的董事会至多相当于股东的碰头会。

在成立了较正式董事会的家族企业中，家族对董事会的控制亦很强。在上述样本中，我们选取了人数在 3 人以上的董事会进行了统计，除企业主外的家族成员在董事会中平均占 42.6% 的比例，如果包含企业主，家族成员的比例就达到了 68.9%，与之相应的是，相当比例的企业主有较强的控制战略的家族意图，在这些企业中有 29.7% 的企业主坚持家族企业的战略决策应由家族成员来控制。

董事会不普及和家族控制董事会与企业主的集权管理和人治主义密切相关。上述调查结果显示，占样本 57.6% 的家族企业的重大决策由企业主个人做出，即使在成立了较正式董事会（人数在 3 人以上）的企业，也有 32.7% 企业由家族企业主独立做出重大决策。即使是在股权相对分散的家族上市公司，企业主及其家族也不能容忍他人控制董事会、左右公司的战略方向。一个典型的例子就是黄光裕家族控制的香港上市公司国美。黄光裕家族在不断减持套现股权的同时，却扩大了董事会的权限，以约 34% 的股权控制着董事会，而当黄光裕失去自由，职业经理控制了董事会之后，家族动员了所能动员的一切力量,与职业经理人在特别股东大会上对决,以求夺回对董事会的控制权。

3. 家族的管理控制仍很强

家族对股权和董事会的控制包含着规避大股东盘剥的需要,而对管理的控制更主要是为了减少所有者与职业经理之间的代理成本。普遍的观点认为,当前中国的外部制度环境不完善、经理人市场尚在形成、外部创业机会多而经理人自身也有较强的家族主义倾向,容易诱导而又很难有效制约经理人的背叛,使得家族企业主在实施"管理革命"的道路上疑虑重重,也导致不少中国家族企业长期锁定于家族式管理。第九次私营企业调查的结果印证了这种观点。调查样本中虽然只有 26.3% 的企业主赞成家族企业的关键岗位应由家族成员担任,而且只有 19% 的企业主赞成家族成员参与管理有利于企业的发展,但仍有不少家族企业由家族成员控制关键的管理岗位,38.1% 企业的财务负责人、40.1% 企业的采购负责人、28.2% 企业的销售负责人仍由企业主家族成员担任。仍有一部分家族企业主对引入职业经理有很多疑虑。样本中有 20.9% 的企业主认为职业经理难以信任,有 16.5% 的企业主认为有关职业经理的法制不健全。如前所述,管理团队的泛家族化成为家族企业跨越这一障碍的权宜之计。

对于家族管理控制的另一种观点亦值得重视。朱沆和陈文婷等(2010)[①]认为企业主的专权也会导致家族企业锁定于家族式管理,原因在于职业经理往往难以接受企业主的集权与家长式作风,而家族成员则受到伦理的约束更能服从于企业主,因此家族企业主如果不能通过制度性的变革约束自己,很难实现真正意义上的"管理革命"。在第九次私营企业抽样调查中,有高达 73.5% 的企业日常经营决策是由企业主个人决策的。对于正在走出创业阶段的家族企业,这也是一个很大的障碍。香港上市公司创维的实践表明,即使企业主有心为企业的成长任用职业经理,真正做到自我约束、有效放权也是一个艰难的过程。

二、家族的治理结构

家族的治理结构调整的是家族内部成员之间的关系。在家族企业创业早期,家族与企业两个系统重叠较高,在企业组织内部采用家族式的规则和

---

① 朱沆,陈文婷:《泛家族化与企业主专权:家族涉入程度的直接效应及与信任的交互效应》,中国管理研究国际学会(IACMR),中国上海,2010。

治理结构可以节省制度化的成本。然而，随着企业成长中两个系统重叠程度的降低，就需要分离企业的治理结构和家族的治理结构，采用不同的规则来进行治理，以协调两个系统并减少冲突。

当前中国企业家族对自身的治理更不完善，大多数还依赖伦理规则和关系法则来处理成员之间的关系，伦理规则规定了家族内部的纵向秩序，而关系法则则规定了家族内部的横向关系。这种传统的治理结构在社会的现代化进程、家族的繁衍和企业的成长过程中很容易暴露出问题。首先，社会的现代化对家庭中传统的伦理关系形成了较大的冲击。在家庭中夫妻的地位渐趋平等，在妻子的利益和关切无法得到保障的情况下，丈夫不可能再向过去那样要求妻子服从，家庭的冲突与分裂会给企业带来很大的冲击和震荡，真功夫创始人蔡达标与前妻的冲突，以及土豆网 CEO 王微在企业上市前的离婚官司就是典型的例子。而父子间的冲突也随着新一代个人主义观念的增强而加剧，这导致了相当部分的第二代成员不愿意接父辈的班，希望选择自己的事业。其次，家族的繁衍和企业的成长都不断给企业主处理家族关系带来挑战。在传统的家族中，兄弟姊妹之间往往能保持密切的关系，但到了在不同核心家庭长大的下一代，家族成员之间的关系就开始淡漠和疏远，情感的淡漠很容易在经济利益的冲突下瓦解，这也是黄绍伦(1985)[1]观察到华人家族企业很难延续到第三代不分裂的深层原因。此外，企业系统中非家族成员对公平规则的要求，也往往与家族内部基于关系的特殊主义规则产生冲突。因此，中国企业家族迫切需要改造家族内部的治理结构，以实现家族和企业的双重延续。

1. 家族的正式治理

中国的文化传统一直排斥用契约关系来治理家族成员之间的关系。在中国人的观念中，只有陌生人和关系疏远的个体之间才需要签订契约，家族成员之间采用正式的契约来治理反而可能伤害原有的亲密关系(Cheng and Rosett, 1991)。[2] 因此，目前正式的契约治理在家族自身的治理中还存在缺位。家族的正式治理包括两个方面：一方面是正式的规则；另一方面是支

① Wong Siu-lun: "The Chinese Family Firm: A Model", *The British Journal of Sociology*, 1985, 36(1):58—72.

② Cheng, L. & Rosett, A: "Contract with a Chinese Face: Socially Embedded Factors in the Transformation from Hierarchy to Market, 1978—1989", *Journal of Chinese Law*, 1991,5: 143—244.

持家族治理的正式机构。根据第九次全国私营企业抽样调查的结果,已有一部分家族制定了一些治理家族内部关系的正式规则,有 54.0% 的家族企业建立了家族成员的聘用办法,31.6% 的家族企业建立了家族股权继承方法,16.0% 的家族企业建立了家族股权转让办法,可以看出企业家族首先着手在冲突最多的领域建立正式的规则。但是治理家族的内部支持机构还不普遍,仅有一些家族建立了一些非正式的议事场合,很少有家族像香港李锦记家族那样设立功能明确、定期会议的家族委员会,这意味着对于家族内部治理的完善中国企业家族还缺少正式的组织持续推动。

正式治理的缺乏往往导致企业主成为冲突的焦点,让企业主在家族内部亲情法则与企业内部公平规则的冲突中进退两难。在上述调查的受访家族企业主中,有 71% 的企业主赞成"家族成员只有确实胜任才能被雇用",然而也有 32% 的企业主同意"为家族成员提供就业机会是企业主的一个义务",比例上的反差凸显了企业主可能面临的冲突。方太的第一代创业者茅理翔描述的情况是中国家族企业主面临亲情困境的真实写照,其中一次因为拒绝了弟弟在企业内寻求一个管理职务的要求不得不跪在母亲面前含泪解释。

2. 家族的非正式治理

如前所述,中国企业家族并非没有非正式治理结构,但建立在伦理约束和关系基础上的非正式治理无法提供持续有效的治理,因此中国企业家族还需要改造自己的社会文化传统,发展与正式治理相配合的非正式治理。费孝通(1949)①曾精辟地指出中国社会的基本结构是"差序格局",建立在两两成对的关系基础上,而西方社会的基本结构是"团体格局",建立在共享观念基础上。比较起来,西方社会的以共享观念为核心的非正式治理具备更大的制度容量。从非正式的规则上看,中国人处理人际关系普遍奉行特殊主义,这种特殊主义尤其表现为家族内外有别,尤其偏私于关系亲近的家族成员,而西方人则较多奉献普遍主义,二者相比较,后者的可扩展性也优于前者。

因此,中国企业家族进行家族内部的非正式治理改造有必要借鉴西方社会非正式治理的优点。香港李锦记家族对此有敏锐的认识。李新春等(2010)在对它的案例研究中对其实践进行了深入分析:家族从中国传统文

---

① Fei Hsiao-tung：*Peasant Life in China*：*A Field Study of Country Life in the Yangtze Valley*，Routledge，1948 .

化中找到了一个具有普遍主义色彩的价值观念——"思利及人"（之所以说它具有普遍主义色彩，是由于它可由家族内部推广到企业的员工与合作伙伴），并努力通过价值观在家族内部和企业内部传播和强化，力求将其转化为家族成员和企业成员共享和普遍认同的价值观念。① 为此，李锦记家族可将家族成员在企业经营实践中摸索出的一套推进价值观认同的方法——"赤膊相见"的团队建设，"爽指数"的测量等——引入到家族价值观的强化中。"思利及人"的本质是普遍利他主义，这个源自本土的观念对于对抗中国社会家族主义文化传统的消极作用尤有意义。需要指出的是，李锦记当前的实践在某种程度上是在对抗整个华人社会文化传统，富有勇气并且实属不易，这个极富意义的社会实践也是地处中西文化交汇处的香港家族对整个华人社会的贡献。我们在下一章中将专门较详细地介绍李锦记及其他几个中国香港和东南亚华人家族企业的案例。

---

① 李新春，朱沆，陈文婷，刘佳：《李锦记家族的治理与代际创业》，载于郑宏泰、周文港主编：《华人家族企业传承研究》，香港：香港大学亚洲研究中心人文社会研究所，2010 年，第 180—211 页。

第八章 海外华人家族企业成长发展：
对比分析

中国人移居海外的历史已有两千多年，华人家族企业家在世界各地的蓬勃兴起也在日益彰显华人经济对世界经济的重要作用。海外华人家族企业的发展经历对我们研究中国大陆企业的意义在于，这些企业的成长发展经历了更长的时期，不少企业已经完成了一次或者两三次传承换代，积累了丰富的经验教训；同时，由于这些华人家族与大陆的文化历史背景相同，家庭家族制度同根同源，因此这些企业如何通过管理模式创新和文化创新来突破和扬弃中国传统文化的历史经验，就显得更加宝贵。本章第一节概述东南亚及我国港台地区的华人家族企业的成长历程，第二到第四节重点介绍香港李锦记、香港利丰集团和马来西亚皇家雪兰莪三个典型案例，这些家族企业在成长过程中培育了明显不同于传统家族企业的创业文化和管理模式，创造性地融合了东方"家文化"和西方现代管理文化。从这些案例研究可以看出，总结提炼这些企业的生存发展逻辑对于中国大陆企业有着极高的借鉴意义。

第一节 东南亚及我国港台地区的华人家族企业的成长历程

历史上，美国人向西迁徙，俄国人向东，中国人则向南。中国北方人因为躲避战乱往中国南方迁徙，导致南方无力承担更多的人口，出现了南方的福建、广东人向东南亚流动，这是一个古已有之的迁徙传统。从 18 世纪中叶开始到 20 世纪 30 年代，东南亚殖民地的种植园和矿产资源开采需要大量劳动力，而同时中国南方由于生存压力渐大出现大量人口从沿海城镇向

第八章 海外华人家族企业成长发展：对比分析

149

国外迁徙。这种中国大量劳动力的流出在 19 世纪末即清朝末年达到顶峰。第二次世界大战后，东南亚各国纷纷取得独立，经济开始起步，经过数年发展，各国的经济成就有目共睹。在东南亚各国的经济发展中，华人经济和华人企业的发展起到了重要的推动作用，东南亚诸国华人企业的网络经营和大型企业集团的崛起引人瞩目。海外华人经济圈被视为仅次于美国和日本的世界第三大经济势力，也正是华人企业，将亚洲经济推向巅峰（约翰·赖斯比特，1996）。华人资本在新加坡、泰国、印尼、马来西亚、菲律宾分别占其所在国资本的 81％、81％、73％、69％、50％～60％（Economists，2001）。

一、华人家族企业在东南亚的兴起及发展历程

第一阶段：第二次世界大战之前艰难的资本积累

在中国历史上，人们常常是由北向南迁移。当然，认为所有华人都向南迁移并不妥当，但南中国海之滨的确吸引了为数众多的华人移民（雷丁，2009）。华人经济和华人企业在东南亚的兴起是伴随着古代中国同东南亚诸国的交往以及华人移居东南亚而逐渐产生的。古代中国同东南亚诸国除了在官方互相派使者之外，还活跃着民间贸易。在 16 世纪之前，这些贸易采用的是原始的贸易模式，即是间接性（季节性）的贸易往来。之后随着贸易联络的不断加强以及政府的重视（如政府设立专理对外贸易的船舶司），加上国内战乱等因素的影响，在 16 世纪之后，聚居在东南亚的华人越来越多，华侨社会逐步形成。华侨社会的成熟对本土商业化的形成至关重要。在东南亚当地渐渐出现了一些手工业者、小生产资料所有者，最常见的还是走街串巷的流动商贩（如在印尼，这被称为"克郎当"）。这样的状况一直持续到西方殖民者对东南亚地区的大举入侵。到 18 世纪中叶左右，东南亚地区大多数国家已经沦为西方国家的殖民地，如印尼成为荷兰殖民地，马来西亚等国沦为英国殖民地。在殖民经济的结构中，华人逐渐涉足中间商的行业，成为殖民统治者（资本主义经济）同当地土著（原始的农耕经济）的桥梁，并进入到种植业、采掘业等，华人艰难且缓慢地进行着资本积累。

第二阶段：第二次世界大战之后华人资本的迅速崛起

第二次世界大战之后，东南亚各国纷纷取得独立，殖民宗主国的资本撤离了这片广袤的区域。刚刚取得独立的东南亚各国政府均不约而同地采取了经济民族化的发展战略（新加坡除外），即大力扶植原住民的经济发展。在经济民族化的大环境下，诸多华人企业遭受重创，华人企业在夹缝中求生

存。如在印尼,产生了"阿里—巴巴"的企业形式(阿里意指印尼人,巴巴是土生的华侨华人),类似的企业组织形式在菲律宾叫做"稻草人"。

但经济民族化的发展策略并未达到发展原住民经济的预期目标,结果却适得其反,在印度尼西亚、菲律宾等国,国内经济不断下滑,这使得当政者意识到想在完全抛开华人企业的情况下试图发展国内经济是不可行的。从20世纪60年代开始,东南亚诸国都不约而同采取了工业化政策,促使华人产业资本的转移。与之相伴的是,大型华人企业集团迅速涌现。如印尼的林绍良家族在此期间创建了30多家企业、马来西亚的郭芳枫兄弟创办了涉足面粉厂、种植业在内的多家企业等。在短短的数十年间,东南亚地区的华人企业集团规模急剧扩张、产业结构日趋多元化、跨国经营业不断扩展,同时与国家资本有着千丝万缕的联系。

二、华人家族企业的经营管理特色

雷丁(2009)曾十分精辟地总结了华人家族企业的十大特征:一,规模小,组织结构比较简单;二,一般集中生产一种产品或定位于一个市场;三,过分依赖一个处于主导地位的管理者的集权化决策;四,所有权控制权与家族高度重合;五,通常对成本、财务效率等相关事务非常敏感(仅对家族成员公开);六,通过个人网络与外界保持联络;七,家长制组织氛围;八,通常与从事零件供应和销售、法律上独立的关联企业存在密切且非正式的关系;九,开拓大规模市场与创立品牌方面的能力相对较弱;十,高度的战略适应性。

从内部的治理和管理来看,父权主义(paternalism)、人际关系(personalism)、机会主义(opportunism)和柔性(flexibility)是华人家族企业管理的基石(Moore,1999)。具体而言,其治理特点表现为:第一是所有权和经营权的高度融合。在1994年全球1000家最大华人企业中,董事长与总经理之间有亲属关系的占80%以上。第二是家长式的领导风格,如台湾学者郑伯埙所研究的,华人家族企业中的家族式领导可分解为威权领导、仁慈领导、德行领导三个方面。第三则是企业的内部治理体现为关系式治理。由于华人家族企业内部全部或相对重要和关键的岗位均由创业者的家族成员或泛家族成员担任,所以企业内部的治理更多地体现为非正式治理。但随着外部环境的变化,包括国际国内竞争的逐渐增强、亚洲金融危机的冲击,华人家族企业的管理和治理也在逐渐转型,朝着现代化、规范化、制度化的方向发展。

浙商研究

三、港台地区的华人家族企业

东南亚大多数国家为发展中国家，政府对经济活动的干预程度非常深。在政府对经济活动有如此之大的影响力的时候，腐败和裙带主义将难以避免。而东南亚的华人企业集团还面临特殊的外部环境。从历史上看，该地区大多数国家的华人身处受排斥甚至充满敌意的社会环境中，这加剧了他们的不安全感和防御性。有研究认为化解风险、应对复杂环境的占优策略是与政治权力结盟（Hafsi，2009）。在华人企业集团的形成过程中，可以观察到的一个显著特点是它们与政治特权有千丝万缕的联系，企业集团的形成与发展，得益于所在国政府提供的各种便利，如经营许可证、专利垄断等，除新加坡以外的东南亚各国，依赖与政治权力的关系进行企业集团的形成和扩大相当普遍。

香港早期的华商，一般分成两类：一是以南北行、金山行等为代表的行商；二是依附于英资洋行等大公司的华人买办（冯邦彦，1997）。华商慢慢地进行着资本积累。而最能反映华商崛起的则是在 20 世纪初叶华商银行的成立，以及其后由郭氏兄弟创办的永安百货公司。到 20 世纪四五十年代，由于朝鲜战事，一大批从上海等内陆城市移居到香港的企业家们逐渐建起最初的工业基础。到六七十年代，随着香港工业化步伐的加快，华商首先在航运、地产、酒店等行业崛起，如包玉刚家族的环球航运、董浩云家族的东方海外、曹文锦家族的万邦集团、李嘉诚家族的长江实业等。同东南亚各国类似，香港在工业化的同时也诞生了一大批大型企业集团。

香港华人企业的治理也体现出浓厚的家族色彩，但是在保持华人传统的同时，香港的华人家族企业也注重现代化的管理，积极引入职业化管理。早在 20 世纪 80 年代初，华人家族企业便留意吸收西方的现代化管理，如1979 年李嘉诚在收购和记黄埔之后，便大力启用家族以外的职业经理人。冯氏家族的利丰集团也是如此（具体见后面的案例分析）。

【方框 8-1】

上海浦东曹氏家族企业的海外发展

当躲避战乱的上海浦东曹氏家族来到香港时，虽然还有事先转移出来的 10 万美元，但是由于家族内人口众多，且很多公司的职员和亲眷也来投奔，曹文锦也将安置他们视为不可推卸的责任。维持这么多人的生计,如果只靠从上海带出来的钱,将很快坐吃山空。24岁的曹文锦决心二次创业,在既无足够资金,也缺乏人员的情况下,重新做起了进出口贸易。当时中国的土特产运不出去,而工业产品又奇缺,临近的日本由于战败,食品等严重短缺,可战后遗留的钢材和化学产品却很多,所以曹文锦通过一条租用的小型旧货轮,把国内的土特产在香港销一部分,其他的运到日本,去换钢材及化工产品。然后,再用这些物资,去换国内的豆类等土特产,这样以物易物地往返做生意,在茫茫大海上,由一艘小船开始重新创业。之后几年,香港的形势仍不见好转,曹文锦将眼光投向了刚刚独立的马来西亚,在荒山野岭,在尚未开发的椰树林里建设纺织厂。当时他所面临的,不光是工人缺乏经验、机器老化陈旧,甚至还有丛林中的蚊虫毒蛇也随时会出现。但是曹文锦没有退却,坚持将厂办了起来,后来当布料生产出来后,他又带着样品逐个布店去推销,并且不断提高质量,终于使得他的纺织厂成为了马来西亚最重要的纺织企业之一。

曹文锦除了在企业经商上勤勉努力外,还特别注意和当地政府的关系,积极参与公益事业,并且帮助当地政府解决一些实际困难。例如他曾经利用自己在大陆的关系,无偿帮助马来西亚政府采购大米,解决马来西亚的粮食紧缺。身处东南亚的曹氏家族企业,还特别注意与不同民族和不同文化背景的人和睦相处,协调不同背景的员工和合作伙伴的利益,规避了很多矛盾。曹文锦总结曹氏家族企业的成功经验:一是财务方面采取审慎的态度,从不把鸡蛋放到一个篮子里;二是量体裁衣,量力而为,从不向银行大量借款。这些经验,是曹氏家族企业从几十年所经历的艰辛困难和动荡变换中得出的。如今,在海外取得了骄人业绩的曹氏家族企业,又开始重新回到中国大陆,曹文锦已经顺利地把万邦集团航运及其他相关业务全部转给了儿子曹慰德独立经营,自己则在香港负责展开大陆业务,实施长期发展的战略。①

台湾的华人家族企业一方面表现为极其显著的中小企业网络,有台湾学者将其称为协力网络(陈介玄,1994);另一方面则是表现为大型的集团企业。台湾地区大型集团企业的形成也与制度环境尤其是政府的法律法规有着相当大的联系。第二次世界大战后的初期,公营企业在台湾地区的经济

浙商研究

---

① 曹文锦:《我的经历与航运六十载·曹文锦自传》,2006年。

结构中占据主导地位，非公营企业难以与之抗衡。进入到 20 世纪 60 年代以后，国民党当局为配合工业化政策，出台了相应的投资法案并放开了一些原本受到管制的行业，在这样的大环境下，台湾地区的一些企业抓住机会进行业务的多元化，形成大型企业集团。同样的，台湾地区的华人企业，不论中小企业，还是大型的集团企业，均体现出了家族所有、家族经营的特色。

在对东南亚和港台地区家族企业作了概述以后，以下我们分别重点介绍香港李锦记（李氏家族）、香港利丰集团（冯氏家族）和马来西亚皇家雪兰莪（杨氏家族）三个典型案例。

第二节　香港李锦记案例

香港李锦记集团是亚洲地区少有的历经四代的华人家族企业，由李锦裳先生创建于 1888 年，迄今已有近 120 年的历史。李锦记集团的发展可以分为以下几个重要阶段。

1. 1888—1922：一代创业，李锦记成立

李氏家族，原籍广东省新会七堡涌沥村。李锦记的创始人李锦裳，早年因受当地豪绅欺压离开祖籍，辗转到珠海南水定居，开设了一间小茶寮，以煮蚝出售为生，美味的蚝油正是在煮蚝过程中被无意发明出来的。1888 年，李锦裳在广东珠海南水镇创建了李锦记蚝油庄，开始了艰苦的创业历程。蚝汁用途广泛、味醇鲜美，是调味的好帮手，而珠江南水当地又盛产生蚝，李氏借此地利而生产蚝油，很快就奠定了李锦记蚝油庄的地位。1902 年南水镇发生火灾，李锦记蚝油庄化为灰烬。李锦裳携妻带子到澳门谋生，仍以经营"李锦记蚝油"为业，在澳门广受欢迎。1922 年 12 月，李锦裳在澳门逝世，终年 60 岁。他作为李锦记当之无愧的创业者，开创了李锦记制造美味酱料的事业。

2. 1922—1972：二代巩固开拓，进出口贸易初具雏形

1920 年，李锦裳弥留之际将股权分为三份，三个儿子（李兆荣、李兆登、李兆南）各占一份。但由于长子兆荣沉迷玩乐无心经商，所以公司的业务都由次子兆登及幺子兆南负责。李兆登负责对外的工作等，李兆南则负责买原料及生产方面。两人不断开辟货源，改进制作技术，发展"李锦记蚝油"的经营，并将业务拓展至海外。1932 年，李兆南将蚝油生产点由澳门向香港

扩展,在香港正式设立办事处,扩充生产规模。1946年,李兆南将公司总部迁往香港,李锦记正式变成香港品牌。20世纪50年代"李锦记蚝油"产销两旺,产品逐渐在港澳和东南亚的一些国家打开局面。但是,由于李锦记一直走高档路线,蚝油仍属高档的调味品,一般香港市民买不起,只有较富裕的人享用,所以直到20世纪70年代,发展了近百年李锦记仍然是一个手工作坊式生产、小卖部式经营的普普通通蚝油庄。在此期间,李锦记发生了第一次家族分裂,李兆荣、李兆登两兄弟因与李兆南的经营理念不同,意欲把李兆南的股份买下后两人经营,但李兆南的儿子李文达极力支持父亲,进行反收购,要把李兆荣、李兆登两人的股份买过来,自己放开手脚大干一场,最终李兆南在儿子的协力下终于把李兆荣、李兆登的股份买下。不久,李兆南退休,把业务交给李文达打理。李文达因为反收购落得负资产运作,但凭着他的勤劳和智慧,还是把李锦记的生意重新振作起来。

3. 1972—1992:三代、四代共同携手,事业步入多元化

李文达在成为李锦记第三代掌门人接手公司后决定大展宏图。李文达较前辈更加具有开拓精神和商业意识,对李锦记的经营与治理进行了一系列的改革。首先,加强管理,改进工艺,引进先进机器自动化生产,将原来的家庭式蚝油生产转化为工业生产模式,使企业的经营规模不断拓展。其次,业务领域加宽。为了寻求更广泛的市场,20世纪80年代李锦记在美国开设工厂。在美国成功后,又进入日本市场,随后在欧洲、东南亚等地区相继展开业务,最后回到香港,其产品中蚝油一直保持在80%以上的市场份额。再次,加深生产线,拓展产品品种。除传统的蚝油外,李锦记集团还生产系列产品,包括芝麻油、各种酱料、辣椒酱和方便酱等10多个品种,产品在东南亚、日本、英国、德国、法国、加拿大、美国、澳大利亚等80多个国家和地区畅销。李文达共有四子一女,从1980年开始,他们在国外完成学业后都相继回到李锦记,帮助父亲经营企业。在其第三代与第四代共同治理的格局下,李锦记集团的经营范围与规模更是得到了突飞猛进的发展。图8-1所示为李锦记家族关系图。

4. 1992至今:战略创业,南方李锦记成立

1980年后,李锦记在中国内地建厂、铺设销售网络、捐助希望工程等,投入资金达数亿元之多。1990年,李锦记在大连和福州兴建原材料基地;1993年在广州投资设立第一间酱料厂;1996年在家乡江门市新会县七堡镇斥资建设新会食品工业城,发展酱油、保健品等多项食品工业。此时,李锦

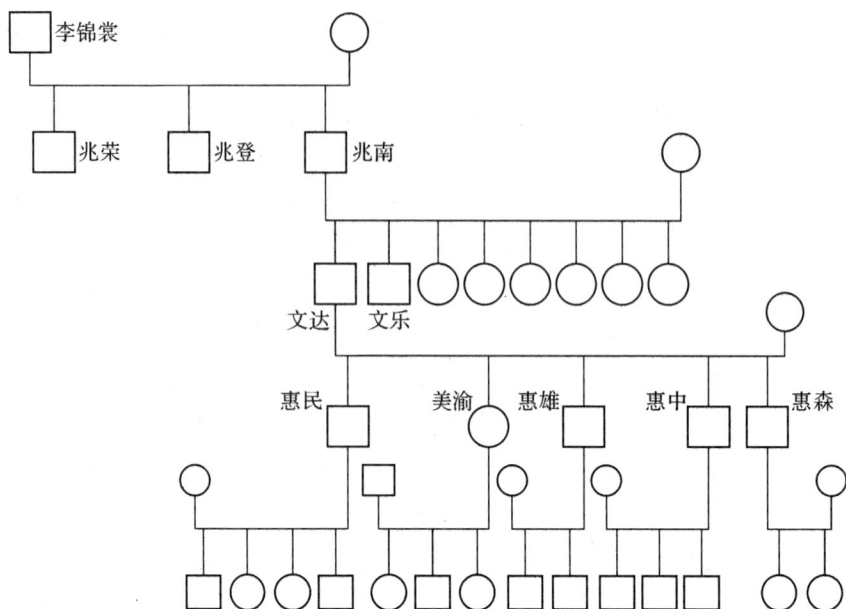

图 8-1 李锦记家族关系图

记集团决定进军中草药健康产品领域,确定了其第二个使命——弘扬中国优秀养生文化。于是,南方李锦记成立了。南方李锦记定位于集研发、生产、销售于一体的大型中草药健康产品企业,主要生产"无限极"品牌。目前已有 3000 多个专卖店遍布中国 30 多个省份,2002—2005 年间的增长率达到了 100%。2005 年年底南方李锦记增资 1 亿多元投产生产基地。其生产大楼中南方李锦记自行设计、组合建立的口服液生产线是中国符合 GMP 规范的第一条全自动瓶装口服液生产线,第一阶段的年产值达 50 亿元。

在李锦记的成长过程中,治理结构变革、产业创新升级、国际化发展等方面的经验,可以为华人家族企业的现代化进程提供有益参考。

1. 治理结构变革

家族企业是家族与企业的契合体,天然存在着家族雇员和非家族雇员两类代理人,而对于代理人的治理又存在契约治理和关系治理两种模式,所以家族企业对于代理人的权衡治理比其他类型企业更具独特性。对于家族企业而言,制度创新的根本体现也正是在于一些特殊治理结构的建立与完善。李锦记集团的发展特色正是在于它善于在进行正式治理的同时注重结合非正式治理的方法,发挥家族雇员和非家族雇员的最优效率,向更为开放的现代家族企业迈进。

在李锦记治理结构的变革中,两项制度创新为其提供了坚实而关键的基础。首先,是家族委员会的设立,在李锦记家族委员会之下设立董事会。李锦记家族委员会与公司董事会平行设置,虽然有人员的重叠,但两者各自承担不同的职责。家族委员会负责家族事务的处理,公司董事会则主要讨论与企业运营相关的重要战略决策。二者平行设置的目的在于明确家族系统和企业系统的主次关系,不管家族成员之间分歧有多大,不管协调成员利益需要多少时间,即使一次家族会议结束之后,问题仍未得到解决,都不会妨碍企业的经营。同时,家族委员会为家族成员提供了表达价值观、自身需求和对家族期望的场所。即便是那些没有出任董事会或不在企业工作的家族股东,以及不拥有所有权的家族成员也可以通过家族委员会表达意见。这就降低了因家庭内部关系问题对企业经营决策可能造成的不良影响,推动了企业治理结构变革的实施。

第二个制度创新是李锦记家族宪法的确定和实施。李锦记的家族宪法是李锦记家族委员会的最高指导原则,是任何一个家族委员会成员都要遵守的规则。本质上来讲,它体现了家族企业有意识地将自己人的治理正规化的过程。李锦记第三代掌门人李文达与第四代的五个儿女约法三章:不要晚结婚,不准离婚,不准有婚外情。尤其是后两条,是作为加入家族委员会参政议政的必要条件。李文达说,他看到有许多朋友的家族生意没落,完全不是因为自身能力问题,而是家族结构的混乱。但是这个"三不"并没有列入家族宪法之中,只是第三代和第四代相互的约定。家族制度的建立与规范,是企业治理结构优化的基础和保证。李锦记家族宪法还涉及了例如关于第五代的接班问题,对此在家族宪法中已经做出明确规定:欢迎他们进入家族企业工作;第五代家族成员要先在家族外的公司工作 3~5 年,才能进入家族企业;应聘的程序和入职后的考核必须和非家族成员相同。这项制度的设立,克服了家族企业在高管团队的建设方面的劣势,同时,扫除了家族企业在家族继承、企业经营等方面的模糊性。如果发现家族成员违反家族宪法,则全家人会在家族委员会上对其进行教育、规劝或惩罚,并对影响到公司的一些家族事务进行讨论处理。这两项创新性的制度设置,使得企业运转可以从良好的家族氛围中收益,而又不受其牵制。

2.产业创新与升级

产业创新是李锦记战略创业的一个重要构成部分。作为一个生产酱料的老字号企业,李锦记几十年来专注于酱料行业的发展,通过不断加深生产线,拓展产品品种。其蚝油、芝麻油、各种酱料、辣椒酱等 10 多个品种的系列产品在国内外不同的地区设有广泛的销售网络。李锦记坚持的使命是"有华人的地方，就有李锦记"。然而，上世纪80年代借助中国大陆改革开放的环境，李文达与李惠森敏锐地发现了中草药产品的产业机会，毅然突破了李锦记以往的专业化产品生产，进入到中草药健康产品领域。这一行为意味着一项新的制度安排的产生——一个完全不同于李锦记酱料的健康产品公司的产生，以及一个新使命背景下的文化创新——"弘扬中国优秀养生文化"的产生。这不仅仅是李锦记的使命升级，也成为李锦记创业战略的重要里程碑。

当然，这种创新性的战略改变是通过制度创新者不断打破现有企业内的制度来完成的。首先，产业变革的推动来自于企业内或家族内制度创新者的出现，以及制度创新者所具备的不同于他人的机会识别与发现能力。在南方李锦记，这个制度创新者正是李惠森。作为南方李锦记的主席与董事长，李惠森早年在李锦记发展酱料时便对健康产品产生了浓厚的兴趣。用李惠森的话来讲，他是"李锦记家族里思想较活跃的一个"，这种个人特质也是制度创新的关键促进因素。1990年，已经大学毕业并经历了花旗银行一年的工作经历回到李锦记集团工作的李惠森，向父亲李文达提出了多元化发展的战略构想。时年26岁的李惠森的想法是开健康餐馆，定位于快餐与酒楼之间，取名为"健一小厨"，寓意"健康第一"。一个专注于酱料的企业要开餐馆，家族有不同意见非常自然。谁来决策？谁来掌管？怎么融资？李锦记面临着进入一个全新行业的挑战。李惠森并没有选择依靠家族原有资本的多元化方式，而是突破性地完全以创业的方式成立了"健一小厨"，家族只象征性地提供了1元钱的资金。李惠森坚持的信念是："后面若有无限量的资金，那就不是创业。"因此，资金当然是重要的，但更重要的是如何通过更为有效的制度创新去实现创新性战略。

其次，李锦记产业创新的成功实现有赖于制度创新者通过获取资源来突破现有制度的能力。这里一方面包含了制度创新者以往在组织内所处的地位对关键资源的影响力度；另一方面则包含了制度创新者通过新渠道获取新资源的能力。因此，制度创新者必须是一个掌握熟练社会技能的人，只有这样他才能杠杆性地利用各种有形和无形的资源，为制度创新开辟道路。李惠森作为李文达的幺子，同他的兄弟们一样，在大学毕业后很早就加入了李锦记的生产运营当中，曾经负责过李锦记的七项关键业务，包括人力资源、财务等。尽管李文达仍然参与企业的经营，并作为家族与企业的权威人物，但李锦记的生产经营已经放手交给四个儿子去管，他们已经实际掌握了接近李锦记集团各种关键资源的通道。加之李惠森自身对经营生意热衷的个人特质,这就为他以完全新的融资方式建立"健一小厨"创造了条件。而且,这种对于家族企业原有制度的突破是李惠森后来所领导的南方李锦记能够成功的重要原因。

最后,李锦记集团在产业创新中运用了不同于集团内已有企业的合作制度,勇于拓展自身的制度容量。1992 年,李惠森认为"健一小厨"背后的健康理念应该更广泛深入,推广为健康产品,而不仅仅是健康食品。于是,南方李锦记成立了。开办"健一小厨"的时候,李惠森得到了家族的支持,但南方李锦记毕竟是比"健一小厨"更为复杂、更为系统、更为重要的一个运营实体,选择合适的创业方式成为李锦记产业创新能否实现的一个重要因素。由于李锦记没有经营健康产品的经验,尤其是在健康产品的研发方面,因此李惠森选择了合作联盟的形式去创业。他的选择是第一军医大学,因为该大学在 20 世纪 80 年代就有很多的产品和经验,可以与李锦记形成很好的资源互补。这种合作联盟是李锦记集团以往所没有采用过的战略方式与制度安排。

3. 国际化发展

国际化发展体现了一个企业在全球市场范围内的竞争力。在新的竞争格局下,企业家、创业者所面临的机会不再局限于狭小的本土范围内。国际化对于家族企业战略创业的重要意义在于可以在一个新的市场上寻求本土市场上所不具备的机会性优势。一般而言,家族企业的国际化多从本土化成长开始,在建立了一定的资源基础后,再向外扩展。而李锦记的国际化过程则正好相反,通过国际化开发外部资源,获取机会性优势,显示创业者识别机会、把握机会的能力,以及打破常规的勇气与决心。李锦记不同于其他一般家族企业的"回马枪"式国际化进程本身就意味着企业战略决策的超前性,体现了企业发展中的经营制度创新。当时在香港李锦记的主打产品蚝油作为中高档调味品,销售受到消费能力的限制。因此,李文达放弃了国内市场,直接通过国际化的生产经营将李锦记推向海外。因为李文达敏锐地察觉到了来自内地和香港之外地区的机会优势:1972 年美国总统尼克松访华,尼克松与毛泽东主席会晤后,将毛泽东赠予的贵重礼物——一对中国熊猫带回美国,此事件在美国引起轰动。李文达从中发现商机,以"熊猫"牌蚝油打入美国市场,大获成功,为李锦记调味料全面进军海外市场奠定了基础。如今在美国,李锦记的蚝油已经占到了 88% 的市场份额,在日本占有率也排在第二位;在欧洲、东南亚等地区,甚至在地图上都很难找到的岛国,都有李锦记的产品在销售。①

作为一家百年老字号，李锦记集团成功实现了家族事业在家族内部的四代传承，除了个别高层管理职位，几乎所有的控制权都掌握在李氏家族成员手中。在股权结构方面，李锦记集团对外仅仅披露了其股份持有者为李文达与李惠民、李惠雄、李惠中、李惠森 4 个兄弟。家族企业是家族与企业的结合体，家族的事务不可避免地会影响到企业的经营。家族企业必须协调好企业资源与家族资源的关系，积累、维护、整合与更新这两个层面的组织资源基础，从而适应企业自身成长的需要以及动态环境的要求。李新春等（2008）对李锦记集团进行了深入的案例研究，他们明确提出，李锦记家族继承者通过一系列的战略创业行为，不断打破现有家族企业内外部制度的约束，利用新的知识与能力推行新的战略举措，实现对家族企业的资源更新与成长诉求。具体来说，李锦记家族通过一系列独特的家族治理机制的制度创新，促进了家族资源基础的相对稳定与动态更新。

在更新家族资源方面，李锦记家族不仅通过建立和完善各种规章制度来使企业内部的日常运营活动规范化、专业化，而且在保持"两权合一"的大前提下，通过家族委员会和家族宪法等制度创新为李锦记集团的可持续发展提供了坚实而关键的制度基础。这些制度创新的实质是通过一套科学设计与严格实施的机制设计来补充非正式的家族规则，以此激励与约束家族成员的家庭伦理行为，最终稳定、有序地更新家族资源。家族明文允许不同兴趣的家族成员各有发挥的空间，而不一定要在家族企业里从事经营活动，比如有些家族成员对慈善活动特别有兴趣，他就可以去做家族基金，既维系了家族和谐，也延续了家族使命。

第三节 香港利丰集团（冯氏家族）案例

一、背景介绍

利丰全称为利丰有限公司，由冯柏燎和李道明两家 1906 年创办于广州，经过 100 多年的发展，已从一个合伙小商号演变为一个拥有 3 家上市公

---

① 李新春、何轩和陈文婷：《战略创业与家族企业创业精神的传承——基于百年老字号李锦记的案例研究》，《管理世界》，2008 年第 10 期；邹广文主编：《民族企业品牌之路：李锦记集团发展历程分析》，清华大学出版社 2009 年版。

司(市值逾 4000 亿港币)、4 家非上市公司的大型跨国企业集团。2003 年，冯氏家族打入香港十大上市财团，排名第九；2008 年，冯国经、冯国纶兄弟双双跻身福布斯世界富豪 500 强，两人财富超过 50 亿美元。

1. 利丰的创办与初期发展(1906—1926 年)

利丰的创始人冯柏燎 1880 年出生于广东省鹤山县农村，排行最小，上有两兄三姐。1898 年，冯柏燎就读于香港皇仁书院，寄居大哥家中。1904 年，冯柏燎回广州担任宝兴瓷庄经理，管理出口事务，与瓷器店老板李道明熟识，深得其信任。1906 年，李道明和冯柏燎在广州合伙创办利丰，李道明"打本"，占 49％的权益；冯柏燎负责经营，占 51％的权益。公司名称系"李"、"冯"的谐音字"利"、"丰"组成，寓意"利润丰盛"。① 利丰创办初期，李道明与冯柏燎亲如兄弟，冯的子女称李为三伯，仅次于冯的两位兄长；而李道明也几乎不对公司的管理做任何干涉。最初，利丰只经营瓷器出口，一年以后，冯柏燎将贸易货品扩展到竹器、藤器、烟花、爆竹，甚至其纸封爆竹制造工艺成为了行业标准。到 20 世纪 20 年代，利丰已发展成广州稍具规模且信用昭著的出口贸易商行。

2. 控制权和所有权向冯氏家族集中(1927—1946 年)

20 世纪二三十年代，利丰发展迅速，冯柏燎邀请侄子冯友仁加入，任行政助理，成为他的助手。冯友仁是冯柏燎大哥之子，由冯柏燎收养长大。1927 年，冯柏燎次子冯慕英从香港拔萃书院毕业，随即加入利丰做实习生。1930 年，女儿冯丽华加入利丰。1931 年，冯友仁率领几乎所有高级职员离开利丰，自立门户创办联丰公司。② 冯柏燎三子冯汉柱因"冯友仁事件"加入利丰，以弥补人手短缺。1935 年，中日局势紧张，冯柏燎决定将业务重心转移到较为安全的香港，便派冯汉柱到香港筹建分公司。1937 年，利丰在香港注册为有限责任公司，即利丰(1937)有限公司，冯汉柱任经理。1938 年，广州沦陷，利丰的业务由香港分公司代理，冯柏燎全家移居香港。1941 年，香港被日军攻陷，利丰停业。1943 年，冯柏燎病逝。1945 年，日军投降，冯汉柱重掌香港分公司，广州总行则由冯慕英和冯丽华负责。当冯氏家族第二代掌管利丰后，李道明不愿再与其合作。他声称新的领导层经营失当，要求银行冻结利丰户头，还试图自立门户。利丰的发展一度受阻。冯汉柱回

①②③　见冯邦彦：《百年利丰——从传统商号到现代跨国集团》，中信出版社 2007 年版，第 11 页、第 12 页、第 25 页。

浙商研究

忆道："那是一场悲剧，我们唯有动用手头仅有的少量现金。那几年，我们本来可以赚大钱的，银行起初只肯接受我们的个人信贷。"①一年后，银行发现李道明的声称没有凭据，让利丰恢复了财务运作。1946年10月1日，李道明答应将他拥有的300股卖给冯氏家族。从此，利丰完全为冯氏家族所有。

二、冯氏家族第二代的兄弟合作

1.所有权继承与控制权继任的分离（1943—1946年）

（1）所有权继承

一般来说，企业创始人的去世，便意味着家产的分割，俗称"分家"。从某种意义上讲，分家制度其实是一种家族内部产权制度。在分家之前，家族财产（不仅包括生产资料，甚至包括消费资料）通常归全体家族成员共有，所有家族成员同属于一个"家计"，尽管财产支配权一般由家长掌控；而分家之后，家族成员就不再属于同一"家计"，家族财产也变为各个核心家庭所私有。在企业家族中，分家不一定是分割企业实体，也可以是分企业股份。在1973年的《利丰有限公司招股章程》中，我们看到了冯氏家族第二代的家产继承概况（参见表8-1）：没有在利丰工作的五位第二代成员都获得了9.45％的股份，共计47.25％；在利丰工作的成员获得了更多的股份，冯慕英和冯汉柱各持股13.18％，冯丽华11.32％，共计37.68％；此外，15％的股份以冯柏燎遗产的名义作为家族公共财产。其实，这种"诸子均分"的财产继承安排在华人企业家族和近代欧洲企业家族具有普遍的代表性，如德国著名的哈尼尔家族也是如此。②

---

① 见冯邦彦：《百年利丰——从传统商号到现代跨国集团》，中信出版社2007年版，第25页。

② 哈尼尔家族企业在1800年传到格哈德和弗朗茨兄弟身上，格哈德有两子一女，弗朗茨有五子一女。格哈德与弗朗茨分别于1835年和1868年去世，两人合伙经营的企业被改制为好希望股份公司，有1万的股份和47名股东，股东几乎全部为哈尼尔兄弟的后人。格哈德的两个儿子各获得1041股，其女在继承股份后嫁给弗朗茨的长子。弗朗茨的长子余长孙各获得781股，其余四子女各获得520股。哈尼尔的例子表明近代欧洲家族企业其实也采用了"诸子均分"。詹姆斯认为平等继承权在欧洲盛行与《拿破仑法典》有极大关系，因为它是很多欧洲地区的法律依据。我们今天看到欧洲大型长寿家族企业几乎都有数量庞大的家族股东，也侧面验证了詹姆斯的观点。见詹姆斯：《家族企业》，上海三联书店2008年版。

（2）控制权继任

1946年，冯氏家族对经营控制权进行了重新分配，冯慕英和冯汉柱同任常务董事长，冯丽华任执行董事；冯慕英主内，负责公司的财政和管理，冯汉柱主外，负责货品来源及销售，冯丽华负责会计和人事工作。冯柏燎其余的五个子女虽分得股权，但没有进企业工作。就这样，在冯氏家族内部，所有权与经营控制权发生了初步分离。当然，这并不是一次彻底的分离，它只是由完全两权合一到高度内部两权分离的一个过渡性阶段。总的来讲，主要有三方面的因素促成了这次家族内部两权分离：第一，为分散战乱风险，冯柏燎曾将四名子女转移至海外，这些子女后来在国外完成学业并成为专业人士，回利丰工作的动机不大；第二，20世纪40年代利丰规模较小，仅有30多名职员，若家族股东都进企业工作，没有足够的管理岗位；第三，并非所有家族股东都有经营企业的能力，如冯柏燎五子冯汉兴曾于岭南大学园艺专业毕业后加入利丰担任木器用品部经理，但他未意识到其他地区的竞争，没能控制生产成本的上涨，使利丰被迫放弃木器用品并转而生产金属制品，最后，冯汉兴离开了利丰。[①]

表8-1　冯氏家族第二代家族成员持股

姓名	身份	上市前持有股数（千）	上市后持有股数（千）
冯丽华	公司董事	6120（11.32%）	4320（8.00%）
公众股东		0（0.00%）	13500（25.00%）
冯柏燎遗产		8100（14.99%）	8100（14.99%）
冯慕英、冯汉柱	公司董事	7120（13.18%）×2	5020（9.29%）×2
罗理基、张奥伟	医生、律师	20（0.04%）×2	20（0.04%）×2
冯丽嫦、冯丽霭、冯汉兴、冯汉邦、冯汉彦	家庭主妇、商人、教授、医生	5100（9.45%）×5	3600（6.67%）×5
合计		54000（100.00%）	54000（100.00%）

资料来源：《利丰有限公司招股章程》，1973年3月27日，第13页。

2. 第一次家族内部两权分离与利丰的发展（1947—1971年）

1950年，朝鲜战争爆发，联合国对新中国实施禁运制裁，香港成为封锁禁运的前沿阵地，利丰的转口贸易受到严重制约。在这场危机的应对之中，

---

① 见冯邦彦：《百年利丰——从传统商号到现代跨国集团》，中信出版社2007年版，第79页。

家族经理冯汉柱、冯慕英等发挥了重要作用，他们果断地采取两项措施使利丰渡过了难关。利丰的货品来源及销售事务由冯汉柱负责，起初，利丰出口的货品仅包括藤器、竹器、陶瓷和爆竹等，禁运实施后，利丰的贸易物品开始多元化，新增了成衣、塑料花和玩具物品等。1968年，利丰开始在台湾建立采购分公司——利丰台湾有限公司，此后又陆续建立利丰（新加坡）、利丰（马来西亚）等分公司。在企业经营之外，家族经理冯汉柱也非常注重搭建政商关系网络。他曾出任多项社会公职，如香港棉业商会主席、香港总商会首位华籍董事等；20世纪60年代，他又出任市政局和立法局议员。在利丰1973年的上市过程中，冯汉柱的政商关系发挥了关键作用。他成功地邀请了两位行政局和立法局同事——张奥伟爵士和罗理基爵士加入利丰董事局，提升了利丰的社会形象和知名度。同时利丰进行纵向扩张，进入上游生产领域。上世纪50年代，利丰就曾雇用很多工匠从事藤器家私生产。当塑料花制造成为香港的第二大产业时，利丰建立了自己的塑料花厂，由冯慕英负责。制造工厂的陆续设立，为利丰开辟了新的利润来源。不过，制造业始终没成为利丰的核心，随着香港的工业化，劳动力成本不断上涨，利丰又逐渐淡出制造领域。1972年，尼克松总统访华，对华贸易禁运撤销，在大陆工厂巨大的成本优势下，香港的制造工厂纷纷倒闭，利丰的工厂也不例外。幸运的是，这时利丰的转口贸易又重新走向了繁荣。

三、冯氏家族内部第二次两权分离

1. 企业家族、企业所有权与企业控制权

（1）企业家族

到20世纪60年代末，冯氏家族经三代发展，已是枝繁叶茂。冯柏燎育有11个子女，在世的有8位，他们又有35名后代。其中冯慕英与妻子王若雄、平妻舒瑞文育有3子4女，分别为儿子冯国勋、冯国康和冯国础，女儿冯润生、冯雪生、冯美生和冯艳生；冯汉柱与妻子李佩瑶育有2子3女，分别为儿子冯国经、冯国纶，女儿冯佩熹、冯佩洁和冯佩玲；冯丽华育有一子一女，分别为儿子李永康和女儿李慧清；其余的第二代家族成员育有21个子女，详情如图8-2所示。

（2）所有权

股权继承通常以家庭为单位进行，冯氏家族第二代共有8个核心家庭，家庭间的子女数和男女比例差异较大，这无疑使所有权结构变得复杂。若8个家庭都采用子女均分原则，李永康和李慧清就会成为利丰的第一大股

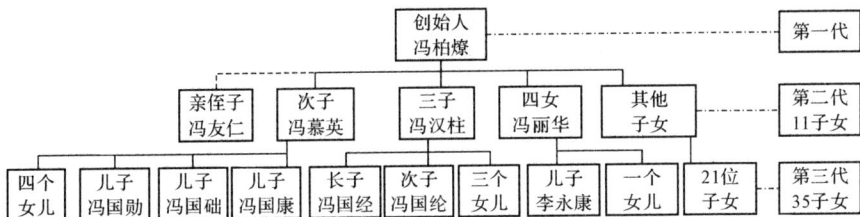

图 8-2 冯氏家族谱系图

东,冯国经等变成小股东;若采用儿子平分原则,李永康将将成为利丰的第一大股东并持股 11.32%,冯国经、冯国纶、冯国康和冯国础等各持股6.9%;若规定只有在利丰工作的第三代成员才能继承股份,冯国康、冯国础、冯国经、冯国纶和李永康就会各获得 20% 的股份。[1]

(3)控制权

第三代中最早加入利丰的是冯慕英之子冯国康,他主要负责塑料花采购。此后,冯慕英身体状况欠佳,冯国础就中断海外学业返港陪伴父亲,并加入利丰。与此同时,家族经理冯汉柱也觉得自己年事已高,大部分的时间又要花在市政局和立法局的工作上,非常希望有一位子女回来协助。1972年,冯汉柱的小儿子冯国纶取得哈佛大学 MBA 学位,当年加入利丰。此外,加入利丰的还有冯丽华的儿子李永康。截至 1972 年,冯氏家族共有 7位成员在利丰任职,而当时利丰共有九个部门,他们占据了绝大多数关键岗位。利丰的经营控制权详情见图 8-3。

2.冯氏家族内部第二次两权分离(1972—1977 年)

20 世纪 70 年代初,大量冯氏家族成员进入企业,使得利丰面临了多方面的困境,并最终导致冯氏家族内部的第二次两权分离。首先是晚辈与长辈间的冲突。家族企业由家族和企业两个系统组成,同一个成员不得不履行两个系统的职责,冲突由此产生。正如冯国础所描述的,"父亲、三叔及四姑妈都是公司董事,负责处理公司大小事务,大家一起上班,一起回家,在公司和家庭里都是同一群人",[2]在这种情境下,晚辈要凭个人能力获得升迁

---

① 卡洛克和沃德(2002)曾将最后一种股权分配方式所代表的所有权结构列为三大类型之一,看来它在西方企业家族中有一定普遍性,但要把这种股权分配原则应用于华人家族企业,显然是有难度的。

② 冯邦彦:《百年利丰——从传统商号到现代跨国集团》,中信出版社 2007 年版,第47 页。

```
              ┌─────────────────────┐
              │       董事会          │
              │   主席：冯慕英         │
              │执行董事：冯汉柱 冯丽华  │
              └─────────────────────┘
                        │
              ┌─────────────────────┐
              │   总经理：冯汉柱       │
              │   行政总裁：冯慕英     │
              └─────────────────────┘
                        │
              ┌──────────┬──────────┐
              │  产品组   │  会计部   │
              │（八个部门）│  冯丽华   │
              └──────────┴──────────┘
                   │
  ┌────────┬────────┬────────┬────────┬────────┐
  │ 男装部  │ 杂货部  │ 纺织部  │其他部门 │其他部门 │
  │ 冯国础  │ 冯国康  │ 冯国纶  │ 李永康  │非家族经理│
  └────────┴────────┴────────┴────────┴────────┘
```

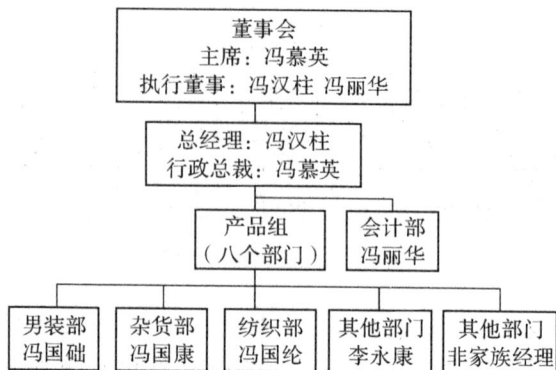

图 8-3　利丰的经营控制权（截至 1972 年）

显然有相当的难度,因为这意味着他们成为长辈的上司。晚辈与长辈的冲突还体现在对专业化管理的看法上,长辈们通常能吃苦,愿做出牺牲,但是他们的管理方式落后,而晚辈们则拥有高学历与现代管理知识。冯国经、冯国纶曾指出:"在公司的九个部门中,没有任何计划及财务预算。会计部的工作,只是列出公司的销售额,提供盈亏数字"。[①] 实际上,这些财务会计职能是由他们的叔叔和姑妈负责。其次,第三代家族成员内部的冲突。第三代成员的持股份额比第二代要低得多,股权激励效果有限。在第三代成员内股权也第一次出现了明显不均。此外,很多第三代成员没有经营企业的能力和意愿。第三,也是最大的困难是利丰难以吸引优秀的外部人才。家族过度控制关键岗位的后果是无法吸引到优秀的外部人才。

　　冯氏家族内的第二次两权分离过程可分为三个步骤。第一步,进行内部制度改革和组织架构调整,为上市做准备。1972 年,冯国经、冯国纶开始在利丰推行制度改革,他们强调各个产品部门需制定目标,会计部也需进一步提供充足资料,如销售报告、部门利润报告,以便让产品部门经理评核各部门的表现,有错误便及时更正。接着,他们将利丰重组为六家附属公司。重组后的利丰涉及贸易、地产和财务投资业务,其中贸易业务为主要业务,地产业务为重要业务,财务投资是新兴业务。第二步,将利丰上市,为家族内部两权分离做准备。内部改革后,冯国纶对父亲冯汉柱说:"如果你想让这家公司继续繁荣下去,就应该将所有权和经营权分离,而要做到这一步,必须使公司成为一家公众上市公司"。[②] 1973 年 3 月,利丰拟向公众发

---

①　哈特臣:《锦霞满天——利丰发展的道路》,中山大学出版社 1993 年版,第 51 页。

②　见冯邦彦:《百年利丰——从传统商号到现代跨国集团》,中信出版社 2007 年版,第 50 页。

售 25％的旧股(即 1350 万股),每股 1.65 港币。[①] 4 月 17 日,利丰在香港上市,当天收盘价格为 3 港币,市盈率为 25 倍。[②] 第三步,家族股东退出管理层,家族经理掌控管理层,实现第二次家族内部两权分离。利丰上市后,冯氏家族第二代成员全部进入董事会,冯慕英担任董事会主席,冯汉柱出任董事总经理,冯丽华为董事。1975 年,冯慕英去世,冯汉兴接替冯慕英出任董事,冯汉柱担任董事会主席兼董事总经理。不久,冯国础前往英国求学;李永康退任利丰(置业)董事,后移民加拿大;冯国康退任利丰(贸易)下属杂货部经理。家族股东纷纷淡出,但并不意味着冯氏家族失去了对利丰的控制权,因为家族经理冯国纶没有离开,不仅如此,1976 年利丰还正式聘用了另外一位家族经理——哈佛大学教授冯国经。1981 年,冯国经升任利丰集团董事总经理;1982 年,冯国纶也升任利丰(置业)董事总经理。同时,利丰大量引入外部职业经理,何赤刚、黄子奇、刘不凡等先后加入利丰,担任集团总经理、利丰(贸易)董事总经理、集团财务经理等职。截至 1982 年,冯氏家族内部第二次两权分离正式成型,其经营控制权结构如图 8-4 所示。

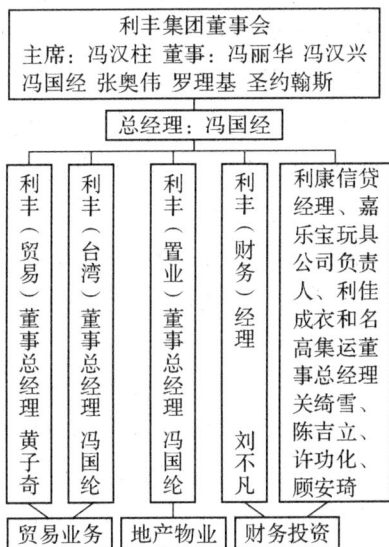

图 8-4　利丰的经营控制权(截至 1982 年)

---

① 《利丰售股昨日抽签》,《华侨日报》(香港)1973 年 4 月 5 日,第 5 张第 2 页。

② 《利丰昨日上市 交投相当活跃》,《香港工商日报》(香港)1973 年 4 月 18 日,第 8 页。

3. 第二次家族内部两权分离与利丰的发展(1972—1989年)

家族内部两权分离对家族企业来说无疑是一场根本性变革,但这一变革到底会给家族企业带来什么影响? 从1972—1989年间利丰的销售额和税后利润变化来看,它大致可分为两个时期——下降期和上升期,下降期指1972—1977年,销售额从1.6亿跌至0.86亿,利润从370万下降至360万;上升期指1978—1989年,销售额从1.78亿增加到12.4亿,利润从690万增加到1.17亿。20世纪70年代初,冯氏家族内部还没有正式发生第二次两权分离,利丰的关键管理岗位几乎全部被家族股东占据,使其无法吸引到优秀的家族经理和外部职业经理,利丰在经营策略上频频失误,业绩连续下滑。1975年,利丰失去了一家欧洲大客户C&A,销售额降至历史最低。利丰业绩的接连下滑,使冯国经相信他们冯氏家族的事业是需要密切关注的,而不仅仅是在遥远的美国提供意见,因此,1976年他正式接受了利丰的聘任,成为家族经理。冯国经加入利丰后,对经营策略进行了重大调整,他说:"众所周知,贸易公司过去一直充当供货商和销售商之间的中间人,在过去20多年间,这种功能逐渐被削弱……对我个人来说,解决这个问题的方案就是专业化……我们将不同的部门拆分成多个产品小组,这些产品小组又分为更加专业化的小部门。"[1]专业化小组为客户寻找合适厂家,为厂家提供客户咨询。由于引入这些高附加值活动,利丰的毛利率一直稳居3%,而当时著名的贸易公司英之杰的毛利率还不到1%。[2] 另一方面,利丰引入的职业经理们为冯氏家族第二次两权分离后的绩效提升也做出了重要贡献。比如1982年利丰的营业额为5.44亿,若将外部职业经理全权负责的合资公司计算在内,则达7.2亿。

需要指出的是,利丰的优秀业绩与行业层面的因素关系不大。八十年代香港的贸易公司的利润基本呈下降趋势,大部分公司都淡出了贸易业务,另一些贸易公司(如英之杰采购、太古贸易、Colby和和记洋行)虽没有淡出贸易业务,但后多被利丰收购。到1996年,利丰已执出口贸易牛耳。[3]

---

① 1978,"The Rule Must Change", Hong Kong Trader, 2, pp. 7;转引自冯邦彦:《百年利丰——从传统商号到现代跨国集团》,中信出版社2007年版,第57页。
② 招艳颜:《连消带打》,《资本家(Forbes)》(香港),1996年第2期。
③ 卢永忠:《利丰手执出口贸易牛耳》,《资本杂志》(香港),1999年第2期。

四、冯氏家族内部代理问题与内部两权分离的失败

1. 冯氏家族内部两权分离的小结(1943—1989 年)

1943 年冯柏燎去世,冯氏家族内部出现了第一次两权分离,八位继承人中仅有三位在利丰工作,其他的成为家族股东。李道明退股后,家族经理的持股比例有所上升,约为 37.68％。70 年代利丰上市,冯氏家族持股下降到 74.92％,家族经理持股下降到 28.26％。利丰上市向公众发售的是旧股(即公众购买股票的资金 2227.5 万进入了冯氏家族口袋),说明利丰上市的目的不是为了给企业筹集资金。不过,我们也不能简单地认为冯氏家族将利丰上市的目的是想套现,否则他们出售给公众的旧股将不止 25％,25％其实是当时香港法律规定的公司上市需向公众发行股票的最低份额。[①] 利丰上市的真实目的,用冯国纶的话说,就是为了让所有权与经营权分离,只不过这种分离主要指家族内部的分离。1977 年,新的家族经理冯国经担任利丰(贸易)董事总经理,是家族内部第二次两权分离的标志性事件。与上一代家族经理相比,新的家族经理(冯国经、冯国纶)持股要更少一些,约占总股本的 13.8％。20 世纪 80 年代初,冯氏家族向机构投资者转让了约 6％的利丰股份,[②]对利丰的总持股下降到 70％左右。总的来说,历经三代发展,冯氏家族内部两权分离的程度进一步提高了(参见图 8-5)。

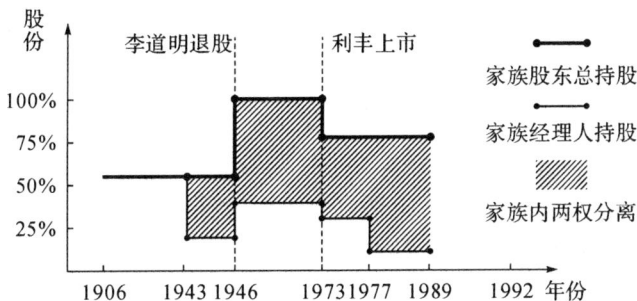

图 8-5　冯氏家族内部两权分离

① 见黄绍伦:《移民企业家:香港的上海工业家》,上海古籍出版社 2007 年版,第 133页。

② 《利丰冯氏家族 接受亚洲投资》,《大公报》(香港)1980 年 12 月 2 日,第 2 张第 6版。

2. 冯氏家族内部两权分离的代理问题

通过家族内部两权分离，冯氏家族成功避免了"企业分裂"等大多数华人家族企业跨代发展中曾遇到的困境。由于利用了家族和社会分工优势，冯氏不仅可以在整个家族（而不是在某房，如长子）范围内培养和选择优秀的家族经理，还可以在经理人市场选聘优秀人才，从而推动了利丰迅速地长期成长。由此可见，家族内部两权分离对于家族企业的跨代成长具有重要的战略意义。

但是，家族内部两权分离后，冯氏对内部两权分离可能引发的代理问题缺乏清晰的认识，自然也没有建立针对性的治理机制。随着企业家族从第一代到第二代、三代……发展，两权分离程度不断加深，冯氏家族开始出现了严重的内部代理问题，损害了内部两权分离的效率。总的来看，其家族内部代理问题主要表现为以下三个方面：

第一，部分家族股东欲抛售利丰股票。1984 年 9 月，中英谈判陷入僵局，香港经济接近崩溃的边缘。12 月，中英签订《联合声明》，香港投资者的信心逐渐恢复。但冯国纶表示："当时家族中意见分歧，我和 Victor（指冯国经）觉得正是黄金机会，有人却持相反意见。之后，中国继续开放，有些成员不再有兴趣持股，便全数卖给我和 Victor。"[1]冯氏家族股东对持股不感兴趣的另一原因是一些家族股东已成为专业人士，不再想继续经营这门生意。[2] 不过，家族股东与公众股东是不一样的，他们如果随意抛售企业股份，就可能危及所有家族股东和家族经理的共同利益。实际上，华人家族企业杨协成就是因为家族股东竞相抛售企业股份，而最终被外人收购。[3]

第二，部分家族股东欲"内部接管"获取经营控制权。冯国经曾表示："从前所有冯氏家族成员都持有股份，有股份就有职位。其实当年利丰上市，就是要针对家族式经营的矛盾，之后，冯氏的参与者多方重整公司结构，清理'内部恶性竞争'。不过进行改革前，有些成员已自动退出。"[4]冯国经的做法是明智的，但事情并没有结束。在冯氏家族中，冯汉兴是除冯汉柱外辈分最高的人，他的存在对家族经理冯国经、冯国纶构成了威胁。谈及家族

---

① 《冯汉柱为下一代未雨绸缪》，《资本杂志》（香港），1992,2(51)，第 71 页。

② 冯邦彦：《百年利丰——从传统商号到现代跨国集团》，中信出版社 2007 年版，第 86 页。

③ 李秀娟，李虹：《富过三代》，上海人民出版社 2007 年版，第 16—31 页。

④ 《家族式经营与时俱变》，《资本杂志》（香港），1992,2(51)。

内部代与代之间的矛盾以至于争权,冯汉柱毫不迟疑地说:"所谓树大有枯枝,没有就太特殊了。为何大家都是同一个父亲生的,却有些人意见要强些? 这很难处理。"①更为严重的是,冯汉柱年事已高,他若去世(冯汉柱1994 年去世)便意味冯汉兴成为家族领军人物,加上其家族股东和董事身份,要强行接管利丰似乎不费吹灰之力。

第三,家族经理人争购家族股东的股权。并非所有的家族股东有意抛售利丰股份或争夺家族经理之职,冯慕英的后代就是一例。在家族第二代中,冯慕英是为利丰付出最多的人之一,从毕业到去世,他一直在利丰工作,其子女对利丰也别有一番情感,并不愿意出售利丰股份。冯国经、冯国纶收购利丰股份本是为阻止家族股份外流、避免"恶意"内部接管,但后来这一目标显然被扩大了,使冯慕英的后代成为无辜的受害者。值得指出的是,股权之争给冯慕英和冯汉柱两房的关系造成了非常大的影响,冯雪生和冯美生表示:"我们同冯国经一家已没有关系了。总之,老死不相往来,行街见面都当见不到,他们读哈佛的要够狠,当年他们吞占利丰,是处心积虑的。"②

3. 冯氏家族内部两权分离的失败

1987 年 10 月,美国股市暴跌并引发全球股灾,10 月 26 日,香港股市一日下跌 1120 点,跌幅高达 33%。一般而言,股价下跌可能使上市公司面临外部接管,但冯国纶表示:"以该公司(利丰)的情况而言,股市下泻对以家族控制性股份的公司影响不大。"③事实上,股市下跌并没有给利丰带来外部接管威胁,但确实降低了收购股权(包括管理层收购)的成本。1988 年初,冯汉柱决定在波士顿召开家族会议,讨论将利丰由冯国经、冯国纶收购而私有化的议题。据冯丽华回忆:"会上有不同意见。"④其实,冯汉兴在会上激烈反对私有化,⑤一些家族股东由于对利丰缺乏了解,而没有充分的信息进行决策,如冯雪生和冯美生"……对利丰一无所知,我阿叔(指冯汉柱)说卖

---

① 见哈特臣:《锦霞满天——利丰发展的道路》,中山大学出版社 1993 年版,第 69 页。

② 见冯邦彦:《百年利丰——从传统商号到现代跨国集团》,中信出版社 2007 年版,第 87 页。

③ 《近期全球股市暴跌 利丰发展可能受阻》,《华侨日报》(香港)1987 年 11 月 20 日,第 6 张第 1 页。

④ 见冯邦彦:《百年利丰——从传统商号到现代跨国集团》,中信出版社 2007 年版,第 87 页、第 89 页。

⑤ 《近期全球股市暴跌 利丰发展可能受阻》,《华侨日报》(香港)1987 年 11 月 20 日,第 6 张第 1 页。

股,就卖了。"①不过,在冯汉柱的号召下,大部分家族股东还是同意将股权卖给冯国经、冯国纶兄弟。在 1988 年 12 月 7 日,香港法庭指令的利丰公众股东大会和利丰股东特别大会先后召开,"私有化计划遂告通过"②。最终,冯国经、冯国纶两兄弟拥有的经纬公司收购了利丰。因未能有效治理其代理问题,冯氏家族内部两权分离最终以家族经理人成功争购家族股东股权的方式而失败,转入兄弟合伙阶段。

4. 后续

1991 年,冯国经、冯国纶兄弟将旗下出口贸易业务重组为利丰贸易有限公司再次上市。目前,利丰集团拥有 3 家上市公司、4 家非上市公司。最近 20 年,利丰集团一直为冯国经、冯国纶兄弟合伙控制。对于兄弟两人的关系,冯国纶曾表示:"我们两兄弟合作得很好,连做投资都是 50∶50,真是'无大无细'。我们比较传统,还很中国化。"③如今,冯国经、冯国纶已年过60,利丰的传承也日益临近。但内部两权分离结束后的冯氏企业家族的核心家庭数已从 35 个降到 2 个,第四代仅有 4 位接班候选人(其中冯国经 2子 1 女,冯国纶育 1 子),选择优秀接班人可能比第三代时(35 位候选人)困难很多。不过,可以肯定的是,如果冯氏家族继续保持其不分割企业只分割股份的传统,家族内部两权分离在未来的跨代传承过程中还可能重演。

第四节　马来西亚皇家雪兰莪(杨氏家族)案例④

1885 年的马来西亚(当时称为马来亚)正值英国殖民统治,管制者鼓励年轻中国劳动力前往马来亚,从事包括橡胶种植或者锡矿开采等与自然资源相关的劳工工作。14 岁的客家人杨堃祥,已经在中国广东的汕头做了三年锡镴学徒,也在这一年漂洋过海来到吉隆坡,随身携带的只有锡镴工具,

---

① 梁淑文、李禾德:《百亿富豪十年铺路——冯国经志在特首》,《壹周刊》(香港),2003年第 9 期。

② 《利丰股东通过私有化》,《大公报》(香港)1988 年 12 月 08 日,第 20 版。

③ 冯邦彦:《百年利丰——从传统商号到现代跨国集团》,中信出版社 2007 年版,第89 页和吴锦勋,李郁怡:《百年利丰传奇》,商业周刊(香港),2008,4(1063)。

④ 本案例主要参考曾美仪:《走过锡屑飞扬的岁月—皇家雪兰莪的故事》,Archipelago Press,2007 年版;周蕾:《皇家雪兰莪:坚持的胜利》,《家庭企业》2007 年第 4 期。

他到吉隆坡后与之前已经到来的两个兄弟进祥和伟祥会合,在这个锡矿丰富的泥泞河口落地生根,当起了锡匠。恰逢当时殖民者将首都从巴生迁到吉隆坡,这里正在大兴土木,从此杨堃祥在这个城市开创了杨氏家族的锡镴事业。

一、杨氏第一代兄弟的创业

杨氏家族是来自广东汕头的客家人。客家人注重团结合作,在中国大陆多居于闽、粤、赣地区,故有浓厚的山区文化。客家人也被称为"丘陵上的民族"。客家文化的特点是耕读传家,保留古代汉民族的特点,有古汉文化活化石之誉。由于客家人行走天下,移民世界,且在海外商界不乏成功者,因此亦有"东方犹太人"之称。有人说:哪里有阳光,哪里就有客家人;哪里有一片土,客家人就在哪里聚族而居,艰苦创业,繁衍后代。杨氏兄弟就在吉隆坡锡廊路 23 号开设了杨家的第一个店铺,那是双层式排屋——下铺上居,白天在楼下的商店做生意,晚上三兄弟就睡在楼上的房子里。锡镴店店名为"玉和",有翠玉平和之意,每件锡镴产品上都有杨氏兄弟的"玉和足锡"印鉴,生产的产品主要是简单的日用品,并提供给华人,比如镀锌钢水桶、水槽以及商家所用的秤,后来由于华裔采矿者纷纷祈求神明的庇佑,需要锡镴香炉、香座和烛台等产品,玉和也生产这些产品,到了 20 世纪杨氏兄弟还雇用了几个工匠。他们可以称之为是吉隆坡首批锡镴工匠。20 世纪 20 年代,繁华的锡廊路已有五家出售锡制品的商店,它们大都以承接制作秤、祭坛用品、茶壶和大酒壶为主要业务。有些时候也帮精打细算的顾客翻新旧的锡镴器具。

到了适婚年龄,杨堃祥回广东汕头的大浦老家娶亲,新娘子叫罗八。婚后不久杨堃祥独自回马来亚。7 年后杨堃祥才重回老家见妻儿,并把他们带来马来亚。在吉隆坡安顿下来后,杨堃祥一家又再添三个男丁。四个儿子分别是炳包、炳桑、炳楷和炳祥,仍然住在玉和店楼上,过着华人大家庭的生活。四个儿子就在锡镴堆里耳濡目染长大,也注定了他们后来所从事的行业与此相关。如果没有妻子罗八的从旁协助,杨堃祥和他的玉和锡店也许没有这么大的成就。她是一个少言务实的客家女子,她的子孙后代们都认为她的商业智慧要远远超过杨堃祥。杨堃祥嗜好喝酒及赌马,每天店铺里干完活都会带着儿子到繁华的锡廊路酒吧里喝几杯。钱多多喝,钱少少喝,把兜里带的钱喝光为止。而真正吃苦耐劳运筹家业的其实是罗八。当时马来亚将数万英亩的原始雨林砍伐,取而代之的是橡胶树。罗八设计了一种锌制小凹槽，并取名为胶舌，将其卖给橡胶园，其销量数以千计。橡胶工可以将胶舌插在橡胶树干上，轻而易举地将白色的橡胶汁引导进胶杯。罗八用存下来的钱买金戒指，一枚接着一枚，并串起来绑在腰间，用长裙遮盖，寸步也不离身。1930 年罗八用成串的金戒指购置了位于富都路 219 号的店屋。该屋虽不豪华却是属于自己的家。当时，马来亚和世界各国一样深受经济大萧条之苦。杨堃祥这样的锡镴小户，没有人光顾，也找不到工匠。因为工匠自觉锡镴已经成为夕阳产业，纷纷改行，有的甚至做起裁缝维持生计。罗八求聘工匠心切，走遍马来亚半岛，拜会客家同乡和大埔乡亲，希望其中的能工巧匠加盟自家的作坊。罗八为了提高销售额，还去马来亚矿业商会举办锡镴展，试图说服矿业富商多买锡镴产品，扶持锡镴行业。1936 年罗八前往马来亚北部的吉打州洽谈生意途中因腿部被蚊虫叮咬，溃烂化脓病倒，撒手人寰，享年 56 岁。她去世后，富都路的杨家店铺生意每况愈下。越来越少的华人订购锡镴器皿。玉和则由哥哥杨进祥在锡廊路 23 号继续支撑，他子孙也继续在吉隆坡当锡匠，不过人们对秤以及锡镴制品的需求日减。在第二次世界大战后，玉和终于难逃倒闭的命运。弟弟杨伟祥则于 1930 年前后回国，返回杨家故乡汕头大埔的百侯村定居，开枝散叶。

杨堃祥店铺的生意在听取一位英国工程师的建议后出现了戏剧性的转机。在马来亚开采锡矿的英资英东有限公司（Anglo Oriental Ltd.）的工程师 G. H. Hutton 建议在锡价处于低位的时机，将产品从祭祀用品改为较实用的但高档的生活日用品，主要卖给在马来亚的英国和西方人士，他还贷款 500 马来亚元给杨家做资金，开始铸造具有欧陆风格的烟盒、烟灰缸、花瓶和茶壶。这为杨氏企业未来出口市场奠定了基础。

二、杨氏第二代四兄弟开枝散叶

家族生意东山再起。但好景不长，杨家出现了内忧外患——第二次世界大战爆发与家族众兄弟成家立业开始有自己的想法，特别是在母亲去世以后合作变得困难，杨家四兄弟开始为经营方法争论不休。长子炳包沿袭了传统的制造工艺，整个过程从铸锡镴板模、造型、焊接、锉削，再到磨光和表面处理，都由熟练工匠一个人包办。每个工匠都将手艺作为自己的安身立命之本，不让他人插手。而炳包的三个弟弟也长大成人，认为炳包在纵容工匠们的传统工艺，没有引进现代化技术，应该让各个工序由更多的家族成员熟悉和掌握。1938 年，成家后的大哥炳包想找个地方安顿一家大小，却被众弟弟认为是大哥自立门户，并联合年迈的老父亲杨堃祥，不让带走机械和现金。势单力薄的炳包只好在外挂马来亚锡镴的商号,继续用传统方法生产锡镴制品。在第二次世界大战期间,炳包不幸被华人黑社会绑架和杀害。在接下来的 10 年,其三个弟弟先后开立虎威锡镴(Tiger Pewter)、雪兰莪锡镴(Selangor Pewter)、雄狮锡镴(Lion Pewter)。期间,由于缺少资金和分销网络,虎威锡镴不到一年便关闭。1942 年三个弟弟开设雪兰莪锡镴商号,后来炳桑和炳楷合力开设马来亚工艺品商号,产品扩充到锡镴之外,包括银器、陶器、羊皮灯罩、木质玩具等,并且应二战的时局,制作防空袭用品和凯旋徽章。1941 年,日军登陆马来亚北部,翌年 2 月,占领新加坡。杨氏兄弟的锡镴事业也因此濒临倒闭。常来光顾的欧洲人纷纷逃离,锡镴店没有任何生意光顾。同时,占领军宣布锡为管制品,限制锡的供应量,作为战略物资,工厂必须详细记录锡的使用数量。只准杨氏兄弟制作清酒酒器,作为送给日本军官的礼物。这样的销量并不足以为生,炳楷兼营出租汽车服务,由于没有汽油,甚至驾驶改装过的旧式汽车,以烧木炭为动力。杨家老二杨炳桑最具艺术天分,一直为杨家的锡镴公司设计广告和海报,后独立接手了一家皮革老店,并以雄狮锡镴的品牌打造锡产品。但好景不长,1947 年他的妻子去世,他由于无法兼顾四个孩子的家庭和拥有 20 名员工的工厂,放弃了锡镴生意。再婚后,他转而经营藤编家具和羊皮灯罩,卖给欧洲顾客。

　　杨家第三子炳楷和第四子炳祥继续留在母亲在世时购置的富都路商店,打造雪兰莪锡业公司。第二次世界大战结束后,炳包遗孀向两位小叔求助,希望将炳包的马来亚锡业与雪兰莪锡业合并经营。炳祥同意,而炳楷反对。为折中起见,兄弟俩同时经营两家公司长达数月。然后,最终两兄弟分道扬镳。炳祥接管已逝大哥的马来亚锡镴,炳楷则继续经营雪兰莪。从此,雪兰莪锡镴由杨氏第二代排行第三的炳楷一房经营和发扬光大。

　　在战后的动荡岁月里,锡镴生意时好时坏。炳楷制作锡制啤酒杯、烟灰缸和烟盒给英军,并接受香烟作为支付方式,然后在黑市出售换成现金,勉强过关。而四弟的马来亚锡镴则于 1950 年结束营业,四弟炳祥受聘为《海峡时报》摄影师并开影社,名气不断上升。这样到了 1950 年,四兄弟只有炳楷继续经营锡镴生意。

　　三房炳楷一支继续从事锡镴事业。他于 1938 年娶倪素英为妻。倪素英是福建人,父母在吉隆坡开设自行车修理行,少时在咖啡山女修院学校接受天主教修女的教导,然后在自家的自行车修理铺内做帮工。炳楷和素英夫妇育有四个子女,分别是长子保胜、长女文霞、幼女文娟和幼子保康。富

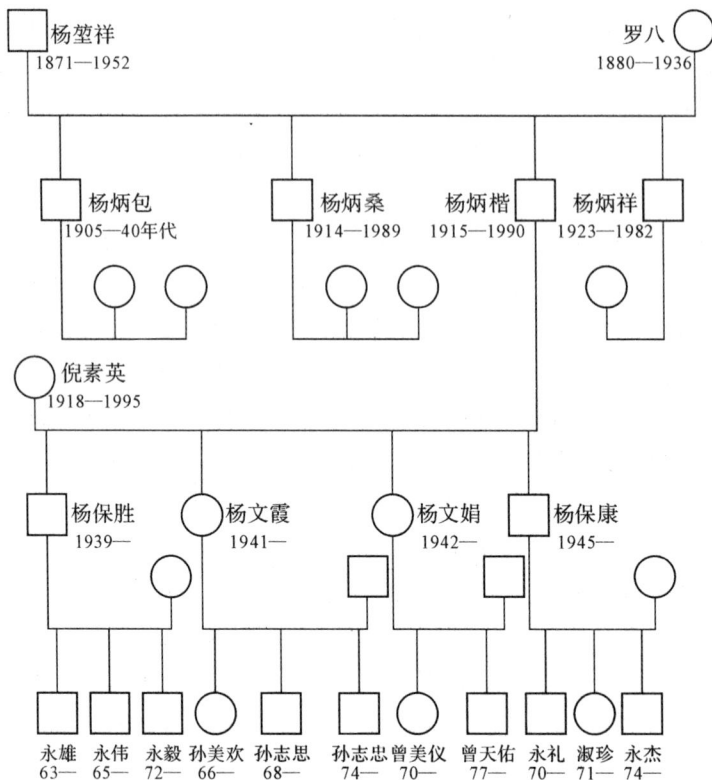

图 8-6　杨氏家谱图

都路店铺是厂店合一，因为既要展示陈列接待客人挑选，门口还要有师傅用大锅滚烫锡镴铸造器皿，夫妻俩认为这里不是理想的购物场所。因此他们在资金不足的情况下租下了当时吉隆坡最繁盛购物区笞都路上的半间店面。该购物区内汇集了当时吉隆坡著名的洋服店、餐馆、珠宝店和高档百货店。炳楷和素英夫妇将商店搬至笞都路后，很快对街的吉尔运动器材商店就向他们下了奖杯订单。夫妻俩分工合作，广交朋友。社交手腕出众的妻子素英在笞都路商店负责销售，如花瓶、水瓶、烟灰缸和烟盒，客户主要是英军太太们。踏实肯干、对技术别有钻研的炳楷则将富都路商铺全部改造为工厂，监督制作锡镴产品。

炳楷是当时为数很少的聘请女性员工的老板之一。当时女工们一般是当女佣或者车衣女工。炳楷让这些心细和认真的女孩子负责锉削、刮平和磨光。而锡镴片制造和选装车床为锡镴造型，则由男壮劳动力去做。值夜班的员工，可享用厨房端出的热乎乎的香甜红豆汤。每当农历新年，炳楷和素英夫妇必定分派红包和象征财源滚滚的橘子。他们也出席每位员工的婚宴、满月宴和葬礼。有次四位女工下班后去跳舞,很晚还没有回工厂宿舍,炳楷非常担心,派儿子骑着摩托车到处寻找。素英还为员工开设银行户头,培养员工储蓄的习惯,而炳楷则鼓励员工用工资买屋置业安顿家小。炳楷举止文雅,对人和悦,按时发薪,从不打骂员工,获得了员工的尊敬。公司保持着家庭般的温馨气氛。炳楷夫妇像大家长般关照着员工们,而员工亲切的称呼他俩为"Auntie"和"Uncle"(即阿婶和大叔)。炳楷本人年少时就接受了双语教育,先是就读于以中文授课的尊孔学校,传承了中国的传统,然后转到以英文授课的卫理公会男校,学习当时英国统治下的官方语言,极大便利了产品出口时的交流需要。

炳楷的市场敏锐感令人敬佩。二战结束后,炳楷率先制造第一批纪念品。英军战后重回马来亚,他又在第一时间制造醒目抢眼的"V"型锡镴凯旋徽章,并涂上英国国旗的红白蓝三色;徽章可挂在汽车前面做装饰。1946年和1947年,炳楷将锡镴啤酒杯予以改良,在雪锡商标旁加上年份。这个改动看似简单,却令平凡的啤酒杯变成英军珍视的纪念品。公司还利用明星营销。20世纪60年代的雪兰莪锡镴店成为游客和名人必到的地方。当时美国演员威廉·霍顿(William Holden)与法籍女星加普辛(Capucine)在马来西亚拍摄电影《第七晓》(The Seventh Dawn),一方面两位明星来店里订购了大量的锡镴烟盒馈赠朋友,这是炳楷在雪兰莪锡镴店有史以来的最大订单,炳楷亲自操刀与员工加班打造,产品精美,扩大了品牌的影响力。另一方面,两位明星来店里采购的照片一直被广为张贴,同时被家族所珍藏。

炳楷、素英夫妇的儿女们便在这种家庭和事业合二为一的环境中成长。虽然经济拮据,但炳楷夫妇对儿女们的教育从不吝啬。长子保胜、幼子保康被送到卫理公会男校(Methodist Boy's School),长女文霞、幼女文娟被送进富都英文学校(Pudu English School)。儿女们接受着良好的英文教育,成绩出众,更懂得尽其所能地帮助家里的生意。放学后,他们帮忙接电话订单,包装锡成品,制作标签。在这样的环境中,他们学会了努力、节俭、家庭责任和承诺。儿女们慢慢长大,雪兰莪锡也同样缓缓地、但不可阻挡地成长着。

但是,炳楷并没有允许子女们向自己的梦想飞翔。在那个年代,家庭责任比个人梦想更重要。对于发展中的雪兰莪锡来说更是如此。炳楷要求子女们将青春和未来全部交付给家族的事业,就像他自己一直所做的一样。

这样的做法近乎野蛮，但正是因为他的坚持，才成就了雪兰莪锡的未来。

炳楷属于工作狂，也没有什么朋友，更没有什么嗜好。阅读兴趣不离本行，看一些《大众技师》之类的专业杂志，总是思考将制作锡镴的人工如何用机械实现替代。他总是忧心忡忡，有时为了生意苦思至深夜，面对一箩筐的里里外外事情，无法入眠。而他的妻子则更为沉着冷静，是炳楷工作狂性格的平衡器，也是杨氏大家族的粘合剂。她在富都路的工厂，在工作之闲，和表亲们将工作台搬开，邀请舞蹈老师教导当时流行的伦巴、恰恰等西方舞蹈。到了周末，她会和炳楷一起，带着家人和员工肩并肩地挤在货车后面临时装置的两行板凳上，去海边度假。她也安排和远在大浦的亲人通信，汇款回乡，修补祖屋或帮助维持生计。1952 年，大家长杨堃祥去世，享年 81 岁。

三、奋斗的第三代兄弟姐妹们

1957 年，炳楷夫妇的长子保胜中学毕业。他可以成为乐富门（Rothmans）香烟公司的推销员。这份工作不但有着可观的薪水，还可以报销相当数额的应酬费用。更为重要的是，能够驾驶由公司提供的福特哥丁娜（Ford Cortina）客货车。对于一个 18 岁的年轻人来说，这简直是无法抵挡的诱惑。然而严厉的父亲却对儿子的要求充耳不闻。炳楷对保胜说，他需要儿子在身边。保胜被安排进了家族的工厂，从基层工作——操作旋转车床做起。他待在父亲设计的旋转机床前制作锡成品，整整 6 年。

1964 年，炳楷将位于吉隆坡北郊文良港的新工厂交给保胜管理。保胜继承了母亲素英的社交手腕，交友广泛。他加入国际青年商会，从事各种社区服务，修建回教堂和筹办马来西亚小姐选美会。这些活动为公司带来了很多生意。两年后，保胜开始定期造访公司的零售伙伴，包括到新加坡和马六甲地区，说服他们给雪锡更宽敞和显著的陈列位置，为公司从经销商那里获得越来越多的货架。1968 年，保胜来到刚刚脱离马来西亚而独立的新加坡，开设雪兰莪锡旗下新的工厂，逐步担负起开发海外市场的重任。

1958 年，长女文霞中学毕业。由于成绩出众，校长推荐她去英国科尔比（Kirkby）学院深造。严父炳楷却再度打破了孩子的梦想：留下，为家族的事业出力。文霞最终没有去英国，而是来到了富都路的商店协助母亲。为了宣传家族的事业，文霞加入了广告客户协会（Advertisers' Association），并成为筹委会成员。1968 年，业务蒸蒸日上的雪兰莪锡在富都路上获得了一间拥有完整店面的店铺。和此前的半间老店一起，交给了文霞管理。没有了空间的局限，文霞开始尝试时尚的陈列和摆设。此后，文霞一直专注于零售业务的开展。1995 年起,她在墨尔本和布里斯班等地一家接一家地开设全资专卖店,展现着更胜往昔的冲劲和魄力。

幼女文娟中学毕业后,被父亲大方地"借"给了一位经营侦探社的好友,为其接听电话、管理信件,协助检查车祸的保险索赔。锻炼数月后,被安排到富都路的商店协助姐姐文霞。利用马来西亚政府积极推广对外旅游业的良机,雪兰莪锡的店铺不断增加。文娟转而负责起公司新的业务增长点:以企业为客户的特制精品。雪兰莪苏丹是马来西亚九位世袭统治者之一,1979 年苏丹沙拉胡丁·阿都·阿兹·沙前往澳大利亚度假,在一家很大的百货公司,销售员礼貌地问他来自于哪里,苏丹回答是:"雪兰莪"。销售员反应很快:"是雪兰莪锡镴的那个雪兰莪州吗?"苏丹觉得十分有趣,澳洲人是先知道雪兰莪锡镴的产品,然后才知道雪兰莪州的。他回国后,就赐予雪锡皇家地位,苏丹坚持他购买的每一件锡镴制品,必须刻有文字"获雪兰莪苏丹殿下御许(By Royal Appointment to His Royal Highness the Sultan of Slangor)"。

最年幼的保康,则是这一代中最为幸运的家族成员。由于家族的事业已上轨道,父亲炳楷决定送他去读大学。保康就读于澳大利亚阿德莱德大学(University of Adelaide),专修机械工程专业。在 20 世纪 60 年代,阿德莱德犹如在世界的另一端。幼子启程时,母亲素英伤心得泪如雨下。对于杨家而言,幼子就是他们的未来。远赴澳洲求学的保康,继承的是父亲机械化锡生产的使命,背负的是整个家族新的希望。1968 年,学成归来的保康成为家族中第一位工程师。他开始构思全新的制作过程,调整合金配方,使用水力液压和其他革新机械。几年后,公司通过学习和不断试验,获得了钢模制作锡的技术。

不仅儿女,就连外甥女也没有逃过杨炳楷的网罗。文丽和文娇是素英弟弟的两个女儿,在适龄入学年龄时就与炳楷一家同住。炳楷很早就注意到文丽的绘画天赋,安排文丽参加了绘画班。文丽 17 岁时,杨家送她到英国布里斯托尔(Bristol)大学艺术学院深造。1972 年,文丽回到吉隆坡后在工厂顶楼的设计室工作,很快她设计的郁金香型高脚杯就成为畅销产品。她又为公司设计企业礼品、制作专业目录和宣传小册。后与担任公司外包装设计的丹麦设计师安德斯·吉斯塔(Anders Qusitgaard)结婚,并一起成立雪锡的第一个设计部门。安德斯才华横溢,是公司的首席设计师,他改变过去锡镴产品只有"柔光"这种发出暖和光泽的表面处理效果,改用安妮皇后(Queen Anne)风格的茶壶,在表面进行高度磨光,闪亮如银器一般,他更增加了糖罐、奶盅和茶盘，组成皇室系列（The Royal Collection）。他还研习日本的建筑风格，以木料搭配锡镴，创造出一系列男性饰品，创造了司令系列（The Admiral Line）。安德斯曾经力排众议，说服公司铸造了高达近两米高的巨型啤酒杯，收录进吉尼斯世界纪录，吸引了大量的游客参观。安德斯与文丽留在马来西亚工作直到 1987 年，然后前往丹麦定居。公司在 1986 年礼聘设计大师埃里克·麦格纳森（Erik Magnussen）设计迎合西方市场的产品系列，并于 1989 年和 1991 年获得法兰克福国际礼品展的设计大奖。

从 20 世纪 70 年代开始，在安排好四个子女各司其职后，炳楷和素英开始逐步退出公司的管理工作。1977 年，公司已有 300 名雇员。1980 年，炳楷正式退休，在庆祝其 65 岁生日的宴会上，共有 900 位来宾出席，炳楷收到的生日礼物是自己的锡镴半身像。在接下来的 10 年，尽管已经退休，但炳楷在公司总部保留了一间办公室，经常与行政人员在饭厅共进午餐，而夫人素英则在子女继承家业而拼搏之时担负起照顾孙子们的重任。1990 年 11 月，炳楷因病去世。同年，素英中风卧床不起，直到 1995 年 9 月去世，儿孙都一直在她的床边照顾。此时，保胜负责的新加坡市场、文霞负责的澳大利亚市场，文娟负责企业、政府、运动协会等机构大客户，保康负责生产工艺，杨氏家族生意蒸蒸日上。

四、迈向全球的年轻人

1969 年，吉隆坡发生马来人和华人的种族冲突事件，严重打击了马来西亚的旅游业。以外国游客为主要客户群的雪兰莪锡再遭重创。虽然马来西亚政府通过政策的调整令旅游业得以复兴，但这一经验已经让杨家有所警惕。用杨保康的话说，是"令人体会到更广大和多元化市场的重要性"。为了打开海外市场，雪兰莪锡设定了三个方向：开发迎合国际市场的设计，引进新颖的生产过程和在海外国家建立零售点。杨家的子女们在这场奋斗中居功至伟。皇家雪兰莪的出口产品比率在 2000 年便突破了 60%。

时至今日，多元化发展的皇家雪兰莪不仅成为了全球规模最大的锡制造商，更将业务扩展至纯银和黄金等领域。1972 年，他们与瑞士顶级珠宝商沃纳·依宝哈（Werner Eberhard）以及奥地利宝石名家沃特·兰高玛尔（Walter Angelmahr）合资创立珠宝首饰品牌雪宝兰（Selberan），成为马来西亚首饰业先驱。1987 年，皇家雪兰莪收购以皇冠玫瑰（Crown&Rose）锡精品闻名的 300 年伦敦老店恩格非尔德斯（Englefields），并将其易名为英国皇家雪兰莪。1993 年更将伦敦纯银名家甘铭斯（Comyns）及其可追溯至 17世纪的 3 万 5 千套设计样本收至麾下。2002 年，皇家雪兰莪进一步进军北美市场，用收购手段让加拿大最大规模的锡制造商海鸥锡（Seagull Pewter）成为家族产业的一部分。除了制造常规商品和不断推陈出新以外，皇家雪兰莪还为马来西亚政府设计制作官方礼物，为 F1 大奖赛制作奖座，为亚洲足球联盟制作奖杯，为雪兰莪苏丹修饰皇冠和制作专属邮章。

随着公司规模的日渐庞大，员工称呼老板为"大叔"和"阿婶"的家庭作坊时代也湮没在历史的尘埃中。历经风雨的皇家雪兰莪，已转型为由专业人才管理的现代化企业。在新的世纪里，家族成员和来自世界各地的职业经理人们携手经营皇家雪兰莪。掌管北美市场的美国皇家雪兰莪总裁黄镇源、负责欧洲市场的英国皇家雪兰莪董事经理彼得·科尔曼（Peter Coleman）都是公司七人董事局的成员。

杨家的子弟结束学业后往往在外闯荡，时机恰当便加入皇家雪兰莪，为家族事业的振兴尽自己的一份力。炳楷时时痛惜兄弟离心使杨家错过了最佳的发展时机，他绝不会允许同样的悲剧在家族中重演。被炳楷耳提面命教育多年的保康如今正以首席执行官的身份引领着家族的事业，他也负责传递这一祖训，让杨家子孙代代牢记。

皇家雪兰莪现在有两位总经理，他们都是生于 20 世纪 70 年代的杨家第四代——杨永礼和曾天佑。杨永礼是家族现任掌门人保康的长子，加入皇家雪兰莪之前是马来西亚跑车制造商 TVR 的总经理。曾任管理顾问公司麦肯锡（McKinsey&Co）顾问的曾天佑，则接替了母亲杨文娟在家族中的位置。杨永礼和曾天佑以总经理的身份负责公司日常业务运作，他们的兄弟姐妹也不甘落后。保胜的长子杨永雄是杨家第四代的长兄，曾任职于英国设计顾问爱迪信（Addison）和史德格莱特洛富华（Citigate Lloyd Northover）的他，现居公司创意总监一职。保胜的次子杨永伟被派驻公司最早开拓的海外市场——新加坡，在由他父亲所打下的江山里继续奋战。在墨尔本舒勒戈古董珠宝（Schlager Antique Jewellery）积累了 10 年珠宝首饰经验的杨文霞长女孙美欢，进入雪兰莪尽展其长。在信息时代的今天，掌握公司电子资讯命脉的则是保康的幼子永杰。1998 年，刚满 24 岁的杨永杰为公司建立了电子商务网站，此网站在 2001 年荣获 CIO Asis 杂志颁发的 CIO 大奖。如今，永杰正为整合公司的顾客、零售和存货系统做着不懈的努力。国际化进程在这一代人手里进展迅速：1970 年公司的出口量才不到总产量的 2％；到了 2000 年，皇家雪兰莪的生产出口比率已经超过 60％。

断商引究

每年，皇家雪兰莪都在各盛大国际礼品展上，推介别具一格的设计，并同时在全球 26 个国家的专卖店或知名零售商场出售。皇家雪兰莪依托品牌价值，也将业务拓展到纯银和黄金领域。

杨堃祥在广东汕头登船，漂洋过海踏足马来西亚，已经是 120 多年前的事了。然而由他所开创的传奇故事却延续至今。在材料技术突飞猛进的今天，各种时尚的新材质争奇斗艳、层出不穷。皇家雪兰莪却在种种新材料的夹击下，成功地展现了锡这一古老金属的风采神韵。从小小的锡匠铺到辐射全球的世界第一锡生产商，杨家在锡行业拼搏的这一个多世纪里，美观和实用兼备这一制作精神贯彻始终。但仅仅这一条或许并不足以让一个古老行业里的家族事业在充斥经济危机、战乱、政权更替、种族争端的现代史中披风斩浪。最应该感谢的，或许是后代们对家族事业终生无悔的坚持和始终如一的付出。

以上经过对东南亚华人家族企业成长历程和三个典型案例的梳理后，其成长经验可主要归纳为四点，前两点为家族企业成长的外部因素，后两点则是影响其成长的内部因素：第一，所在国或地区政府对家族企业的成长有着关键的影响。这在东南亚的华人家族企业的形成过程中尤为明显。第二，所在国或地区的宏观经济发展为家族企业的成长提供了必要条件，企业的成长正是不断抓住一个又一个商机而实现的。第三，对家族自身的治理是家族企业健康成长的保证。许多家族企业的失败并不是因为经营上出现了危机，而是因为家族的矛盾导致企业的衰败，比较上述大陆和海外华人家族企业的成长经历可以看出，如何在家族内保持创业精神和积极开放的家族文化对于家族企业的长远发展意义重大。第四，引入职业化管理势在必行。在家族企业不断成长壮大的过程中，仅靠家族内成员是难以实现的，而华人对控制权的偏爱使得引入职业化管理举步维艰，而香港和东南亚优秀的华人家族企业在职业化管理上走在华人企业的前列，值得大陆家族企业的积极借鉴。

第九章　中国家族企业的未来

第一节　对中国未来家庭的展望

"社会的基本单位正由家庭变为个人",这句话是著名的未来学家奈斯比特对未来家庭地位变化的一个基本判断,这是真知灼见还是一孔之见呢?这同样适合中国家庭吗?经历了改革开放30多年的发展后,中国已经成为举世公认的"世界工厂",工业化大生产把广大的农业劳动力转化为参与紧密社会分工生产的工业劳动力,工业生产方式成为全社会生产的主流形式,深刻地改变了家庭的生产、消费、娱乐、子女抚养、老人赡养、生育等功能。随着中国日益融入全球一体化的进程,20世纪50年代发端于发达国家的信息化革命浪潮全方位地影响了中国的发展趋势,特别是从20世纪90年代中期后蓬勃发展的互联网产业更是几乎保持着与世界同步的发展态势,那么,未来的几十年,即未来的一两代人会发生什么样的变化?这些变化将如何影响我们的家庭?

信息化是对工业化的一次革命,这种革命不是简单地围绕工业生产并对工业生产过程进行自动化的改造,它不仅产生了自己的信息化物质基础,如信息传递、加工、存储设备,而且关键的是围绕着信息流重组社会结构、重新配置社会资源、重新部署社会分工,这个重构的过程就是社会变迁、发展的过程,信息化也将成为未来生产力发展的核心动力和主导模式。美国未来学家约翰·奈斯比特关于信息社会的部分观点勾勒了信息社会的图景:第一,工业社会战略资源是资本,信息社会战略资源是信息,知识是经济社会的驱动,信息和知识在经济增长因素中起着举足轻重的作用;第二,新的信息技术首先用来解决旧工业上的问题，然后再发展出新的使用方法；第三，信息社会我们使用的是脑力，而不像工业时代工人那样使用体力；第四，网络组织是社会行动的有力工具，它可以提供一种等级制度无法提供的东西——横向联系，一个网络组织中最重要的是每个人都是中心；第五，社会的基本单位正由家庭变为个人。①

这里我们要重点关注的是他关于社会基本单位转换的判断，虽然他的很多关于未来的出色判断在欧美文化的发达国家得到了很好的验证，生产方式的影响具有普遍性，随着全球交流和合作的加强，这种影响会越来越深刻，但是我们还是需要仔细思考，不能轻易陷入"唯一论"或唯技术论，因为文化传统深深地影响着居于其中的国家和人民的思维方式和精神状态，并通过思维方式和精神状态调整着社会的组织方式、生产方式和发展方向。中国过去的农业生产方式和还在进行中的工业生产方式就是这种影响的生动体现，它们没有与欧美、印度和阿拉伯等不同文化的同种生产方式表现出趋同性，中国的家庭、价值观和政治、经济组织依然迥异于其他文化背景下的同属现象。特别是，我们关注的家庭制度在中国背景下的信息社会将会发生怎样的变化是一个有趣的问题，预测工作总是充满着风险，十之八九总是失败，本节将自觉地避开这些"雷区"，并不把重点放在刻画未来家庭的具体图像上，而是把重心放在可能影响家庭功能、结构和关系的几个重要因素的素描上，相信更有想象力的读者更胜任具体的图像刻画这个工作。

信息社会改变了人们对时间和空间的传统看法，信息的生产、传输是即时的，只要具备信息物资手段，时间和空间的制约将极大地消除。这种时空制约的压缩甚至消除对社会、家庭的影响将是巨大的。毫无疑问，未来的中国家庭受到经济制度、技术革命、政治改革和中国传统文化等多重因素影响，家庭将发生重大重构，在本书范畴内，这种变化主要体现为血缘关系在家庭制度中的重要性下降，市场契约和感情关系成为家庭制度的核心。

一、家庭的经济功能弱化而情感功能凸显

当家庭处于农业生产和工业生产早期时，社会分工水平较低，人均可支配收入较低，家庭成员面临着很大的经济收入不确定性，需要通过家庭这个社会装置化解社会风险，缓冲经济冲击，并且这个缓冲装置可以随形势的需要扩展到家族、宗族等领域。然而，随着生产方式的变革和生产水平的提

---

① 根据约翰·奈斯比特《大趋势》(1982)整理。

高,在信息社会,社会上的绝大多数家庭成员将摆脱低水平的经济收入威胁,家庭作为一个缓解经济收入风险的社会装置将失去其必要性,家庭将凸显其满足家庭成员情感功能需要的社会装置的作用。这个转变有深刻的社会背景,包括市场经济制度的持续推进、社会保障体系的健全和完善、技术革命的发生等。

第一,作为经济改革成果的市场经济制度,在未来的几十年内,将会持续深化和发展。市场经济的本质在于通过市场进行稀缺资源的配置,人们基于等价原则在市场上进行资源和商品交换,市场契约成为激励和约束交易各方行为的基础。从经济角度考虑,传统的家庭通过血缘关系保证家庭成员之间的利益交换得以执行,血缘关系成为父母"养儿防老"、族群互助等家庭和家族未来互惠行为预期得以保障的制度装置,这是应对陌生人之间缺乏信任的社会环境的一种备选方案。当市场经济发展到一定程度后,人们之间的信任将不需要通过血缘关系这个保险手段,市场契约及其执行制度能够创造出让当下交易和未来交易都能得到保障的市场环境,血缘关系不再是保障交易顺利进行的保险,它将逐渐回归到纯粹的亲情伦理和爱与被爱的情感领域。在这种社会环境下,家庭成员参与家族企业劳动将主要是一种平等的市场交易行为,而非一种基于血缘关系的奉献和照顾关系,家族企业主和家族成员在企业内部的合作更多的是一种等价互惠合作关系。

第二,社会保障和福利体系的覆盖面和保障水平持续提升,基本形成比较高水平的社会安全网。家庭的养老、育儿和无业救济等经济保障功能自从家庭诞生之日起就存在,而且这种功能在社会生产方式越落后、生产水平越低下的时代越强,家庭作为国家和个人的一种居中存在承担着个体社会保障的作用。作为起源于西方社会的一种现代社会文明,社会保障和福利体系把当下和未来、个人与社会的风险通过社会统筹的方式予以化解,大大降低了个人在面对自然、社会和家庭的各种灾难时的无力感。我们有理由相信,随着社会财富的增多和社会保障事业的发展,在未来的几十年里,社会保障和福利体系将能够覆盖和惠及更多的国民,家庭所承担的各种保障负担将会大大降低。这种经济的自由能够为婚姻自由提供必要的经济基础,家庭组合形式将会出现多样化趋势,婚姻结合中爱情的重要性将会显著上升。可以预见,未来家庭将凸显其满足家庭成员情感交流的需要。

第三,信息社会的技术革命和技术运用将给家庭带来巨大的影响。技术一方面能够提高现有工作的效率,另一方面可以采用革命性的手段改变现有的工作和生活方式,技术对家庭的影响将会体现在家务活动的信息化、

浙商研究

娱乐交流的虚拟化和工作与消费的居家化等方面。

信息社会将是信息技术"无所不在、无所不包、无所不能"的时代，家庭作为开放社会网络的一个组成部分，将完全浸入信息技术的广阔浪潮中。家务活动信息化是家庭信息化最有可能率先实现的领域，目前其大规模发展存在的主要瓶颈在于经济成本和家庭成员使用信息化技术的能力。从发展眼光看，随着年老一代逐渐退出家庭生活，伴随着信息技术成长起来的年轻一代成为未来家庭的主宰，使用技能本身不再成为瓶颈，同时，这种用户群体的扩大自然而然地会扩大市场空间，降低信息技术使用的经济成本。家务活动的信息化极大地解放了家庭成员的家务桎梏，对家庭会产生深远的影响，一是大大减少现有的家务活动对家庭成员参与社会就业的拖累，提高家庭的收入；二是会促进家庭成员之间的平等，基于家务分工形成的成员不平等现象进一步消失。

在未来社交娱乐活动网络化、虚拟化将成为一个重要的现实，这种趋势对现有的家庭社交活动会产生多方面的影响，家庭成员之间的交往强度会弱化，家庭成员可交往的对象大大扩展，家庭成员选择交往对象的标准不再受到血缘关系的强烈束缚，网络打破了地理空间的限制，任何兴趣爱好都可以在网上找到志同道合者，人们的个性自由将得到充分的发展。当然，未来的家庭社交活动并非只是把现有的年轻一代的活动主流化这么简单，社交形式也许会产生新颖的、出乎人们意料的变化，但是网络化和虚拟化的这个浪潮仍将是主流。

在信息社会，劳动力主体是信息的生产者和传播者，全球化成为一种生活和工作状态。由于信息自身的特点，企业组织和管理体制变得灵活化，一方面传统的机械化生产方式被自动化的生产方式取代，自动化把人类从繁重的体力劳动中解放出来；另一方面大规模集中性的生产方式变为规模适度分散的模块化、分散型生产方式，人们通过必要的网络设施可以实现居家办公。不仅生产功能可以居家实现，消费功能的很大部分也将可以居家实现，由于电子商务和物流体系的发展，网上消费将成为一种主要的消费形式。

我们不认为家庭在未来社会将消亡，家庭作为社会的基本细胞，家庭制度作为社会的基本结构还会长期保持，无论是信息技术还是经济发展，有利于和不利于传统家庭模式的因素都存在，而且这些因素在动态发展进程中会相互抵消，正如本书开始所引用的布鲁代尔的观点，社会会顽强地保持其主要构造和主要选择。法国著名人类学家克洛德·列维·斯特劳斯在为法国历史学家集体撰写的《家庭史》一书的前言中就精辟地指出,"人们再也不会相信家庭是从最古老的形式开始(这些古老形式,将来人们再也看不见了)沿着唯一的一条线向其他形式演变(这些形式已突出表现出来,而且每一种形式都是一种进步)的了。相反,极有可能的是,人类强大的创造精神早已经将几乎所有的家庭组织形式设想出来并且摆在桌面上了。我们视之为演变的,只不过是在众多可能性之中一系列的选择罢了,是在已经画出的一张网的限制之内向各个方向上运动的结果。"①

二、中国家庭制度继续保持特色

技术、经济发展和全球化的持续深化深刻地影响着中国的家庭制度,但我们不能把目光紧紧局限在这些因素上,否则,我们会得出全球家庭将同质化、一体化的荒谬结论。家庭不是家庭成员孤立的物质组合,它更重要的是成员之间的情感和社会联系,虽然正如前面所述,家庭成员之间的经济依赖性降低了,但是家庭成员之所以组成家庭,不单是经济联系,还有很多其他的纽带联结着家庭,这些因素实质上就是家庭的社会属性。

家庭作为开放社会系统的一个组成部分,社会文化渗透到家庭生活的各个领域,家庭文化是社会文化的一个缩影。家庭文化的核心在于家庭价值观。家庭价值观是家庭成员对家庭所具有的社会意义和对自身价值的一种观念和看法。中国传统文化具有一种家国同构的观点和实践,治国如治家,认为统治者修身、齐家,而后才能治国平天下,国家实际上是一个大家庭。虽然各种西方政治实践被逐渐引入中国,但是人们仍然认为统治者必须具备高尚的道德情操、清廉亲民的家长形象,可见,相对于各种具体的实践表现,一些核心的价值观念是相对难以变化或者变化的速度非常缓慢的。孝敬父母、爱护晚辈、邻里和睦等传统家庭价值观在新的历史条件下仍然具有重要的道德规范价值。甚至于"三纲五常",我们仍然能够找到部分有益于社会和谐和进步的因素,通过批判地继承和吸收,这些传统的价值观念仍然在深刻影响着当代人们的家庭行为,并且毫无疑问,在将来,通过与社会互相适应和调整,这些价值观念仍将深深地渗入家庭成员的交往行为中。

首先,家庭价值观具有自身的延续性,难以像技术变革那样,从一个模式跳转到另一个模式。一个社会的文化是通过而且也只能通过其成员的价值观体现出来的,社会文化也存在于其社会成员的集体记忆中。中国传统

———————————

① 安·比尔基埃等主编:《家庭史》,北京三联书店1998年版,第10页。

第九章 中国家族企业的未来

浙商研究

的家庭价值观根植于家庭成员的惯例、规则、信念和故事中。家庭成员通过家庭交往和社会互动，逐渐把家庭价值观内化到自己的一言一行中，内化的同时也继承了家庭文化。这样一代又一代的家庭成员通过这种方式继承家庭文化，在继承中，家庭文化也缓慢地发生着渐进的变化，但总是存在着与上一代的家庭价值观剪不断理还乱的关系。这种价值观的变迁方式在可预计的将来还是一种主导的演化方式。中国的家庭制度经过演变，也许会表现出迥异于历史的特点，但几乎可以肯定的是不会完全趋同于欧美家庭，家庭制度变迁的历史依赖和外部冲击会使得中国的家庭在未来依然保持着中国特色，但同时又有与其他民族家庭相通的共性。

其次，全球化背景下，中国的传统家庭观念会受到外部影响从而发生变化。全球化是一股势不可挡的世界潮流，任何民族都会被裹挟其中并深受影响，这是一股使世界趋同的力量，每个民族都必然自愿或被迫地据此做出适应性的改变，中国的家庭也不例外。随着交通、通讯工具的发展，人们的生活空间越来越大，交往的对象越来越复杂，不同民族、家庭的交流会产生各种碰撞和妥协，这种妥协就像水流侵蚀岩石一样，于无形中完成了改变。中国的家庭制度在家庭亲情这个内核的保护下，将不可避免地会与欧美、印度、阿拉伯等各种民族的家庭文化进行碰撞、交流，甚至于融合。历史一再显示了中国文化的强大适应和吸收能力，也正是这种吸收能力才促进了中国社会的延续和发展。在全球化的时代，中国的家庭文化并没有失去这种吸收能力，世界性的文化交流不仅不会使中国的家庭文化失去个性，反而为中国的家庭文化提供了丰富的养料和动力。

第三，中国特殊的社会政策也使得中国的家庭不会趋同于其他文化的家庭。当西方国家鼓励家庭人口生产的时候，中国政府却在控制人口的生产，这种社会政策对家庭的生育愿望、家庭结构和家庭关系产生了重要的影响。普通的中国家庭基本上施行了独生子女政策，部分企业主基于子女成长和家业继承的考虑会生育多个子女。随着中国人口生育率下降和预期寿命提高，在可预见的将来，国家对计划生育会逐步松动，人们对孩子个数和家庭结构的选择也会有更大的自主权，因此长远来看，计划生育对中国家庭的影响只是历史阶段性的。对本书所选取的海内外华人家庭近百年的变迁可以看出，不论所在的国家与地区，这些家庭的总体变迁的方向是相似的。

现在我们可以回答奈斯比特对未来家庭地位变化的判断了。对于中国，家庭作为一个社会基本单位并不会消失。人有两种基本的需求，一种是物质，一种是情感，物质需求将越来越多地通过社会生产得以满足，情感需求却难以如此。虽然全球化和技术革命使得家庭成员的经济独立性和自由大大增强,但是家庭具有的情感功能是任何其他社会单位所无法替代的,特别是在中国这种家文化浓厚的社会,家庭作为成员爱与被爱的领域,无疑具有旺盛的生命力。

家庭对于家族企业的生产经营也将依然发挥重要的作用。家庭作为家族企业系统的重要一环,对家族企业的创业、治理和传承有着举足轻重的影响。在未来,由于家庭成员之间经济依赖性的降低,家庭成员与企业主的关系更多的是一种基于市场等价交换原则的家族参与。在创业时期,由于与外部市场的信息不对称,企业主难以从市场获取创业所必需的资金、人力和物质支持,家庭成员由于具有信息优势,可以给企业主提供相应的帮助。从投资角度看,这种帮助是一种高风险的行为,必然要求在企业成功后获得高收益回报。所以,对于家族企业创业,家庭起着企业主初始创业的天使投资人和风险投资人的角色。类似的,在企业的日常运作中,家庭成员参与更多的是一种基于劳动力市场的雇用关系,能力、绩效原则将会超越亲情和人情关系。至于家族企业的代际传承,把企业传承给企业主的下一代至亲仍将是一个优先选项。

第二节　中国家族企业的理性化演进

以发达国家的企业成长史审视中国家族企业,我们可以看出中国家族企业的理性化进程有其特殊性。钱德勒(1987)指出:1840 年前的美国企业"几乎所有的高层经理都是企业的所有者",在技术创新与市场扩张的推动下,自 19 世纪 40 年代到 20 世纪 20 年代间发生了"美国企业界的管理革命",家族成员开始脱离管理岗位成为股东,经理人则成为最有影响力的经济决策集团,一组支薪的中高层经理人员所管理的多单位企业成为美国经济中最强大的机构,这种被经理人员所控制的企业可以称之为经理式企业。当多单位工商企业在规模和经营多样化方面发展到一定水平,其经理变得越加职业化时,企业的管理就会和它的所有权分开[①]。李新春与檀宏斌(2010)敏锐地观察到,只有在股权高度分散的公众公司,所有权与经营权、控制权和经营权才两两分离。

---

① 参见钱德勒:《看得见的手》,商务印书馆 1987 年版。

当下,绝大多数中国家族企业尚未发生"两权分离"的管理革命,换言之,大多数家族企业的所有权与控制权仍然掌控在家族成员手中。然而,要实现家族企业的可持续发展,家族企业必须最大限度地吸纳、整合与利用职业经理人等外部资源,才能适应经营规模与范围不断扩大的客观需要。如果将两权合一的家族企业视为一种以家族雇员所提供的人力资本与社会资本为组织资源基础的企业形态的话,那么两权分离的公众公司则是一种主要以非家族雇员所提供的人力资本与社会资本为组织资源基础的企业形态。企业是各种有形与无形资源的集合体,有些资源在企业间是不可流动的且难以复制,这些独特资源是企业竞争优势的主要源泉。我们认为,对于家族企业而言,家族企业是家族资源与企业资源的集合体,家族企业的独特性之一体现在家族成员所提供的不可流动且难以复制的独特家族资源,这些家族资源是家族企业竞争优势的源泉之一。随着家族企业的不断发展与外部环境的持续变化,有些家族资源可能无法适应企业内、外部环境的挑战,所以家族企业必须有效构建、整合与重新配置企业的资源基础,特别是家族资源基础,以适应未来的动态环境。

一方面,作为民营企业的主要子集,家族企业需要直面所有民营企业所遭遇的动态环境,把握与处理好动态环境所提出的挑战与机遇,这就要求企业资源基础的适应性更新,特别是包括中高层经理人在内的资源更新与调整。作为企业资源的核心组成部分,由职业经理人所构成的科层结构以及所形成经营惯例、制度规范等组织能力是企业竞争优势的来源。"管理层级制的存在是现代企业的一个显著特征,管理层级制一旦形成并有效地实现了它的协调功能后,层级制本身也就变成了持久性、权力和持续成长的源泉"。① 另一方面,作为一种深度嵌入于中国社会文化系统的企业形态,家族企业还要适应家族自身、家族与外界之间的环境变迁所带来的各种挑战,及时调整、整合甚至重构家族资源基础,这必然会引发家族成员观念碰撞与利益冲突。如何处理好这些观念碰撞与利益冲突,包括前述香港李锦记、利丰集团在内的中国家族企业在实践中逐步探索出一些独特的家族资源更新经验。在中国社会深远而微妙的"以家为重"、"差序格局"、"人情世故"等文化情境的影响下,中国家族企业的演化路径与美国、欧洲、日本等国的家族企业的发展路径不尽相同,有共性,也有个性。我们认为,根据家族企业所有权与控制权的不同配置,中国家族企业主要呈现出三重均衡状态的企业

---

① 钱德勒:《看得见的手》,商务印书馆 1987 年版,第 8 页。

形态：

　　第一，"所有权与控制权合一的家族企业"。虽然一些家族企业积极引入职业经理人，并在一定范围与程度上授予控制权甚至所有权，但所有权与控制权仍然大部分集中于家族内部。这一类型家族企业的组织资源基础主体仍然是家族资源。第二，"家族内部两权分离的家族企业"，其主要特征是所有权与控制权由多位家族成员所共享，控制权与所有权呈现不严格对称。家族企业的组织资源基础基本由家族资源所构成，只是对不同的家族成员赋予不同的所有权与控制权，从而形成了差异化的家族资源配置状态。相对于"所有权与控制权合一的家族企业"，这种均衡状态不大稳定，分别拥有所有权与控制权的家族成员很可能会出现利益冲突与权力争夺。第三，"所有权与控制权共同治理的家族企业"，其主要特征是家族成员与职业经理人共同拥有所有权与控制权。相对于"所有权与控制权合一的家族企业"，职业经理人的地位与作用明显提高，特别体现在涉及战略决策的控制权方面。家族企业的资源基础由家族资源与企业资源共同构成。

　　不管在现在还是未来，中国家族企业将以这三种企业形态顽强生长在中国社会经济土壤中。伴随着中国市场经济与法治建设的发展，三种企业形态所占比例可能会发生相应的变化。如果中国市场经济趋向于法治市场经济，公共服务、信用体系与经理人市场等配套制度健全完善，那么"所有权与控制权合一的家族企业"的比例可能会降低，"所有权与控制权共同治理的家族企业"的比例可能会上升；反之，如果中国市场经济趋向于人治市场经济，公共服务、信用体系与经理人市场的发展不完善、不健全，那么"所有权与控制权合一的家族企业"的比例可能会上升，"所有权与控制权共同治理的家族企业"的比例可能会降低。企业组织制度的多样性并不会随着社会经济的发展而逐渐趋同（陈凌，2005）。受制于中国市场经济的发展程度以及中国社会特有的"家族性"、"控制权情结"等传统文化因素，两权分离的公众公司可能不是中国家族企业的主要形态。换言之，即使家族企业的所有权会逐步分散到家族以外，但家族成员不会完全脱离管理岗位成为甩手股东，而会通过持有相对大所有权的方式控制企业主要的经营决策权。尽管经理人可能拥有相当的经营决策权，但主体控制权仍然由家族成员所掌控。

　　中国家族企业的理性化演化至少会受到三个宏观因素的影响。第一，中国市场经济体制的完善程度直接影响着家族企业的理性化演化。在社会信用机制、声誉机制、经理人市场发育较为健全的情况下，理性化所引起的变革风险相对较小，这有利于家族资源的调整与企业资源的整合；反之，在社会信用机制、声誉机制、经理人市场发育较为薄弱的情况下，理性化所引起的变革风险可能会导致家族企业的逆向选择，进而影响到家族资源的理性化演化。换言之，中国市场经济发展越完善，"家族成员与职业经理人共同治理"的家族企业形态所占比例越大，中国市场经济发展越不完善，"所有权与控制权合一"的家族企业形态所占比例越小。第二，企业所面临的竞争压力也会影响家族企业的理性化演化。市场压力是防止企业滥用它们的权力与长期维持家族统治的基本机制。换言之，市场竞争压力越大，"家族成员与职业经理人共同治理"的家族企业形态所占比例越大；市场竞争压力越小，"所有权与控制权合一"的家族企业形态所占比例越大。第三，中国社会独特的"差序格局"、"人情关系"、"忠诚私信"等传统家文化对家族企业理性化演化的影响可能是深远的。对于中国人而言，"家"就意味着一切的一切；对于很多中小企业家而言，家企是一体的，家庭利益高于企业利益。这种深厚的"家文化"传统观念必然会影响到家族企业的规范化与专业化，比如高层职位的人选会优先考虑自己人或者自家人，能力再好的外人也可能被排除在外；又如对家族企业控制权的留恋情结等。这一情况接近欧洲的家族企业。欧洲家族企业虽然雇用了中高层经理，致力于向现代企业转变，但是欧洲家族继续控制着高层管理岗位。这意味着，"如果企业的扩充会导致个人控制权的丧失，则这些家族通常宁愿不要扩充"。但对于美国的绝大多数企业主来说，"当企业扩张带来利润契机时，他们也没有企图把事业把持在家庭的控制之中"。如今的杜邦家族仍然是所有者，享有公司利润中的较大份额，但基本上都不再参与重要的经营决策和管理。这两个事实反映出独特文化情境对理性化演化的异质性影响。

第三节　特权家族企业还是创业家族企业

在发展中国家产生和发展出大量家族企业这一现象非常普遍，我们发现在历史上和现实中，同时存在着两类不同性质的家族企业；对家族企业在国民经济中占据的地位和作用，国内外学者也经常有两种截然不同的观点。在许多国家与地区出现的大型家族企业往往依靠密切的政商关系获得成长发展的资源和机会，家族势力渗透到政府和企业中，甚至同一个家族或少数几个家族既主导政府又经营企业，而这个政府又不受代议机构的法律制约，国家的政治、经济决策都由这一个或几个家族的家庭会议做出,完全没有法律和公共监督,这样的家族拥有至高无上的权利,政治权、经济权通吃,垄断经营、瓜分和侵占公共利益、盗窃国库,无所不用其极,成为罪恶的渊薮。我们可以把这一类家族企业称之为"裙带资本主义"或者"特权家族企业"(nepotism capitalism),即使这些特权资本主义的起源是白手起家,凭着卓越的经营才能或者政治才能获得财富和地位,但是这些家族的进一步发展是依靠剥夺其他家族的成长机会和限制竞争来保持的,那么这种家族资本主义就发生了变质。这种特权家族企业的存在在发展中国家非常普遍,一个国家或地区的政治经济一旦陷入到这样的家族漩涡之中,往往会出现经济发展缺乏后劲,家族企业自身的发展也会失去成长进步的活力。无论是中东阿拉伯世界的许多国家,还是历史和现代的许多封建王朝都是陷入这样的状态。这也就是人们常说的"坏的资本主义"的集中反映,成为很多发展中国家人民反感家族企业的事实依据。

同时还存在着第二类家族企业。无论是 18、19 世纪的英国还是 19、20 世纪的其他欧美发达国家,大量家族企业是在公平竞争的环境中不断成长发展的,它们的成功在于它们在多年的竞争过程中逐步积累的独特竞争能力;而且,更多情况下这些企业是在受到歧视和压制的环境下成长起来的,在这些家族企业内部有着浓厚的创业精神,而且这些创业精神得到了很好的延续和光大。这些家族企业的生存状态与发展模式与第一类特权家族企业有着本质性的区别。我们可以把第二类家族企业叫做创业家族企业,它们是社会经济发展的健康力量。那么同样是白手起家的家族企业,为什么有些家族企业成长为权贵家族企业,而有些家族企业能够继续保持创业精神从而成为创业家族企业呢? 在当前中国社会背景下,我们上面的问题变为,随着中国家族企业的成长发展,它们将继续保持创业精神还是会滑向权贵家族企业? 根据本书的历史研究,中国民间家族企业的成长环境与欧美国家相比有其特殊性。

第一特殊性在于中国的家族企业在市场上会遇到国有部门的竞争。美国汉学家 Hill Gates 在其 *China's Motor：A Thousand Years of Petty Capitalism*(1996)一书中就指出,中国社会自宋代开始就形成两种生产方式并存的特征,一个是具有活力的民间的小资本主义生产模式(petty capitalist mode),这一模式包含了千千万万以家庭和家族为单位的农业和手工业生产者,他们面向广阔的市场展开激烈竞争;另外一个是围绕国家机器和封建统治阶级(包括皇宫和各地官僚)的贡品生产模式(tributary mode of state-centered initiatives)，包括大片皇家土地、庄园、矿产、规模庞大的宫廷工场和国家专卖的盐、铁等战略性资源产业。显然，我们在本书列举的家族企业，无论是历史上还是现代的，都是属于前者，而中国近代出现的官僚资本主义虽然穿着现代工业的外衣，却是后者的延续。

前面引用的汉学家的著作把那些微不足道的小生产者看做是"中国的发动机"，用以解释近千年中国历史生生不息的活力绝非不当用语。熊彼特在《资本主义、社会主义与民主》(1942年，中译本1999年)这本当时的畅销书中用以下语言描写现代的资本主义，他认为，"资本主义本质上是一种经济变动的形式或方法，它不仅从来不是，而且也永远不可能是静止的……开动和保持资本主义发动机运动的根本推动力，来自资本主义企业创造的新消费品、新生产方式或运输方法、新市场、新产业组织的形式……一家典型农场生产设备的历史，从作物轮作、耕种与施肥的合理化开始到今天的机械化装置——由传送机和铁路连接起来是一切革命的历史。从木炭炉到我们今天炼炉的钢铁工业设备的历史、从上射水车到现代电厂的电力生产设备的历史、从邮车到飞机的运输史也全是革命的历史。国内、国外新市场的开辟，从手工作坊和工场到美国钢铁公司这种企业的组织发展，说明了产业突变的同样过程 ——如果我可以使用这个生物学术语的话——它不断地从内部使这个经济结构革命化，不断地破坏旧结构，不断地创造新结构，这个创造性破坏的过程，就是资本主义的本质性事实。它是资本主义存在的事实和每一家资本主义公司赖以生存的事实"(1999年中译本第146-147页)。改革开放以来的中国家族企业为上述熊彼特的观点给出了一个最精彩的脚注：在不到一代人的时间里，从肩挑背扛、"黄道婆的技术"(慈溪茅理翔先生的用语)开始，迅速发展到可以生产精美产品的"厨房电器专家"。如何解释这种奇迹呢？这种奇迹背后的发动机究竟在哪里呢？本书认为，改革开放以来，中国经济发展奇迹的秘密武器，在于蓬勃发展的民营企业；民营企业持续发展的动力来自企业家们的创业精神，而这些创业精神的燃料来自蕴藏着无穷潜能的成千上万个家庭。

第二特殊性在于中国作为市场经济的政治法律制度还在转型之中，企业内部的成长发展要受到外部治理的影响，外部治理主要包括政府制度和市场制度。在政府保护私人财产权和可竞争性市场的外部治理环境下，家族企业会逐步向着经理式企业治理结构演进，以便在更大范围内更有效地配置资源。经理治理产生的经营者背离所有者利益的倾向会受到法律规范和市场竞争的有效遏制。相反，在很多后进国家，由于缺乏法律对私有产权的有效保护,也缺乏充分发育的市场竞争对经理人的制约,私营企业不得不借助家族控股和家族人事对企业财产权进行双重保护,甚至家族势力直接进入政府以获得政府对个别企业的私人性保护。我们前面讨论的香港和马来西亚的情况与中国大陆有差别。在香港英式的产权保护制度已经确立,而在马来西亚华人作为少数族裔进入政府获得垄断资源的道路被封锁了,因此这些家族企业都主动或被动地把精力放在自身的成长和壮大上。

官商勾结现象在世界各国都是存在的,并且是普遍的。但由于不同国家的政府权力范围和性质不同,因而官商勾结的内容和强度也就不同,市场的竞争性程度就不同,市场的范围就不同,企业的专业化动力就不同。有的国家,政府和官员并不是最高权力拥有者,在它们之上还存在国会这样的经常性监督机构,并通过法律来反映民意并形成法律,法律高于政府,政府与企业一样是民事行为主体,受法律的制约;而在另外一些国家,政府和官员就是最高权力拥有者,即使存在法律规范,也得不到执行,或者能被轻松规避,甚至法律本身就只是政府和官员集团利益的体现,政府利益法制化、部门利益法制化。

官商勾结问题的根本,不是商人的利益驱动,也不能归结于官员的贪欲,而是政治体制问题,是官大还是法大的问题。比如洛克菲勒,在其几十年的经营中,不断受到起诉,很多涉及反垄断起诉,这使他不能不有所顾忌。可以说,有限政府和可竞争市场制度,不仅奠定了西方近代崛起的基本制度依据,而且通过进一步完善可以奠定今后进一步繁荣的基础。而在落后国家,实行垄断的特权家族,是几乎从来不会受到这样的制约的,不仅市场垄断不会受到起诉,甚至肆无忌惮地实行行政垄断。

有限政府和竞争性市场是企业发展壮大的两项最基本的制度环境。这两项制度导致交易成本的不断降低,市场范围逐渐扩大,专业化水平越来越高,从而为培育世界性的强大企业提供基础性条件。诺思的研究表明,西方世界的崛起,在于两个主要制度环境的确立。第一,国家的征税权受到纳税人的限制并由纳税人确定数量。这个转变保护了私有产权的完整性,并最终转化为私有财产不可侵犯的根本制度原则。第二,打破了行会垄断权,打开了市场开放的障碍,打开了市场化财富增长的通道。正是这两个基本制度的确立,决定了英国、荷兰与法国、西班牙的发展进程的先后,成为西方崛起的最重要制度因素。① 因此,影响未来家族企业健康发展的重要外部影

---

① 诺思、托马斯:《西方世界的兴起》,厉以平、蔡磊译,华夏出版社 1999 版。

中国家族企业的社会角色：过去·现在和未来

The Social Role of Chinese Family Business: Past, Present and Future

响因素是包括中国政治民主化改革进程、法律制度的确立和完善以及各个市场上的国退民进。

改革开放初期"万元户"就已是令人眼红的财富积累，而经过 30 年的沉淀，随着民营企业尤其是家族企业的蓬勃发展，一个越来越庞大的所谓"新富家族"受到了人们的关注。2009 年 10 月，美林全球财富管理与凯捷顾问公司调查显示，截至 2008 年年底，中国共有 36.4 万名百万美元富翁，富豪总数已经超越英国，居全球第四位。有关机构在 2009 年发布了中国 3000 家族财富榜总榜单，3000 个家族财富总值 16963 亿，平均财富 5.654 亿。进入总榜单的 1 万个家族，财富总值 21057 亿，平均财富值 2 亿元。中国已经形成了一些知名的新富家族，在新中国成立初期被扫荡而平的家族势力又重新建立。一个消逝了数十年的家族群落，亦重新崛起。① 这些新富家族的起源既包括我们所关注的来自民间的家族企业，也有来自民间但是与政府走得很近的"红顶商人"和特权阶层。任何社会都不可能杜绝后两种人，但是那些来自民间草根的家族企业的未来会如何，它们将继续保持创业家族企业的本色还是会蜕变为特权家族企业，我们现在还无法断言。但是应该看到，中国政府改革开放决心是不可动摇的，继续"国退民进"，走市场化发展道路的上下共识是不可阻挡的，我们完全有理由可以乐观地看待未来中国家族企业的发展方向。当然这将不可能是一个一帆风顺的旅途，完全有可能会出现曲折、停滞甚至局部的倒退。总体来说，只要对中国的改革开放有信心，对中国的民营企业有信心，也就必然相信家族企业会在未来中国社会经济中发挥更加积极、健康而又持久的作用。

---

① 《人民论坛》："中国'新富家族'"，2010 年第 4 期。

参考文献

[1] Ambrosini V, Bowman C. What Are Dynamic Capabilities and Are They a Useful Construct in Strategic Management? International Journal of Management Review, 2009,11(1): 29—49

[2] Blair M M. Ownership and Control: Rethinking Corporate Governance for the Twenty-First Century. Brookings Institution Press, 1995

[3] Chandler A D. The Visible Hand. Boston: The Belknap Harvard University Press, 1977

[4] Cheng L, Rosett A. Contract with a Chinese Face: Socially Embedded Factors in the Transformation from Hierarchy to Market, 1978—1989. Journal of Chinese Law, 1991(5): 143—244

[5] Dobrzynski J H. Relationship Investing. Business Week, 1933, 33(9): 68—75

[6] Drucker P F. Managing in a Time of Great Change. Boston: Harvard Business School Press, 2009

[7] Eisenhardt K M, Martin J A. Dynamic Capabilities: What Are They?. Strategic Management Journal,2000,21(10—11): 1105—1121

[8] Fei H T. Peasant Life in China: A Field Study of Country Life in the Yangtze Valley. Routledge, 1948

[9] Fukuyama F. Trust: The Social Virtues and the Creation of Prosperity. Free Pr, 1996

[10] Hannan M T, Freeman J. Structural Inertia and Organizational Change. American Sociological Review, 1984, 49(2): 149—164

[11] Hill Gates. China's Motor: A Thousand Years of Petty Capitalism.

Ithaca & London: Cornell University Press, 1996

[12] Lansberg I S. Managing Human Resources in Family Firms: The Problem of Institutional Overlap. Organizational Dynamics, 1983,12 (1): 39—46

[13] Leonard-Barton D. Core Capabilities and Core Rigidities: A Paradox in Managing New Product Development. Strategic Management Journal, 1992, 13(S1): 111—125

[14] Swartz S. The Challenges of Multidisciplinary Consulting to Family Owned Businesses. Family Business Review, 1989,2(4): 329—331

[15] Teece D J, Pisano G, Shuen A. Dynamic Capabilities and Strategic Management. Strategic Management Journal, 1997, 18 (7): 509 —533

[16] Weber M, Economy and Society: An Outline of Interpretive Sociology. In: edited by Roth G, Wittich C, translated by Fischoff E et al., Bedminister Press, 1986

[17] Wernerfelt B. A Resource-based View of the Firm. In: Resources, Firms, and Strategies: A Reader in the Resource-based Perspective, 1997

[18] Whyte M K. The Chinese Family and Economic Development: Obstacle or Engine?. Economic Development and Cultural Change, 1996, 45(1): 1—30

[19] Wong Siu-lun. The Chinese Family Firm: A Model. The British Journal of Sociology, 1985,36(1): 58—72

[20] 安德烈·比尔基埃等著,袁树仁等译. 家庭史. 北京:生活·读书·新知三联书店,1998

[21] 白吉尔著,张富强,许世芬译. 中国资产阶级的黄金时代(1911—1937).上海:上海人民出版社,1994

[22] 白吉尔. 中国的资产阶级,1911—1937年. 见:费正清主编. 剑桥中华民国史(上册).北京:中国社会科学出版社,1993

[23] 陈凌. 超越钱德勒命题——重新评价《看得见的手》.管理世界,2005 (5):160—165

[24] 陈凌.信息特征、交易成本与家族式组织. 经济研究,1998(7):27—33

[25] 陈凌,郭萍,叶长兵.非家族经理进入家族企业研究:以山西票号为例.

管理世界，2010(12):143－154

[26] 陈凌,应丽芬.代际传承:家族企业继任管理和创新.管理世界,2003(6):89－96

[27] 储小平.家业长青是"系统工程".北大商业评论,2011(5):30－37

[28] 储小平.社会关系资本与华人家族企业的创业及发展.南开管理评论,2003(6):51－58

[29] 储小平.职业经理与家族企业的成长.管理世界,2002(4):100－109

[30] 储小平,黄嘉欣,倪婧等.三态演义——民营企业30年.北大商业评论,2008(8):74－79

[31] 储小平,李怀祖.家族企业成长与社会资本的融合.经济理论与经济管理,2003(6):45－51

[32] 丁文.家庭本质初探.社会学研究,1987(2):100－107

[33] 窦军生,贾生华.家族企业代际传承理论研究前沿动态.外国经济与管理,2007(2):45－50

[34] 窦军生,贾生华.家族企业代际传承研究的起源、演进与展望.外国经济与管理,2008(1):59－64

[35] 窦军生,李生校,邬家瑛."家和"真能"万事"兴吗?——基于企业家默会知识代际转移视角的一个实证检验.管理世界,2009(1):108－120

[36] 费成康.中国的家法族规.上海:上海社会科学院出版社,1998

[37] 费尔南·布罗代尔著,顾良译.15至18世纪的物质文明经济和资本主义(第二卷)——形形色色的交换.北京:生活·读书·新知三联书店,1993

[38] 费孝通.乡土中国.北京:北京大学出版社,2003

[39] 费正清主编.剑桥中华民国史(上册).北京:中国社会科学出版社,1993

[40] 冯尔康.18世纪以来中国家族的现代转向.上海:上海人民出版社,2005

[41] 福山著,彭志华译.信任:社会美德与创造经济繁荣.海口:海南出版社,2001

[42] 盖尔西克等.家族企业的繁衍——家庭企业的生命周期.北京:经济日报出版社,1998

[43] 葛兆光.七世纪前中国的知识、思想与信仰世界(中国思想史第一卷).上海:复旦大学出版社,1998

[44] 国务院第二次全国经济普查领导小组办公室,中华人民共和国国家统计局.第二次全国经济普查主要数据公报.北京:中国统计出版社,2010

[45] 哈罗德·詹姆斯著,暴永宁译.家族企业.北京:生活·读书·新知三联书店,2008

[46] 韩朝华,陈凌,应丽芬.传亲属还是聘专家:浙江家族企业接班问题考察.管理世界,2005(2):133—145

[47] 韩格理.中国社会与经济.台北:台北联经出版事业,1997

[48] 贺莉丹.富二代精英调查.新民周刊,2009(36)

[49] 何梦笔.网络、文化与华人社会经济行为方式.太原:山西经济出版社,1996

[50] 何轩.家族意图与家族企业治理模式的选择——中国本土化的探索性研究.广州:中山大学博士论文,2009

[51] 黄孟复主编,全哲洙主审.中国民营经济发展报告 No.6(2008—2009).北京:社会科学文献出版社,2009

[52] 黄亚生."中国模式"到底有多独特?.北京:中信出版社,2011

[53] 金燕华,赵雷.我国家族上市公司股权结构与盈余管理.集团经济研究,2007(10):229

[54] 李东山.家庭还是社会的细胞吗?——试论家庭的社会地位变迁.社会学研究,1990(3):91—98

[55] 李新春,何轩,陈文婷.战略创业与家族企业创业精神的传承——基于百年老字号李锦记的案例研究.管理世界,2008(10):127—140

[56] 李新春,檀宏斌.家族企业内部两权分离:路径与治理——基于百年家族企业香港利丰的案例研究.中山大学学报,2010(4):178—188

[57] 李秀娟,李虹.富过三代.上海:上海人民出版社,2007

[58] 梁漱溟.中国文化要义.上海:上海人民出版社,2005

[59] 林亚茗,陈枫,张胜波等.广东30%富二代将接班,工商联建议党校轮训.南方日报,2010—01—28

[60] 刘纪鹏.创业板问题实质是家族上市公司一股独大.经济参考报,2011—05—23

[61] 卢梭著,何兆武译.社会契约论.北京:商务印书馆,2003

[62] 卢作孚.中国的建设问题与人的训练.上海:生活书店出版社,1934

[63] 马春华,石金群,李银河等.中国城市家庭变迁的趋势和最新发现.社

会学研究,2011(2):182－216

[64] 麻国庆.分家:分中有继也有合——中国分家制度研究.中国社会科学,1999(1):106－117

[65] 马克思,恩格斯.马克思恩格斯全集(第 3 卷).北京:人民出版社,2002

[66] 马克思,恩格斯.马克思恩格斯全集(第 4 卷).北京:人民出版社,2002

[67] 诺思,托马斯著,厉以平,蔡磊译.西方世界的兴起.北京:华夏出版社,1999

[68] 潘必胜.中国的家族企业:所有权和控制权(1895—1956).北京:经济科学出版社,2009

[69] 庞朴.稂莠集——中国文化与哲学论集.上海:上海人民出版社,1988

[70] 企业家公众形象调查报告.中国企业家,2007(4)

[71] 全国工商联研究室.中国改革开放 30 年民营经济发展数据.北京:中华工商联合出版社,2010

[72] 荣敬本,荣勉韧等.梁溪荣氏家族史.北京:中央编译出版社,1995

[73] 上海社会科学院经济研究所编.荣家企业史料.上海:上海人民出版社,1980

[74] 施坚雅主编,叶光庭等译.中华帝国晚期的城市.北京:中华书局,2000

[75] 宋继文,孙志强,文珊珊等.中国家族企业的代际传承过程研究——基于组织行为学与社会学的视角.管理学报,2008(4):522－527

[76] 唐灿.家庭现代化理论及其发展的回顾与评述.社会学研究,2010(3):199－222

[77] 唐力行.商人与中国近世社会.北京:商务印书馆,2003

[78] 韦伯.经济与社会.北京:商务印书馆,1997

[79] 吴晓波.跌荡一百年——中国企业 1870—1977(上、下).北京:中信出版社,2009

[80] 徐扬杰.中国家族制度史.北京:人民出版社,1992

[81] 严中平.中国近代经济史统计资料选辑.北京:北京科学出版社,1995

[82] 伊万·兰兹伯格著,许玉林,付亚和等译.家业永续——家族企业如何成功完成代际传承.北京:商务印书馆,2005

[83] 约翰·奈斯比特.大趋势——改变我们生活的十个新方向.北京:中国社会科学出版社,1982

[84] 张忠民.艰难的变迁——近代中国公司制度研究.上海:上海社会科学院出版社,2002

[85] 翟学伟.中国人的行动逻辑.北京:社会科学文献出版社,2001

[86] 郑宏泰,周文港.华人家族企业传承研究.香港:香港大学亚洲研究中心人文社会研究所,2010

[87] 朱沆,陈文婷.泛家族化与企业主专权:家族涉入程度的直接效应及与信任的交互效应.上海:中国管理研究国际学会(IACMR),2010

[88] 周秀鸾.第一次世界大战时期中国民族工业的发展.上海:上海人民出版社,1958

[89] 滋贺秀三著,张建国,李力译.中国家族法原理.北京:法律出版社,2003

[90] 全国工商联、浙江大学、中山大学联合课题组.中国家族企业发展报告.中信出版社即将出版

[91] 曾美仪著,叶德明译.走过锡屑飞扬的岁月—皇家雪兰莪的故事.Archipelago Press,2007

后　记

　　本书是作者试图从比较历史的视角探索近 150 年中国家族企业成长发展的学术著作。改革开放以来中国社会经济得到了举世瞩目的高速发展，其中民营经济、民营企业从无到有、从小到大，作为最具活力和成长性的生力军，为国民经济发展与和谐社会做出了巨大贡献。在这场优胜劣汰的竞争中，有些民营企业成功了，也有些被市场无情地淘汰了，但始终有一股强大的来自于草根的创业和创新的民间力量，源源不断地推动着民营企业的成长、发展和进步。这种健康力量的最重要基础是来自于创业者个人和创业家族群体的强大持久的企业家精神。

　　我们的研究发现，民营企业快速成长发展的原因有许多，但是其中非常重要的秘诀就在于中国的家庭家族制度，这一制度天然包含或包容了创业冲动和企业家精神，家庭或家族又为新创企业提供了人力资源、财务资源、组织资源和社会资源。这说明，这一经过千百年历史沉淀积累的中国家庭制度保存在千家万户，存活于普通百姓的大脑和行为之中，并没有太多地受到历次政治变革和动荡的影响。我们过去不重视家庭、家族这一社会资本的巨大潜力，漠视广大人民群众的积极性与创造性，轻视本土资源、本土文化的长久生命力和适应性，盲目地以"一大二公三洋"的标准来衡量社会经济组织的有效性，片面地对"股权分散、两权分离"的所谓现代企业制度顶礼膜拜，这些错误的认识和理解直到现在仍然统治着许多人的头脑。错误的认识带来错误的行动。现在是改变这些错误认识的时候了。

　　从全球范围内看，家族企业作为一种历史最为悠久的组织形式，一直到现在仍然是各国大多数企业选择的模式，部分家族企业经过几代人的不懈努力以后跻身于最优秀、成功而又受人尊敬的工商企业之列。与欧美国家的家族企业现代转型相比，中国家族企业的近现代命运要远为曲折和坎坷，从本书的历史描述中可以看出，中国大陆家族企业的成长发展经历了几个从允许存在、成长壮大到遭遇政治打压几个循环，这使得一方面中国有着历史最悠久的家庭家族制度和传统，另一方面近现代中国家族企业却只能经历了几度繁荣又几度中断割裂的历史成长进程，这一现象值得我们反思。

在本书中，我们重点从两个角度来审视中国家族企业：首先是从近代以来的中国家族企业所面临的发展空间与政策环境的历史变革的角度出发，提出了这么一个重要问题：随着各级政府垄断大量政治资源和经济资源，大型国企受到各种市场准入和资源独享的多重保护背景下，民营企业成长发展的动力和压力是不是会开始松懈呢？或者换一种角度说，中国家族企业是否只有走向"红顶商人"老路才可能生存下去呢？对于这个中国家族企业成长发展的环境问题，本书的作者并没有明确的回答，而只是把这个问题提出来。

第二个重要视角是通过若干个典型家族和企业的历史描述来探索中国家族企业的成长与理性化发展过程。本书案例的选择不局限于中国大陆，还加入了中国香港、台湾和东南亚的华人企业案例。对于家族企业的现代转型和管理革命问题，我们的观点要更为乐观。企业制度是人类迄今为止最伟大的发明之一。这一发明并不首先是技术发明，而是一种社会发明。这一社会发明的涵义就是通过企业这一看得见的手，更好、更有效地动员和配置各种资源，更迅速、更灵活地适应全球范围内的市场和社会环境的瞬息变化，更快、更便宜地生产人们所需要的产品与服务。如何办好家族企业就是如何把家庭家族制度与企业制度很好地交融对接，因地制宜地创造出能够保证家族与企业协调和长期健康发展的家族企业制度，这将是中国实业界和理论界要共同面临的重大挑战。我们并不讳言，"股权分散、两权分离"的企业经营管理模式有其一定的制度优势与普遍意义，但是它并不是唯一的成功模式。在全球化背景下，华人家族企业在世界范围里遍地开花，茁壮成长，向各个方向做出有益的尝试和探索。我们坚信其中必定会逐渐出现基于中国文化、适合现代环境的成功家族企业制度与管理模式。这种企业制度和管理模式既不同于欧美大型工商企业，也与其他文化背景下的家族企业有着实质性的区别。

本书作者是来自浙江大学和中山大学的教师和研究生。我们在第1章引言部分介绍了本书作者着手中国家族企业的历史现状与未来研究的缘由。值得高兴的是，通过课题组成员的通力合作，去年我们完成了有关中国家族企业现状调查和分析报告，现在我们又完成了本书稿。两部书稿在有关家族企业的现状部分(本书的第六、七章)有所重合,但是分析视角有明显的区别,本书稿在涉及重合的部分都做了相应的改写。现在本书将由浙江大学出版社作为《浙商研究丛书》之一出版,而有关家族企业现状报告将由中信出版社在近期正式出版,因此读者们完全可以把这两本书当做姐妹篇来读。

本书能够成稿的一个直接动议来自新加坡万邦集团主席曹慰德先生。记得 2008 年年底他就曾经邀请国内有关家族企业研究的学者,包括李新春、储小平(中山大学)、甘德安(江汉大学)、潘必胜(江苏社科院)、于保平(复旦大学)、浦汉淞(浙江电子科技大学)、陈凌(浙江大学)等在上海做了一次头脑风暴,对中国家族企业的社会角色进行了自由讨论,应该说那次讨论为本书的基本框架和观点打下了基础。

本书在写作过程中得到了国内外著名企业和家族的积极支持与配合。本书重点探讨了宁波方太茅理翔先生及其家人、香港李锦记李文达和李惠森及其家人的事例,我们通过二手资料描述了无锡荣氏家族、香港利丰集团冯氏家族、马来西亚皇家雪兰莪杨氏家族的百年历程。衷心感谢这些家族无私地让外界分享它们的成长历史和经验教训,也感谢许多专家学者对于这些家族经验的研究和提炼。

新加坡万邦集团曹慰德主席来自一个受人尊敬的百年家族。曹氏家族的创业和成长历史非常精彩也有很好的资料可供参考,但是,谦虚的曹先生建议我们不要写他的家族,我们还是用两个方框介绍了曹氏家族成长过程中的两个历史片段。宁波方太厨具有限公司董事长茅理翔先生一直关注中国家族企业成长发展问题。他最近几年不遗余力地探索和宣传现代家族企业管理模式;2009 年底他捐赠 200 万元在浙江大学管理学院建立了方太·浙江大学家族企业研究基金;这次他又慷慨地抽出宝贵的时间与我们多次长谈,并提供了茅氏家族历史的珍贵材料,与课题组分享了茅氏家族的百年历程和方太集团的成长过程,加深了我们对改革开放中新一轮家族企业产生发展的理解。本书正文和方框中提及了许多国内外家族企业的历史经验和管理实践,这些资料大多来自课题组成员对于这些家族成员的访谈,对于这些家族的大力支持表示感谢。

本书的写作经过了提纲的酝酿、章节的分头撰写、集中讨论再分头修改润色的过程,参与本书初稿写作都是浙江大学和中山大学从事家族企业研究的年轻才俊:李红伟(第 2 章)、王昊(第 3、4 章)、王河森(第 5.1、5.2、7.2、8.1 节)、朱建安(第 5.3、6.2、9.4 节)、朱沆(第 6.1、8.2 节)、陈戈(第 7.1

后记

浙商研究

205

节）、谢俊（第7.3、7.4节）、吴炳德（第9.1节）、何轩（第9.2节）、檀宏斌（第8.3节）。我的研究生杨祎婧、陈华丽、谢惊晶提供了本书中各个主要家族的家谱图、图表目录和文献目录。初稿由我、李新春和储小平三位老师分工把关。课题组于2011年8月初在浙江千岛湖召开集中讨论会，最后决定分头修改后由我统稿并补写了第1章。因此，本书是我们两校联合课题组集体研究的成果。作为最后的统稿者，我对本书的内容和观点负责。本书在写作过程中得到了江苏社会科学院潘必胜研究员的大力支持。潘博士主攻中国家族企业历史，本来他是本书最合适的作者之一，然而因为他手头有紧急的工作无法分身参与写作。尽管如此，他还是参与了提纲的酝酿过程和千岛湖讨论会，并提出了许多富有洞见的观点，我们在写作过程中也吸取了他在《中国的家族企业：所有权和控制权（1895—1956）》（2009）中的一些观点，课题组全体同仁再次对他的贡献表示衷心的感谢。FBN-ASIA的于保平博士、周蕾女士、浙江大学出版社樊晓燕博士在整个写作和出版过程中提供了专业的支持和帮助，在此也表示感谢。

本书稿的基础研究得到了国际家族企业协会亚洲分会（FBN-ASIA）的资助，对此课题组全体成员表示衷心的感谢。考虑到当前有关中国家族企业的英文资料非常稀少，本书的研究内容将由FBN-ASIA组织人力翻译成英语提交给对此感兴趣的境外朋友。希望本书能够继续得到关心和支持家族企业研究的读者和朋友们的指点和帮助，谢谢大家。

陈　凌

2011年国庆于求是村